세계관
종교
문화

world view
religion
culture

죠이선교회는 예수님을 첫째로(Jesus First)
이웃을 둘째로(Others Second)
나 자신을 마지막으로(You Third) 둘 때
참 기쁨(JOY)이 있다는 죠이정신(JOY Spirit)을 토대로
하나님 나라의 확장을 위해 지역교회와 협력, 보완하는
선교단체로서 지상명령을 성취한다는 사명으로 일합니다.

죠이선교회출판부는 죠이선교회 사역의 하나로
성경 공부, 제자 훈련, 전도, 해외 선교, 교회 학교에 관한
좋은 책과 전도지를 발간하여 한국 교회를 섬깁니다.

「세계관 종교 문화」
Copyright ⓒ 2008 by 안점식

세계관 종교 문화

안점식 지음

죠이선교회
Jesus first Others second You third

차례

서문 8
왜 다시 세계관인가? | 세계관의 변화 없는 신앙은 혼합주의를 양산한다 | 세계관 운동은 체질 변화 운동이며 성숙 운동이다 | 세계관 운동은 영적 전쟁이다 | 한국 교회 안의 바알적 신앙을 뿌리 뽑아야 한다

I. 세계관과 문화, 종교

1. 세계관이란 무엇인가 19
세계관은 실재에 대한 큰 그림 | 세계관은 실재를 보는 안경 | 세계관은 무의식적이고 비의도적으로 형성되는 체질 | 세계관은 전제로서 받아들여지는 관념 | 세계관은 얼마나 많으며 무엇이 세계관을 제공해 주는가?

2. 문화와 세계관 28
문화 안에서 세계관은 어떤 위치에 있는가? | 세계관의 대결과 문화의 변혁은 어떤 관계가 있는가? | 인간의 타락 사건이 낳은 세 가지 결과는 문화의 형성에 어떻게 관련되는가? | 문화명령과 타락 이후 문화의 특징은 무엇인가? | 문화는 앞으로 어떻게 될 것인가?

3. 종교와 문화 59
종교와 문화는 어떤 관계가 있는가? | 공식종교와 민간종교는 어떻게 다른가? | 종교들은 언제부터 어떻게 왜 생겨나게 된 것인가? | 종교들과 세계관들은 동등한 가치를 가지고 있는가? | 기독교 세계관과 성경적 세계관은 어떻게 다른가? | 종교들의 본질은 무엇인가? | 진리주장은 어떻게 가능한 것인가?

II. 세계관과 종교에 관련된 제 문제

세계관의 유형을 결정짓는 요소들은 무엇인가?

4. 궁극자, 절대자 80
궁극자에 대한 관점과 규범의 기초는 어떤 관련이 있는가? | 규범의 기초가 달라지면 어떻게 되는가?

5. 인간 85
인간은 본질적으로 어떤 존재인가? | 인간성에 대한 관점은 사회론과 어떤 관련성이 있는가? | 공산주의, 이슬람, 유교의 실험은 왜 성공할 수 없었는가?

6. 자연 96
궁극자, 인간, 자연의 삼자 관계는 세계관의 유형과 어떤 관련이 있는가? | 자연은 어떻게 세속화되었는가? | 기독교 세계관에서는 자연을 어떻게 보는가? | 자연을 지배하는 원리는 무엇인가? | 자연 파괴와 환경오염의 문제는 세계관과 어떤 관계가 있는가?

7. 죽음 110
죽음은 본질적으로 자연적인가? 비자연적인가? | 죽음을 이기고자 하는 인간의 시도들이 어떻게 나타났는가? | 성경은 죽음의 원인을 무엇이라 하는가? | 죽음 다음에는 어떻게 되는가?

8. 고통 120
세계관들은 왜 고통의 문제를 다루는가? | 인간은 무엇을 고통스러워하는가? | 물질주의는 고통의 문제와 어떻게 관련되어 있는가? | 고통의 기원과 본질은 무엇인가? | 고통은 관념상에서 발생한 것인가? 역사적으로 발생한 것인가? | 세계관들은 고통에 대해서 어떤 스펙트럼을 보여주는가? | 고통에 대한 설명은 인간의 삶에서 얼마나 중요한가? | 기독교 세계관의 큰 그림 속에서 고통의 의미는 무엇인가?

9. 세계관과 영적 전쟁 154
세계관은 영적 전쟁과 어떤 관계가 있는가? | 목적론적 세계관이 왜 회복되어야 하는가? | 영적 전쟁에서의 진정한 승리란 무엇인가? | 성경은 영적 전쟁을 어떻게 보는가?

III. 문화의 토양과 문화변혁

10. 문화의 토양과 한국인의 의식구조   169

타당성 구조란 무엇을 말하는가? | 한국의 문화적 토양이 어떻게 영향을 끼치는가? | 유교적 서열 의식은 한국 교회 안에서 어떤 식으로 권위주의로 나타나는가? | 샤머니즘은 한국 교회 안에서 어떤 식으로 권위주의로 나타나는가? | 한국의 문화 토양은 성공주의와 어떤 연관이 있는가? | 정과 체면 문화는 한국 교회 안에서 어떻게 나타나는가? | 권위에 대한 성경적 관점은 무엇인가? | 권위주의와 권력거리는 어떤 상관성이 있는가? | 군사부는 정말로 하나인가?

11. 문화의 토양과 영성   212

혼합주의는 왜 발생하는가? | 오늘날 영성 문제가 왜 대두되었는가? | 영성이라는 개념의 사용은 타당한가? | 인간의 타락으로 생겨난 결핍과 갈증이 어떻게 타종교 수행법에 나타나는가? | 타종교 수행법과 기독교 영적 훈련의 본질적 차이는 무엇인가? | 성경적으로 '신령한' 사람은 어떤 사람인가? | 샤머니즘의 예언과 성경적 예언은 어떻게 다른가? | 로마 가톨릭의 수도원주의나 타종교의 수행법은 수용할 수 있는가? | 신령함은 외적으로 어떻게 드러나는가? | 정체성의 문제를 어떻게 풀어야 하는가?

12. 복음과 상황   260

십자가는 완전한 복음인가? | 왜 아직도 옛 자아가 살아 있는가? | 종교들에 나타나는 자아의 처리방식들은 십자가의 도와 어떻게 다른가? | 복음과 상황의 관계는 무엇인가? | 세계관 차원에서의 상황화는 복음과 어떤 연관이 있는가? | 전도자는 세계관 차원에서 어떻게 상황화해야 하는가?

참고문헌   285

서문

왜 다시 세계관인가?

한국에서 세계관 운동이 일어나기 시작한 것은 1980년대 한국기독학생회(IVF)와 같은 학원선교단체를 통해서다. 이 당시에는 주로 개혁주의 계통의 기독교철학이 소개되었다. 세계관 운동은 일종의 기독교 지성 운동으로서 많은 면에서 사람들의 의식을 일깨웠다. 그러나 단지 지식 차원에만 머무르고 삶을 변화시키지 못한다는 비판을 받자 조금 주춤해졌다. 2000년대에 들어서면서, 또 다른 차원에서 세계관에 대한 관심이 한국 교회 안에 일고 있다. 이러한 현상은 1990년대에 급속히 일어난 선교 운동과 맥을 같이한다. 선교 운동과 함께 문화인류학에 대한 관심이 고조되면서 철학보다 좀 더 포괄적인 '문화' 차원에서 세계관을 조명하게 되었다. 세계관에 대한 관심이 커진 또 다른 이유는 종교다원주의의 도전이라는 상황 아래 종교신학적인 질문과 관련이 있다. 종교다원적인 상황에서 기독교 세계관이 다른 종교의 세계관과 비교해서 어떤 면이 독특한지, 구원에 있어서 예수 그리스도의 유일성은 어떻게 입증되는지에 대한 질문이 제기된 것이다.

한국 교회 개혁과 관련된 상황도 세계관으로 관심을 집중시키는 요인으로 작용했다. 오늘날 한국 교회는 한국 사회에서 많은 비판을 받으며 점점 호감을 잃어가고 있다. 인터넷에서는 반(反)기독교 사이트가 늘고 있으며, 개신교인 수는 정체하거나 감소하는 추세다. 이러한 현상의 원인은 사실 한국 교회 외부가 아닌 내부에 있다. 한국 교회가 자초한 일인 것이다.

세계관의 변화 없는 신앙은 혼합주의를 양산한다

서구 기독교 지도자들은 한국 교회를 보고 두 가지 사실에 놀란다고 한다. 하나는 한국 교회가 외형적으로 이룬 놀랄 만한 성장이다. 실제로 한국 교회는 기독교 역사상 유래 없는 성장을 경험하였다. 또 하나는 인구의 20퍼센트를 자랑하는 그리스도인이 한국 사회에 별다른 영향을 끼치지 못한다는 것이다. 한국 사회를 변화시키기는커녕 교회에서 지도자 직분에 있는 사람들이 사회적 물의를 일으키고 있다. 한국의 복음주의 교회는 외형적 성장에 치우쳐왔다. 그 결과 상대적으로 성도들에게 성숙과 성화를 강조하지 않았다. 즉 성경적 세계관을 내면화하도록 성도들을 양육하는 데는 성공하지 못했다. 겉으로는 그리스도인으로서 지녀야 할 행동양식(behavior pattern)을 갖추었지만, 가치체계(value system)나 더 본질적인 부분인 세계관(worldview)은 변화하지 않았다. 이를테면 주일 성수, 십일조, 금주, 금연 등 외적으로는 기독교적인 틀을 갖추었지만, 더 깊은 곳에 있는 세계관은 건드리지 못한 것이다.

종교는 문화적 토양을 형성한다. 한국은 기층 종교인 샤머니즘에 불교와 유교가 더해진 문화를 이루고 있다. 이러한 문화적 토양에 더해진 기독교 역시 이 종교들의 세계관과 가치체계에 영향을 받고 있다. 문화 바깥층인 행동양식만 변화시키고 더 안쪽에 있는 가치체계와 세계관은 변화시키지 못한다면, 혼합주의와 명목적인 신자만 양산할 뿐이다. 한국 교회를 급성장시킨 요인이 이제는 한국 교회의 지속적인 성장과 성숙을 가로막고 있다.

세계관 운동은 체질 변화 운동이며 성숙 운동이다

삶의 질은 관계에 따라 결정된다. 누구와 어떤 관계를 맺고 있느냐가 곧 우리 삶의 질이다. 그러므로 삶이란 나 자신을 포함해서, 나와 관계를 맺은 존재를 올바로 인식하는 것에서 출발한다. 비성경적인 세계관은 하나님, 나 자신, 타인, 자연, 사회, 역사를 잘못 인식하게 만든다. 잘못된 인식은 잘못된 관계를 맺게 하기 때문에 필연적으로 죄와 상처를 낳는다. 그리고 죄와 상처에 얽매이는 만큼 미성숙한 삶을 살아가게 된다. 비성경적 세계관이 사회에 뿌리를 내리면 사회가 미성숙해지고, 비성경적 세계관이 개인의 삶에 뿌리를 내리면 개인이 미성숙해진다. 반면 성경적 세계관은 하나님과 나 자신, 그리고 하나님이 창조하신 세계 안의 존재와 올바른 관계를 맺게 하여 풍성한 삶을 누리도록 해준다.

세계관 운동은 기독교 학문 운동과 관련을 맺으면서 전개되었기 때문에 지적(知的) 운동의 성향이 강했다. 그러나 사실 세계관은 단순히 지적 차원이 아니라 지정의(知情意) 모든 영역에 걸쳐 무의식적이고 무의도적으로 몸에 배어 있는 존재방식이자 체질이다. 그러므로 세계관의 변화란 지식이나 인식의 전환을 넘어 삶의 존재방식과 체질이 변하는 것이다. 그리스도인 개개인의 성숙, 공동체로서 교회의 성숙과 밀접하게 관련되어 있는 것이다.

성경적 세계관을 체질화하기 위해서는 먼저 인식적 차원에서 성경적 세계관을 정립해야 한다. 물론 성경적 세계관의 체질화는 인식적 차원의 정립을 넘어서는 것이다. 올바른 인식을 바탕으로 올바른 감정을 가지고 올바른 결정을 내려 행동하는 지점까지 나아가야 한다. 그런데 인식이나 지식의 차원을 넘어 전인격에 성경적 세계관을 체질화하려면 성경적 세계관이 진리라는 사실을 전인격적으로 체험해야 한다. 성경적 세계관을 체질화하는 결정적 요인은 순종이다. 순종은 하나님 말씀을 체험케 하고, 그것이 진리라는 것을 확증시킨다. 단순히 지식 차원이 아니라 체험을 통해 우리 전인격에 확증시키는 것이다. 이러한 체험이 축적될수록 우리는 하나님 말씀, 즉 성경적 세계관을 더 확신하며 순종할 수 있다. 이렇게 순종하는 사람은 하나님, 나 자신, 타인, 자연, 사회, 역사 등 하나님이 섭리하시는 세계 안의 존재와 올바른 관점에서 올바른 관계를 맺을 수 있다. 이것이 바로 영적 성숙이며 참된 '신령함'의 기반이다.

마태복음 28장 19-20절은 "너희는 가서 모든 족속으로 제자를 삼아 아버지와 아들과 성령의 이름으로 세례를 주고 내가 너희에게 분부한 모든 것을 가르쳐 지키게 하라"라고 말한다. 우리는 이 말씀을 단순히 복음을 전파하는 구령(救靈) 운동으로만 이해해서는 안 된다. 지상명령이라고 부르는 것은 좋지만, 단순히 전도와 회심 차원으로만 이해해서는 안 된다. 이 말씀은 문화명령이기도 하고 성화와 성숙의 운동이기도 하다. 이 구절에서 마찬가지로 중요한 부분은 "내가 너희에게 분부한 모든 것을 가르쳐 지키게 하라"라는 말씀이다. 이것은 하나님 형상을 회복하고 새로운 문화를 창조하라는 명령이다. 즉, 성숙과 문화변혁에 대한 명령이다. 회심과 성화의 궁극적인 목적은 하나님 형상과 하나님 나라를 회복하여 하나님께 영광을 돌리는 것이다.

세계관 운동은 영적 전쟁이다

세계관 운동은 한국 교회의 갱신과 성숙을 위한 체질 변화 운동이다. 동시에 비성경적 세계관을 교회와 그리스도인 안에 가라지로 뿌려놓아 하나님의 영광을 가리고 영혼을 잃어버리게 하는 사탄의 역사에 대적하는 것이기도 하다. 그러므로 세계관 운동은 단순한 지적 운동이 아니라 영적 전투다. 우리는 영적 전쟁에서 가장 치열한 접전이 세계관 전쟁이라는 사실을 주목해야 한다.

우리가 싸워야 할 영적 싸움의 영역은 조직적이고 체계적으로 비성경적 세계관을 전파하는 세속 학문만이 아니다. 비체계적이고 비조직적으로 무의식중에 그리스도인의 삶과 교회 안에 스며든 비성경적 세계관과도 싸워야 한다. 학문 형태로 나타나든 그리스도인의 삶과 교회 관습으로 나타나든 간에 비성경적 세계관은 죄와 상처를 낳는다.

우리는 사탄이 비성경적 세계관을 심어놓아 어떻게 인간의 삶을 파괴하는지 잘 살펴보아야 한다. 사탄은 여러 종교나 철학, 사상 안에 비성경적 세계관을 심어놓을 수 있다. 물론 모든 종교나 철학, 사상이 인간의 자유의지와 상관없이 전적으로 사탄의 역사로 말미암은 산물이라는 뜻은 아니다.

종교나 철학, 사상에는 일반은총적인 면이나 부분적으로 진리인 면도 있다. 인간은 하나님 형상대로 만들어졌기 때문에 비록 그 형상이 심하게 왜곡되었어도 "하나님을 알 만한 것"(롬 1:19), 즉 일반계시 영역 가운데 일부를 종교와 철학, 사상에 반영할 수 있다. 동시에 인간은 종교와 철학, 사상에 자신의 죄성과 반역성을 노골적으로 또는 우회적으로 반영한다. 그러나 이것이 전부라고 여기는 것은 성경적 세계관에 따른 균형 잡힌 생각이 아니다. 우리는 인간에게 처음으로 비성경적 세계관을 전파한 것이 사탄이라는 사실을 잊어서는 안 된다.

사탄은 하나님과 인간에 대해 비성경적 세계관을 전파한다(창 3:4-5). 사탄은 성경적 세계관을 정면으로 부정하면서 전혀 다른 세계관을 주장한다. 이 세계관은 "인간이 곧 하나님"이라는 결론으로 인간을 매료한다. 그러므로 세계관은 단순히 현상세계와 관련된 인간 경험을 이론화한 정신활동의 산물일 뿐 아니라, 영적 존재와 상호 영향력을 주고받으며 만들어진 소산물이다. 성경적 세계관도 마찬가지다. 인간이 아무리 이성을 쥐어짠다 해도 성경적 세계관은 나올 수 없다. 인간의 인식 능력은 타락으로 인해 이미 그 기능이 제한되고 왜곡되었기 때문이다. 그러므로 성경적 세계관을 인식적 차원에서 정립하려면 하나님의 도우심이 필요하다.

기독교 학문 운동은 성경적 세계관을 인식적 차원에서 정립한다는 측면에서 매우 절실하고 중요하다. 학문 또는 과학이라는 이름을 달고 전문가 집단이 비성경적 세계관을 조직적이고 체계적으로 배포할 때, 그 영향력은 막대하다. 우리는 이미 계몽주의와 진화론, 마르크시즘의 영향력을 체험했다. 그런 세계관들이 어떻게 인류의 생활양식을 비성경적으로 바꾸고 인류 전체와 개인의 삶을 파멸했는지 생각해 본다면, 그 영향력이 어떠한지 알 수 있다.

조직적이고 체계적으로 배포된 비성경적 세계관 못지않게 심각한 것은 바로 비조직적이고 비체계적으로 그리스도인과 교회 안에 침투한 비성경적 세계관이다. 교회 안에 심각하게 뿌리내린 대표적인 비성경적 세계관으로 물신주의(mammonism)와 기복신앙 등이 있다. 이러한 비성경적 세계관은 교회 바깥에 있는 명백한 적이 아니라 내부로 교묘하게 침투한 적이기 때문에 더 치명적일 수 있다. 진화론이나 마르크시즘은 결코 교회를 무너뜨리지 못할 것이다. 그러나 그리스도인의 의식과 교회 안에 교묘하게 자리 잡은 비성경적 세계관은 마치 노출되지 않은 이단처럼 "독한 창질의 썩어져감과 같[이]"(딤후 2:17) 교회를 병들게 할 것이다.

한국 교회 안의 바알적 신앙을 뿌리 뽑아야 한다

한국 교회와 그리스도인은 세계관 운동을 통해 체질을 변화시켜야 할 영역이 많다. 그중 한국 교회에서 가장 두드러지게 나타나는 비성경적 세계관은 권위주의와 성공주의다. 이것은 바알적 신앙의 전형적인 특징이기도 하다.

권위주의의 뿌리는 샤머니즘과 유교로 거슬러 올라가며, 근래에 와서는 군사문화에 의해 더욱 강화되었다. 샤머니즘에서 샤먼의 권위는 주술적 능력에 기초한다. 샤먼은 신의 능력을 조종하여 인간에게 현세적 유익을 가져다주는 메커니즘적인 기술을 터득한 자로 여겨진다. 이러한 샤머니즘의 영향으로 한국 기독교에는 '능력' 숭배와 능력에 따른 권위주의가 만연한다. 권위주의의 또 다른 뿌리는 유교다. 유교의 가부장적 서열의식은 교회에도 팽배하다. 유교의 영향을 받은 한국 그리스도인은 교회에서도 위계(hierarchy)와 질서(order), 신분과 직분을 구분하지 못하는 경향이 있다.

한국 교회의 또 다른 병폐는 성공주의다. 성공주의도 샤머니즘과 유교에 영향을 받았다. 통속적 의미에서 성공이란 한마디로 부귀영화(富貴榮華)를 누리는 것이다. 다시 말하자면, 자신의 신분(身分)과 재력(財力)을 향상시키는 것이다. 이것은 풍요(豊饒)와 다산(多産)을 골자로 하는 현세기복적인 샤머니즘 신앙과, 입신양명(立身揚名)이라는 유교적 영향의 연장선 위에 있다. 샤머니즘과 유교는 현세적이며 힘(power)지향적이라는 공통점이 있다. 샤머니즘은 능력을 지향하고, 유교는 권력을 지향한다. 권위주의와 성공주의는 한국 교회에 비성경적 세계관이 자라나는 온상이다.

세계관 운동은 지식 운동을 넘어 갱신 운동, 생활 운동으로 나아가야 한다. 그러기 위해서는 먼저 교회 지도자가 세계관 운동에 참여해야 한다. 교회 지도자가 성경적 세계관으로 체질이 변화하지 않는다면, 한국 교회와 그리스도인이 성경적 세계관으로 체질화될 것을 기대할 수 없다. 한국 그리스도인이 성경적 세계관으로 변화하지 않는 한, 계속 하나님의 영광은 가려질 것이며 교회 성장도 영향을 받을 것이다. 그러므로 세계관 운동에 한국 교회의 미래가 달려 있다(안점식, 기독교대학, 177호, 2000. 10).

「세계관과 영적 전쟁」과 「세계관을 분별하라」(이상 죠이선교회 펴냄)를 출간한 이후 10여 년이란 세월이 흘렀다. 그동안 강의한 내용 가운데 위 두 책에서 나누지 못한 것을 정리할 필요성을 느꼈다. 이번 책에서는 종교와 문화, 세계관의 연관성을 조명해 보고자 하였다. 이 책은 크게 세 영역으로 나뉜다. 첫째는 종교신학 영역으로 종교와 문화의 발생, 종교의 기원과 위상, 문화명령과 타락 후 문화의 본질 등을 다룬다. 둘째는 다양한 종교의 세계관이 다루는 핵심 주제와 비교하여 기독교 세계관의 독특성을 살펴본다. 셋째는 한국에 있는 종교들이 어떻게 한국의 문화적 토양을 형성하였으며 한국 교회가 그러한 문화적 토양에 어떤 영향을 받고 있는지 규명하면서 문화변혁 문제를 다룬다. 이 책을 읽는 독자가 기독교 세계관에 대해 더 큰 그림을 그리고, 복음에 대해 더 큰 확신을 가지며, 세상을 변화시키고 하나님 나라를 확장하는 데 더 충성하게 되기를 소망한다.

원고를 탈고하기까지 기도로 중보해 주신 부모님과 내조해 준 아내, 그리고 관심을 가지고 격려해 준 사랑스런 세 자녀에게 감사를 드린다. 또한 출판을 위해 애쓴 죠이선교회출판부 형제자매들께도 감사의 뜻을 전한다. 주님의 뜻과 영광이 드러나지 않는다면 이 책은 휴지조각일 뿐이다. 그래서 더욱 두렵고 떨리는 마음이 있다. 이 책을 쓰면서 깨어지고 변혁되어야 할 것은 바로 나 자신임을 절감했다. 복음의 능력과 생명력만이 세상을 변화시킬 수 있는 유일한 길임을 다시 한 번 절실히 깨달았다. 예수, 그분은 그리스도시요 주님이시다. 세상의 유일한 소망이시다. 오직 성삼위일체 하나님께만 영광을 올려드린다.

세계관은 실재를 바라보는 관점이며,
실재에 대해 우리가 생각하는 큰 그림이다.

세계관과 문화 종교

I

1

세계관이란 무엇인가

세계관은 실재에 대한 큰 그림

세계관이란 무엇인가? 이 개념은 학문적인 여러 정의보다는 손쉬운 퀴즈로 소개하는 것이 이해하기 더 쉬울 것이다.

도표 1. 관점의 차이

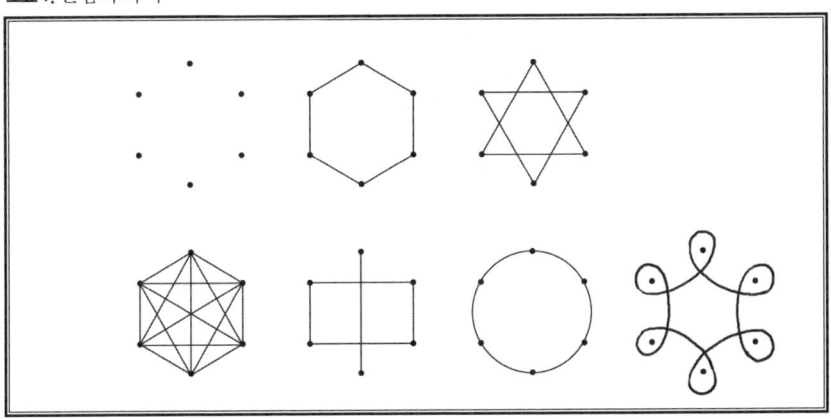

당신은 지금 6개의 점을 보고 있다. 무엇이 보이는가? 육각형? 다윗의 별? 다이아몬드? 중국을 사랑하는 사람은 '中'(중) 자가 보인다고 말할지도 모른다. 원은 어떤가? 이렇게 반문하는 사람도 있을 수 있다. "왜 꼭 점과 점을 연결합니까? 우리가 언제 그렇게 하자고 합의한 적이라도 있습니까?" 이런 사람은 똑같은 점 6개를 놓고 점을 둘러싼 예쁜 무늬를 그릴지도 모른다. 이 사람이 그린 그림을 잘못되었다고 말할 수 있는가? 어떤 전제도 두지 않고 어떤 편견도 갖지 않는다면 똑같은 점 6개로 다양한 그림을 그릴 수 있다. 그러나 점 6개와 전혀 무관하게 그릴 수는 없다는 점에서 이러한 그림들은 특정한 패턴이 있으며 개수도 유한하리라고 예측할 수 있다.

사실 명백하게 눈에 보이는 것은 점 6개뿐이다. 그러나 인간은 이 6개의 점이 서로 관련이 없고 단편적이라고 생각하지 않는다. 점 6개가 어떻게 상호 연관되어 있는지, 그 전체가 의미하는 바가 무엇인지 해석하려고 든다. 이처럼 누구나 점 6개라는 실재(實在, Reality)를 똑같이 바라보지만, 큰 그림(Big Picture)을 무엇으로 이해하느냐는 관점에 따라 달라질 수 있다. 이것이 바로 세계관이다. 즉 세계관은 실재를 바라보는 관점이며, 실재에 대해 우리가 생각하는 큰 그림이다.

세계관은 실재를 보는 안경

논의를 좀 더 발전시켜보자. 우리는 세계 안에서 살아간다. 이 세계를 '실재'라는 개념으로 표현해 보자. 실재는 이 세계가 '실제로(實) 존재하는(在)' 모습 그대로를 뜻한다. 영어로 'Reality'라고 하는데, 이때에도 '실제로(really) 존재하는(being)' 그대로의 것을 의미한다. 그런데 우리는 이 세계가 실제로 어떻게 존재하는지 아는가, 모르는가? 아니면 부분적으로만 아는가? 사람들은 대부분 추호도 의심하지 않고 자기가 실제로 존재하는 그대로 세계를 이해하고 있다고 생각한다. 그러나 인간은 이 세계가 실제로 어떻게 존재하는지 알지 못한다. 우리는 특정한 렌즈를 통해 세계를 바라보고 있다. 세계관은 실재를 바라보는 안경과 같다.

도표 2. 실재를 보는 안경

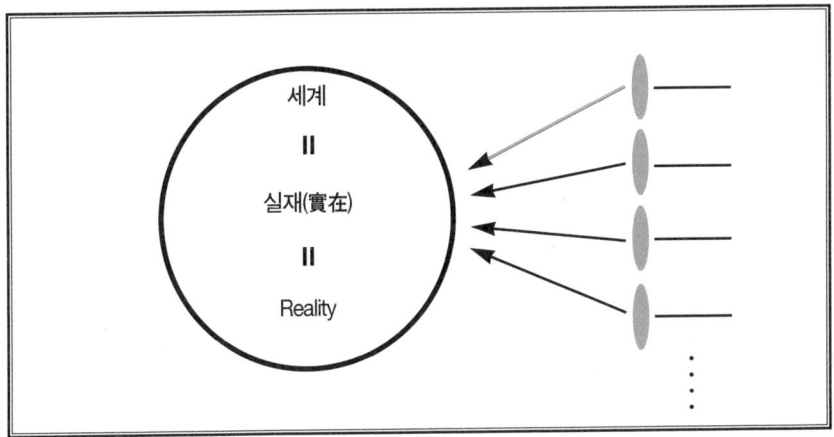

우리가 쓰고 있는 안경 렌즈에 빨간색을 넣으면 세상이 온통 빨갛게 보이고 파란색을 넣으면 온통 파랗게 보인다. 부분적으로 빨갛거나 파랗게 보이는 것이 아니라 온통 빨갛게, 파랗게 보이는 것이다. 이처럼 세계관은 전체적(wholistic)이다. 무신론이라는 안경을 쓰고 보면 세계는 유신론의 증거로 가득 차 있고, 범신론이라는 안경을 쓰고 보면 세계는 범신론의 증거로 가득 차 있다. 유물론이라는 안경을 쓰고 보면 세계는 유물론의 증거로 가득 찬 것처럼 보인다. 한 쪽은 빨간색, 다른 쪽은 파란색인 안경을 쓰고 다니는 기인(奇人)도 있을 것이다. 그러나 세계관은 그럴 수 없다. 한 쪽은 유신론 렌즈, 다른 쪽은 무신론 렌즈로 세계를 바라볼 수는 없다. 세계관이 지식 차원이라면 가능할지 모르지만 기본적으로 세계관은 내면화되어 몸에 밴 '체질'과 같은 것이기 때문이다.

세계관은 무의식적이고 비의도적으로 형성되는 체질

세계관은 기본적으로 어떤 문화 안에 무의식적이고 비의도적으로 형성된다. 예를 들어 당신이 인도 문화에서 태어나 성장했다고 가정해 보자. 친구가 나쁜 짓을 일삼는데다 오히려 그것을 자랑할 때 당신은 친구에게 이렇게 말한다. "네가 계속 이런 식으로 살아간다면 다음 생에서는 개로 태어날지도 몰라!" 이 말에는 윤회(輪廻), 인과업보(因果業報)와 같은 힌두교 세계관의 핵심 개념이 담겨 있다. 당신은 의식적이고 의도적으로 힌두교 세계관을 학습한 것이 아니라 무의식적이고 비의도적으로, 그러면서도 매우 당연하게 힌두교 세계관을 받아들인 것이다. 세계관은 특정한 문화 속에 전제된 관념이나 가치를 포함한다. 따라서 그것의 정당성을 증명하지 않아도 된다. 즉 인도 문화에서 윤회나 인과업보와 같은 관념은 당연하게 여기는 전제로서 아무런 증명 없이도 받아들여진다.

이처럼 무의식적이고 비의도적으로 형성된 관념을 의도적으로 의식화하고 외현화(外現化)하여 조직적으로 서술하면 철학이나 사상이 된다. 그러나 세계관은 기본적으로 내면화(內面化)되고 체질화되는 것이다. 우리는 특정한 세계관을 '통해서'(through) 또는 특정한 세계관을 '가지고'(with) 세계를 이해하고 해석한다. 따라서 세계관은 전(前) 과학적 단계이자 전(前) 철학적 단계다.

우리가 흔히 말하는 기독교 세계관은 의식적이고 의도적으로 외현화되고 조직화된 차원의 기독교적 신념을 가리킬 때가 많다. 당신이 만약 기독교 가정에서 태어나 자랐거나 기독교가 문화적 토양인 사회에서 성장했다면 무의식적이고 비의도적으로 세계를 기독교적 관점으로 이해할 것이다.

그러나 교회에서 배우는 기독교 세계관은 의식적이고 의도적으로 외현화되고 조직화된 것으로, 당신 안에 무의식적이고 비의도적으로 형성된 기독교 세계관보다 훨씬 폭넓고 치밀하며 체계적이고 깊이가 있으며 다양한 영역을 다룬다는 사실을 발견할 것이다. 그러므로 기독교 세계관을 공부한다고 해도 그것을 내면화하고 체질화하는 작업을 하지 않는다면 삶과 앎의 괴리를 피할 수 없다. 다시 말해 지식 차원에서 기독교 세계관을 인식하는 것은 그 세계관에 따른 변화된 삶을 보증하지 못한다.

세계관은 전제로서 받아들여지는 관념

세계관이 어떤 문화에서 전제로 받아들여지는 신념이나 관념이라고 할 때, 이러한 관념을 형성하는 것은 개념(concept), 범주(category), 논리(logic)다. 예를 들면 힌두교 세계관을 형성하는 핵심 개념은 업보(karma), 윤회(samsara), 해탈(moksa), 범아일여(梵我一如), 무지(avidya), 환상(maya) 등이다. 기독교 세계관을 형성하는 핵심 개념은 삼위일체 하나님, 예수 그리스도, 칭의, 대속, 부활, 영생, 죄, 회개, 십자가 등이다. 이처럼 언어는 세계관을 형성하는 수단일 뿐 아니라 언어 자체가 세계관을 함축하는 경우가 많다.

"믿음은 들음에서 [난다]"(롬 10:17)는 말은 세계관 형성 또는 변화와 관련되어 있다. 들음이란 하나님 말씀을 듣는 것이다. 결국 성경이 제시하는 개념과 범주, 논리를 반복적으로 듣고 익숙해지는 과정이다. 물론 성경적 믿음이 형성되려면 결정적으로 성령의 역사하심이 수반되어야 한다. 이런 면에서 전도란 기독교 세계관의 개념과 범주를 지속적으로 제시하는 것을 뜻한다. 비록 그 자리에서 기독교 신앙을 받아들이지 않는다 해도 전도 받은 사람은 기독교적 개념과 범주를 인식하고 기독교적 관념을 서서히 형성하게 된다. 그리고 자신의 기존 세계관으로는 더 이상 설명할 수 없는 경험으로 세계관에 균열이 일어나면 새로운 세계관을 찾게 된다. 세계관이 변화하기 시작하는 것이다. 물론 이때 환경을 통해 세계관에 균열을 일으키고 성경적 세계관으로 회심시키는 주체는 성령이시다. 우리는 어떤 사람의 세계관이 균열하고 있는지 알지 못할 때가 많으므로 "때를 얻든지 못 얻든지 항상" 말씀을 전파하는 데 힘써야 한다(딤후 4:2).

범주는 개념을 분류하는 상위 개념이다. 예를 들어 헬라적 세계관은 존재를 초자연과 자연으로 분류하지만 성경적 세계관은 창조주와 피조물로 분류한다. 현대의 세속주의적 관점을 지닌 자연과학은 사물을 동물, 식물, 미생물, 무생물 등으로 분류할 것이다(Hiebert, 1996, 206-209). 사물을 어떤 범주로 나누는지에 세계관이 반영되어 있다. 개념과 범주개념을 나타내 보여주는 언어 안에는 이미 세계관이 내포되어 있는 것이다.

각 문화에 나타나는 논법 또한 세계관과 뗄 수 없는 관계다. 예를 들면, 우리는 헬라적 세계관이 서구 문화를 형성하는 데 영향을 끼친 사실을 알고 있다. 파르메니데스 이후 헬라인은 세계를 다양한 '실체'(實體, substance)의 집합으로 이해했다. 실체란 고유한 속성과 본질, 개체성을 가지고 독립적으로 존재하는 존재자를 뜻한다. 따라서 헬라적 의미에서 진리탐구란 실체가 지닌 속성과 본질을 규명하는 것이고 현자(賢者)란 실체의 속성과 본질을 정확하게 정의하는 사람이다. 이러한 진리관에서는 "A는 B다"라는 'is'의 논리가 중요하다. 따라서 "A는 ~A일 수 없다"는 모순율과 "A는 B이면서 동시에 ~B일 수는 없다"는 배중률 같은 논리가 발달했다. 반면 아드바이타 베단타(Advaita Vedanta) 학파에 나타나는 힌두교 세계관은 세계를 다양한 실체의 집합이 아닌, 과정(process)이나 연속체(continuum)로 이해한다. 실체는 인식적 차원의 무지(avidya)가 낳은 환상(maya)일 뿐이다. 세계는 브라만(Brahman)의 가현일 뿐이며, 브라만이 궁극적 실재이고 브라만만이 존재한다. 그런데 궁극적 실재인 브라만의 속성과 본질은 인간의 언어 개념이나 범주로는 긍정적으로 설명할 수 없다. 그러므로 "브라만은 A도 아니고, B도 아니고, C도 아니고 ……"의 형태가 되는데 산스크리트어로는 "neti-neti"로 표현된다. 즉 힌두교 세계관에서는 'is not'의 논리가 발달하였다.

성경적 세계관에서 하나님의 속성과 본질은 기본적으로 불가해하며 인간의 언어로는 규정할 수 없다. 그렇지만 하나님이 성경을 통해 인간의 언어로 계시하신 한도 안에서 우리는 긍정적인 'is'의 논리를 사용하여 하나님의 속성을 묘사할 수 있다. 그래서 우리는 "하나님은 거룩하시다," "하나님은 사랑이시다"라고 말할 수 있다. '이것 아니면 저것'(either-or)의 논리가 강한 서구의 배중률은 자유의지나 결정론처럼 상호배제적으로 보이는 철학적 문제로 씨름해 왔다. 한편 세계를 과정이나 연속체로 보는 동양적 세계관은 현상적으로 대립하는 것처럼 보이는 대립자들도 배후에는 연속성과 상호의존성을 지니고 있다고 여기기 때문에 '이것이면서 저것'(both-and)의 논리가 가능하다.

세계관은 얼마나 많으며 무엇이 세계관을 제공해 주는가?

그렇다면 얼마나 많은 세계관이 존재하는가? 아마 사람 수만큼 존재할지도 모른다. 제임스 사이어(James Sire)는 인격체 수만큼 세계관이 존재할 것이라고 말한다(Sire, 1985, 173). 어떤 의미에서는 사실이다. 사실 기독교 세계관을 공유한 그리스도인이라 하더라도 모든 사안을 똑같은 관점으로 바라보지는 않는다. 여러 사안을 세부적으로 하나하나 따지다 보면 많은 차이가 드러날 것이다. 우리는 그리스도인이지만 정치, 경제, 사회, 문화 등의 영역을 바라보는 관점은 다양할 수 있다. 그런데도 우리를 똑같이 그리스도인이라고 부르는 이유는 중요한 주제에 대해 일치하는 관점이 있기 때문이다. 이를 테면 그리스도인은 유신론적 관점에서 궁극자를 삼위일체 신(神)으로 이해한다. 인간은 하나님 형상을 지녔지만 타락한 존재라고 본다. 그 밖에도 자연, 역사, 죽음의 기원과 본질, 사후 세계, 악과 고통의 기원과 본질, 죽음과 악과 고통의 극복 가능성에 대해 기독교적 세계관을 공유하기 때문에 그리스도인으로 분류된다.

수많은 세계관이 존재하지만, 다행히 루드비히 비트겐슈타인(Ludwig Wittgenstein)의 개념을 빌려온 존 힉(John Hick)이 지적한 대로 가족 유사성(family resemblance)에 따라 이 세계관들을 분류할 수 있다. 예를 들어 종교를 유대교-기독교-이슬람교 계통과 힌두교-불교 계통, 애니미즘-샤머니즘 계통으로 구분할 수 있다. 물론 세계관을 제공하는 것은 종교만이 아니다. 철학이나 이데올로기도 세계관을 제공한다. 오늘날 철학은 더 이상 거대이론(grand theory)의 역할을 하지 않기 때문에 세계관을 제공한다고 보기 어렵지만, 과거에는 세계를 이해하고 해석하는 틀을 제공했다. 한편 이데올로기는 여기서 한 걸음 더 나아가 행동강령을 제시한다. 예컨대 이데올로기로서 공산주의는 프롤레타리아 혁명을 행동강령으로 제시한다. 종교는 이데올로기보다 한 걸음 더 나아간다. 종교는 세계를 이해하고 해석하는 틀뿐 아니라 행동강령을 제공하며, 나아가서 종교 의식(ritual)을 제공한다.

그렇다면 셋 중에서 무엇이 가장 강력하겠는가? 바로 종교다. 이데올로기도 매우 강력하지만 종교의 힘에는 미치지 못한다. 다니엘 벨(Daniel Bell)은 그의 저서 「이데올로기의 종언」(The End of Ideology, 범우사 펴냄)에서 후기산업사회(post-industrial society)가 되면 이데올로기가 소멸할 것이라고 예언한다. 이 예언은 거의 적중하였다. 오늘날 여전히 정치적으로 공산주의 국가라고 자처하는 나라들이 지구상에 남아 있지만, 경제적 차원에서 이데올로기의 차이는 거의 종말을 고했다고 봐야 한다. 계몽주의자와 마르크시스트(Marxist)는 백 년 뒤 지구의 모습을 그리면서 인간의 이성이 더욱 합리화되어 모든 종교가 사라질 것이라고 예고하였다(Netland, 2001, 124). 그러나 이 예언은 빗나갔다. 종교는 결코 소멸되지 않을 것이다. 종교는 인간의 본성, 즉 종교성에 뿌리박고 있기 때문이다. 인간에게서 하나님의 형상과 하나님이 부여하신 세계에 대한 사명이 제거되지 않는 한 종교는 소멸되지 않을 것이다.

2

문화와 세계관

문화 안에서 세계관은 어떤 위치에 있는가?

세계관은 문화 속에서 형성된다. 인간은 진공 상태에서 태어나지 않는다. 반드시 어떤 문화 속에서 태어나며 그 문화의 영향 아래 있는 가정, 사회에서 성장하면서 사회화(socialization)되고 문화화(enculturation)된다. 문화인류학자는 흔히 문화를 몇 가지 층으로 나누어 설명하는데, 여기서는 세 가지 층으로 나누어 생각해 보자.[1] 문화는 가장 바깥층에 있는 행동양식과 그 안쪽에 있는 가치체계, 그리고 심층부에 있는 세계관으로 나눌 수 있다. 그러므로 문화라는 전체 틀 안에서 세계관을 다루어야 한다.

---

1. 린우드 바니(Linwood G. Barney)는 문화의 층을 세계관, 가치, 제도, 물질적인 인공물과 관찰 가능한 행위의 네 층으로 나누었고(Hesselgrave, 1999, 105쪽), 로이드 콰스트(Lloyd Kwast)는 세계관, 신념, 가치, 행동의 네 층으로 나누었다(Lewis, 1994, C11, 12-15).

도표 3. 문화의 세 가지 층과 타락사건

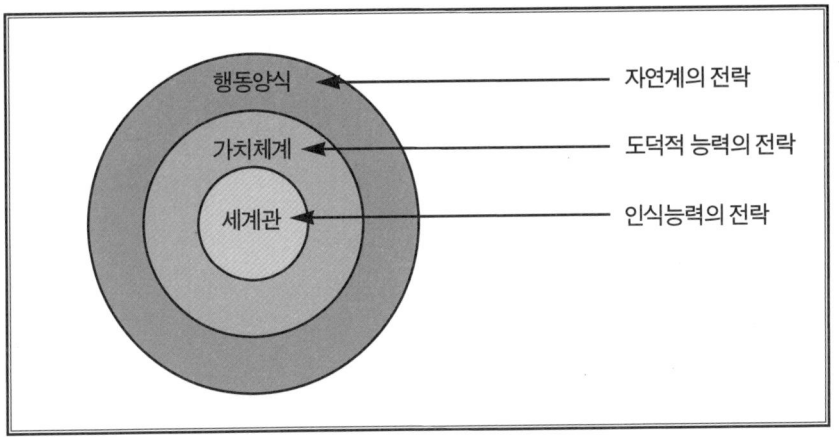

행동양식은 문화의 가장 바깥층으로서 가시적으로 포착되는 문화 영역이다. 당신이 해외여행을 간다고 가정해 보자. 당신은 그곳에서 한국과는 매우 다른 건축 양식과 의복 양식, 음식 양식, 음악과 미술 양식, 예의범절, 인사법 등을 만나게 될 것이다. 해외여행을 가면 왜 모든 것이 신기하고 새롭게 느껴지는가? 행동양식이 다르기 때문이다. 물론 이것은 타문화권에 단기간 동안 머물 때 느낌이다. 장기간 체류하게 된다면 문제가 전혀 달라질 것이다. 문화충격은 기본적으로 타문화권에 장기간 체류할 때 일어난다.

행동양식의 한 가지 예를 들어보자. 아프리카 마사이족은 아침에 인사할 때 얼굴에 침을 뱉는 것으로 친근감을 표시한다고 한다. 어떻게 이런 인사법이 생겨날 수 있는가? 문화는 자연을 극복하고 역사적 상황을 거치면서 형성된다. 그러므로 문화를 심층적으로 이해하지 않고는 이러한 인사법을 이해하기가 쉽지 않을 것이다. 물이 부족한 곳에서는 물이 많은 것이 축복이다. 그래서 물과 비슷한 침도 축복의 표시가 된다. 침을 뱉는 인사법은 아마 "너에게 물이 풍성하기를 원하노라"라는 축복의 메시지를 담고 있는지도 모른다.

가치체계도 문화마다 다양하다. 아마 어느 사회에나 사회 질서를 유지하기 위한 사회규범이나 도덕규범이 있을 것이다. 인간은 하나님의 형상을 지니고 있으며, 양심은 그러한 하나님 형상의 중요한 한 측면이다. 만일 인간이 타락하지 않았다면 양심은 제 기능을 할 것이고 양심대로만 한다면 하나님의 법에 저촉되지 않을 것이다. 그런데 인간이 타락으로 말미암아 인간성의 전락, 즉 도덕적 전락이 있었기 때문에 양심이 제 기능을 다하지 못하게 되었다. 양심의 기능은 제한되고 왜곡되었으며 주관적이고 상대적인 것이 되어버렸다. 그러므로 성경은 만물 가운데 인간의 마음이 가장 거짓되고 부패하다고 말한다(렘 17:9). 그러나 양심의 기능이 제한되고 왜곡되었다고 해서 기능 자체가 소멸되거나 정지되었다고 할 수는 없다. 양심은 문화 속에서 나름대로 도덕규범과 사회규범을 형성하는 기능을 한다. 그렇기 때문에 문화의 다양성에도 불구하고 문화와 인종을 뛰어넘어 보편적인 사회적, 도덕적 규범이 나타나는 것이다.

동시에 문화의 차이는 다양한 사회규범과 도덕규범이 있음을 보여준다. 또 서로 다른 문화 안에서 보편적인 사회규범과 도덕규범이 관측된다고 해도 문화에 따라 규범들 사이에 우선순위가 다를 수 있다. 예를 들어 간음과 거짓말 가운데 어느 것이 더 나쁜가? 물론 둘 다 나쁘다. 그렇다면 당신은 거짓말이 들통 난 지도자와 간음이 들통 난 지도자 중에 누구를 더 쉬이 용서하겠는가? 한국인은 거의 모두 간음이 더 나쁘다고 생각한다. 거짓말이 들통 난 국회의원은 또다시 선출될 수도 있지만, 외도를 하다가 들통 난 국회의원은 정치적으로 완전히 매장당할 것이다. 반면 서양사람 중에는 거짓말이 더 나쁘다고 생각하는 사람이 많다.

물건을 훔치는 것과 화를 내는 것 가운데에서는 어느 것이 더 나쁜가? 한국인은 대체로 물건을 훔치는 것이 더 나쁘다고 생각한다. 그렇다면 "훔치다"라는 단어가 없는 문화라면 어떨까? 그런 문화에서는 단지 허락 없이 물건을 가져가서 쓰고 안 돌려줄 뿐이다. 케냐 마사이족 마을에서 사역하는 선교사가 있었다. 그런데 그가 전도해서 양육하는 현지인 가운데 한 사람이 자꾸 선교사의 물건을 '가져갔다.' 선교사는 "허락을 받고 가져가고, 쓰고 나면 돌려 달라"고 여러 번 타일렀지만 그 현지인은 계속 '그냥' 물건을 가져가더라는 것이다. 하루는 현지인이 물건을 가져가자 선교사가 자신도 모르게 벌컥 화를 냈다. 한국인이라면 이러한 상황을 충분히 이해할 것이다. 어느 누가 이런 상황에서 화를 내지 않겠는가! 그런데 그 다음부터 현지인들이 이상하게 행동하기 시작했다. 선교사를 슬슬 피하고, 눈도 마주치지 않고, 겉돌았다. 너무 답답한 나머지 선교사가 가장 가까운 현지인에게 이유를 물어보았다. "내가 무슨 잘못이라도 저질렀습니까? 왜 나를 피하지요?" "우리 마을에서는 물건을 가져가는 것보다 화를 내는 것이 훨씬 나쁩니다." 이 상황이 이해되는가? 이런 상황은 문화를 이해했을 때에만 이해할 수 있다.

일반적으로 공동체 의식이 강하면 소유관념이 희박하다. 강한 집단 사회일수록 내 것, 네 것이 분명하지 않다. 어렸을 적에 시골에서 자란 사람들은 서리를 해본 일이 있을 것이다. 수박, 참외, 고구마……. 아마 철마다 종류를 바꾸어가며 서리를 해먹었을 것이다. 좀 심한 개구쟁이는 개서리나 닭서리도 감행했는데, 그 정도 되면 들켰을 때 매우 혼이 나긴 하지만 도둑으로 몰려 형사 고발되는 일은 별로 없었다. 옛날 시골은 강한 공동체로 기능하고 있었다. 마을에 사는 사람들이라야 거의 친척 아니면 친구고, 아마 어느 집에 숟가락이 몇 개 있는지도 알 정도로 서로 가깝게 지냈을 것이다. 지금도 가정에서는 소유관념이 명확하지 않은데 그것은 가정이 매우 강한 공동체이기 때문이다. 예를 들어 동생이 허락 없이 언니 옷을 입고 나갔다 들어오면 야단은 좀 맞아도 도둑으로 몰리는 일은 없다.

반면 공동체가 강한 집단 사회는 대체로 수치심 문화(shame culture)이며 체면 문화(shame culture)다. 수치심 문화와 죄책감 문화(guilt culture)의 분류는 일본 문화를 다룬 「국화와 칼」(The Chrysanthemum and the Sword)이라는 저명한 책을 낸 루스 베네딕트(Ruth Benedict)가 최초로 사용하였다.[2] 오늘날 선교지는 대체로 수치심 문화다. 그중에는 그 성향이 매우 강해서 어떤 사람에게 불만이 있어도 면전에서 따져서는 안 되고 반드시 중재자를 통해 유감을 전달해야 하는 사회도 있다. 이처럼 수치심 문화가 강한 사회에서는 따지는 것은 고사하고 면전에서 화라도 내면 매우 도발적인 행동으로 여기며, 화를 낸 사람을 매우 부덕하다고 생각할 것이다.

세계관은 문화의 세 가지 층 가운데 가장 심층부에 있다. 어떤 가치체계나 행동양식이든 근원을 파헤쳐 들어가면 세계관과 연결되어 있다. 행동양식은 가치체계에서, 가치체계는 세계관에서 나온다. 예를 들어 생각해 보자. 한국 문화에는 제사라는 행동양식이 있다. 한국인은 왜 제사를 지내는가? 제사를 지내는 행위가 가치가 있다고 보기 때문이다. 죽은 조상을 제사 지내는 것은 효(孝)의 연장선이기 때문에 가치가 있다고 여긴다. 또 죽은 조상이 제사를 흠향하고 후손에게 복을 가져다준다고 보기 때문에 가치 있게 여긴다. 그렇다면 제사를 가치 있게 여기는 가치체계는 어디에서 왔는가? 그것은 사후(死後) 세계에 대한 애니미즘, 또는 샤머니즘적 세계관에 기초한다. 애니미즘 사후관은 죽은 자의 세계인 저승과 산 자의 세계인 이

---

2. 루스 베네딕트의 저서 「국화와 칼」(The Chrysanthemum and the Sword: Patterns of Japanese Culture, Boston: Houghton Mifflin, 1946)에 나타난 수치심과 죄책감의 개념을 수용하여 에릭 다즈(Eric R. Dodds)는 그의 저서 "The Greek and the Irrational"(Berkeley: Univ. of California Press, 1951)에 고대 그리스 사회가 어떻게 수치심 문화에서 죄책감 문화로 변이되었는지를 그리고 있다. 다즈 이후 수치심과 죄책감의 개념은 문화인류학과 심리학 등에 널리 사용되었다.

승이 겹쳐 있다고 본다. 그래서 죽은 자가 산 자의 세계에 출현할 수 있고, 퇴마사(退魔師) 같은 산 자가 죽은 자의 세계에 가볼 수도 있다. 이러한 세계관을 전제로 하기 때문에 제사나 굿을 통한 초혼(招魂) 행위가 가능하다. 그러나 성경적 사후관은 산 자의 세계와 죽은 자의 세계가 겹쳐 있지 않다. 거지 나사로와 부자의 이야기도 죽은 자의 세계는 산 자의 세계와 분리되어 있어서 부활 외에는 죽은 자가 산 자에게 갈 수 없다는 것을 암시해주고 있다(눅 16:19-31). 그러므로 성경은 초혼 행위를 금한다(신 18:11). 그것은 사실상 죽은 자를 가장한 타락한 천사와 교제하는 것이기 때문이다. 루터(Martin Luther)나 칼뱅(Jean Calvin)을 포함하여 많은 주석은 사울 왕이 엔돌의 신접한 여인을 통해 죽은 사무엘을 불러낸 사건도(삼상 28:6-20) 진짜 사무엘이 아닌 사무엘을 가장한 타락한 천사가 출현한 것으로 보고 있다.

여기서 주목해야 할 사실은 세계관이 바뀌면 결과적으로 가치체계도 정반대로 바뀐다는 것이다. 애니미즘 세계관에서 제사는 효의 연장선에서, 그리고 조상의 음덕으로 현세적 복을 받는다는 면에서 가치 있는 행동이지만, 성경적 세계관으로 보면 반대로 타락한 천사와 교제하는 행위이자(고전 10:20) 우상숭배적인 행위가 된다. 그러므로 행동양식이 바뀌려면 가치체계가 바뀌어야 하고, 가치체계가 바뀌려면 세계관이 바뀌어야 한다.

도표 4. 애니미즘 사후관과 성경적 사후관

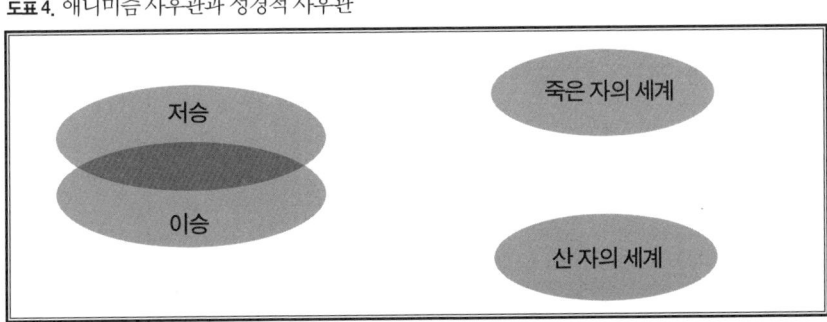

세계관 대결과 문화의 변혁은 어떤 관계가 있는가?

선교의 목적은 영혼 구원은 물론 나아가 문화변혁에까지 이른다. 문화에 나타나는 행동양식과 가치체계가 세계관에서 나온다면, 문화변혁을 위해서는 세계관을 변화시켜야 한다. 인간의 타락 이후 형성된 문화는 본질적으로 크게 세 가지 요소로 구성되어 있다. 즉 인간 문화에는 일반계시에 대한 반응, 인간의 죄성과 반역성의 반영, 사탄의 역사와 영향력이 섞여 있다. 그러므로 어떤 문화든 그 안에 있는 행동양식과 가치체계에는 일반은총적인 것이 있고, 인간의 죄성과 반역성이 반영되어 있으며, 사탄의 역사와 영향력이 섞여 있다.

인간 문화에 있는 비성경적 행동양식과 비성경적 가치체계는 비성경적 세계관에서 나온 것이다. 비성경적 행동양식과 비성경적 가치체계는 다른 말로 표현하자면 바로 '죄'다. 인간은 명백히 죄라고 인식하면서 죄를 짓는 경우도 있지만, 많은 경우 비성경적 세계관에 따라 정당화된 죄를 짓는다. 우상숭배, 인신제물, 조상 제사, 여성 할례, 일부다처제, 축첩 행위, 낙태, 동성애 등이 그런 경우에 해당한다. 비성경적 세계관을 다른 말로 하면 바로 '거짓말'이다. 사탄이 인간을 유혹하여 타락시킬 때 왜 거짓말을 했는지를 꿰뚫어보아야 한다.

인간의 죄성과 반역성이 반드시 비종교적으로 나타나는 것은 아니다. 오히려 죄는 종종 매우 종교적인 형태로 자행된다. 예수께서 바리새인을 그토록 책망하신 이유는 그들이 외적으로는 매우 종교적으로 보였지만 사실상 내면에는 가장 심각한 죄인 자기의와 교만으로 가득 차 있었기 때문이다.

또 다른 예를 생각해 보자. 중국에서는 강력한 산아제한 정책 때문에 여아(女兒)가 태어나면 영아를 죽게끔 방치해 버리는 경우도 종종 있다고 한다. 이러한 비성경적 행동양식, 즉 죄는 남아선호(男兒選好)라는 가치체계에서 비롯되었다. 이를 파고들어가 보면 남존여비(男尊女卑), 천존지비(天尊地卑), 양존음비(陽尊陰卑)와 같은 음양적 세계관이 그 밑바탕에 있음을 알 수 있다. 거기에 남아(男兒)만이 조상에게 제사를 지낼 수 있다는 애니미즘 사후관이 더해지면서 이러한 행동양식이 나타난 것이다.

선교 사역은 진공 상태에서 행하는 것이 아니다. 우리는 어떤 문화가 있는 곳에 들어가 이미 존재하는 행동양식과 가치체계, 세계관의 토양 안에서 복음을 전한다. 그러므로 복음을 전한다는 것은 근본적으로 세계관의 충돌을 불러온다. 사실 성경도 히브리 문화나 헬라 문화 안에서 기록되었다. 그러나 성경에 담긴 메시지는 문화와 시대, 인종을 초월한 원리적 성격을 띠고 있다. 따라서 성경에는 성경적 세계관과, 그에 따른 성경적 가치체계와 성경적 행동양식이 제시되어 있다. 그런 면에서 어떤 문화에 복음이 전해질 때에는 행동양식, 가치체계, 세계관 차원 모두에서 충돌이 일어난다. 이것은 성경적 절대주의 관점에서 성경이 문화에 나타나는 비성경적 행동양식, 비성경적 가치체계, 비성경적 세계관을 판단한다는 뜻이다. 또한 이것은 성경이 인간 문화에 나타나는 죄를 지적한다는 뜻이다.

성경과 문화의 각 층이 충돌한다는 것은 곧 영적 전쟁이 있다는 뜻이기도 하다. 이러한 충돌의 배후에는 세계관의 충돌이 있다. 그러므로 세계관 대결(Worldview Encounter)이야말로 영적 전쟁에서 가장 본질적이다. 세계관 대결은 닐 앤더슨(Neil Anderson)이 말한 것처럼 진리 대결(Truth Encounter)이다. 능력 대결(Power Encounter)[3]은 진리 대결, 즉 세계관 대

---

3. 능력 대결은 앨런 티페트(Alan Tippett)가 그의 저서 "People Movements in Southern Polynesia"(Chicago: Moody Press, 1971)에서 사용한 개념으로, 그는 능력 대결에 따른 집단개종(People Movement)과 교회 성장을 언급한다(Tippett, 1971, 80-100).

결이 가시적으로 나타난 것이다. 열왕기상 18장에는 엘리야가 바알 선지자 450명과 능력 대결을 벌이는 장면이 나온다. 이러한 능력 대결 배후에는 먼저 야훼 종교 세계관과 바알 종교 세계관의 대결이 있다. 출애굽기 7-11장에도 모세와 이집트 주술사 사이에 벌어진 능력 대결이 나온다. 이러한 능력 대결 배후에도 먼저 야훼 종교 세계관과 이집트 종교 세계관의 충돌이 있으며, 그 결과 능력 대결이 나타난 것이다.

세계관의 중요성을 언급할 때 놓치지 말아야 할 것이 있다. 우리는 흔히 복음을 전할 때 기독교 세계관의 핵심을 먼저 전하고 싶어한다. 삼위일체, 대속, 구원, 영생, 부활 등 핵심적 교리를 강조하고 싶어하는 것이다. 그러나 복음을 듣는 사람이 먼저 보는 것은 그리스도인의 행동양식과 가치체계다. 그런데 만약 그리스도인의 행동양식과 가치체계가 세상 사람과 그다지 다르지 않다면, 오늘날과 같은 종교다원사회에서 기독교 세계관이 실재를 설명하는 데 가장 우월하고 유일하다는 것을 어떻게 입증할 수 있겠는가? 그리스도인의 행동양식과 가치체계가 '이 세상' 또는 '이 세대'를 따르지 않을 때 비로소 사람들이 호기심 어린 태도로 관심을 보이며 질문할 것이다. "당신이 세상 사람들과 다르게 행동하고 다른 가치를 추구할 수 있는 근본적인 배경은 무엇입니까?" 그때 우리는 우리 속에 있는 '소망에 관한 이유'를 대답할 수 있어야 한다(벧전 3:15).

인간의 타락사건이 낳은 세 가지 결과는 문화의 형성에 어떻게 관련되는가?

왜 세상에 이토록 다양한 문화와 종교, 세계관이 생겨난 것일까? 이 질문에 대한 답을 찾으려면 최초 인류로 돌아가야 한다. 그곳에는 인간의 타락이라는 엄청난 사건이 있었다. 인간의 타락사건이 불러온 가장 심각하고 근본적인 세 가지 결과는 인식 능력의 전락, 도덕적 능력의 전락, 자연계의 전락이다(안점식, 1998, 70-79).

우선 인식 능력의 전락을 살펴보자. 타락하기 전 인간은 온전하고 총체적인 인식 능력을 지니고 있었다. 하나님이 인간을 창조하신 뒤 처음으로 인간에게 시키신 것은 생물에게 이름을 지어주는 일이다(창 2:19). 히브리적 의미에서 볼 때 이름을 짓는다는 것은 아무렇게나 임의적으로 이름을 붙인다는 것이 아니라 사물의 본질에 걸맞은 이름을 짓는다는 뜻이다. 타락 전 아담에게는 사물의 본질을 통찰할 수 있는 능력, 즉 지혜가 있었다. 하나님은 아담이 지은 이름을 모두 승인하셨다. 그분은 인간에게 피조물을 관리할 권한을 주셨기 때문에 사물에 대한 통찰력과 함께 생물에게 이름을 지어줄 권리도 주신 것이다. 이름을 짓는다는 것은 주권자로부터 '관리자'로서의 권위를 위임받는다는 뜻이다. 즉 이름을 부여하는 자가 권위자라는 뜻이다. 같은 맥락에서 부모가 자녀의 이름을 짓는다는 것은 부모에게 자녀를 관리하는 권위가 주어졌음을 의미한다.[4]

사물의 본질에 대한 통찰력이 곧 지혜다. 그런데 타락으로 말미암아 인간은 사물에 대한 직관적인 통찰력과 지혜를 잃어버렸다. 존재와 인식은 밀접한 상관관계에 있다. 존재의 전락은 인식의 전락을 불러온다. 성경은 올바른 존재 상태와 사물에 대한 올바른 지식과 통찰력이 밀접한 상관관계에 있다고 지적한다. 하나님을 경외하는 것이 지혜와 지식의 근본이다(잠 1:7, 9:10, 시 111:10). 지혜는 사물에 대한 통찰력이며 사물의 본질을 꿰뚫

---

4. 한국 문화에서는 조부모가 유교식으로 이름을 짓는 경우가 많다. 그러나 성경적으로 보자면 부모가 이름을 짓는 것이 더 옳다. 우리는 조부모가 아니라 부모의 권위 아래 맡겨졌기 때문이다. 이름은 본질을 나타내며, 이름을 부여한 권위자의 의도대로 이름값을 하고 살아야 한다. 이름이 바뀐다는 것은 본질이 바뀌었음을 뜻한다. 아브람이 아브라함으로, 사래가 사라로, 야곱이 이스라엘로 이름이 바뀐 것은 그들의 본질이 바뀌었다는 뜻이다. 그들은 이름을 새롭게 부여한 하나님의 뜻대로 살아야 한다.

는 인식 능력이다. 이러한 인식 능력은 "하나님 경외"라는 존재 상태와 밀접한 상관성이 있다.

존재와 인식의 밀접한 상관성은 일상생활에서도 확인할 수 있다. 내 존재 상태가 하나님과 올바른 관계, 즉 영적, 도덕적, 감정적으로 올바른 상태에 있을 때, 성령 충만함이 내 지정의를 감싸고 있을 때에는 내 통찰력과 판단력이 탁월해져서 스스로 생각하기에도 매우 지혜로워 보인다. 반대로 내 존재 상태가 하나님과 올바른 관계에 있지 못할 때는 스스로 돌아보아도 내 생각과 판단, 결정과 행동이 후회스러울 정도로 어리석어 보인다. 그러므로 타락으로 말미암아 인간의 존재 상태가 근본적으로 전락했을 때 인간의 인식 능력도 근본적으로 전락했음을 알 수 있다.

존재는 언제나 관계 속에 있다. 인간은 결코 관계를 떠나서 존재하지 않는다. 우리는 부모님의 관계 안에서 태어났고, 태어나자마자 부모 자식의 관계가 있고 형제 자매의 관계가 있다. 그러므로 올바른 존재 상태란 곧 올바른 관계에 있다는 뜻이다.[5] 따라서 올바른 존재 상태는 본질적으로 하나님과 올바른 관계에 있으며 그 결과 나 자신, 그리고 타인과 올바른 관계에 있는 것이다. '경외'는 하나님과 나 사이의 올바른 관계를 가장 정확하면서도 함축적으로 묘사하는 개념이다. 올바른 관계에 있지 않으면 관계하는 존재를 올바르게 인식할 수 없다. 하나님과 올바른 관계에 있지 않으면 하나님에 대해 올바른 지식을 갖지 못한다. 하나님에 관한 올바른 지식이 없으면 하나님이 창조하신 피조세계에 있는 만물에 대한 통찰력도 상실한다.

---

5. 기독교는 올바른 존재 상태를 올바른 관계 상태로 보기 때문에 기독교에서 말하는 구원이란 회개와 용서를 통해 하나님과 화목한 관계로 회복하는 것을 뜻한다. 힌두교나 불교는 올바른 존재 상태를 올바른 의식 상태로 보기 때문에 명상이나 참선 등을 통해 의식의 흐름을 관조하고 조종하여 열반이나 해탈과 같은 초월적 의식 상태에 이르는 것을 목적으로 한다.

하나님의 '능력과 신성' 이 만물에 반영되어 있기 때문이다(롬 1:20).

존재를 회복하면 인식도 회복된다. 인간은 죄로 인하여 마음에 깊은 상처를 입기 때문에 왜곡하여 인식한다. 우리가 죄를 회개하고 성령 충만할수록 제한이나 왜곡 없이 사물을 인식할 수 있다. 그리고 우리 영혼과 몸이 온전히 구속을 받아서 영화로운 몸을 입게 되면(빌 3:21) 어떤 제한이나 왜곡 없이, 마치 "수건을 벗은" 것처럼 명백하게 사물을 인식할 것이다(고후 3:14-18). 부분적으로 희미하게 아는 것이 아니라 명백하고 온전히 인식하게 될 것이다(고전 13:12).

인간의 타락이라는 존재의 전락사건은 필연적으로 인식 능력의 전락을 초래했다. 그 결과 인간은 하나님과 인간 자신, 자연을 올바르게 통찰할 수 없는 존재로 전락하고 말았다. 하나님, 그리고 자연과 어떤 관계를 맺는 것이 옳은지에 대한 지식을 상실하고, 심지어 인간 존재의 본질과 목적에 대한 통찰력까지 잃어버렸다. 인간이 왜 태어났고, 어디서 와서 어디로 가는지도 모르는 존재로 전락해 버렸다.

인간이 하나님, 인간 자신, 사물의 본질을 올바로 통찰할 수 있는 인식 능력을 잃어버리고, 제한되고 왜곡된 인식 능력을 갖게 되면서 신화, 철학, 종교처럼 세계관을 제공하는 것들이 생겨났다. 신화는 신의 속성과 성품, 기원을 묘사한다. 또 인간의 기원과 본질, 인간 세계가 지금처럼 고달파진 이유를 설명한다. 자연의 기원과 본질에 대해서도 설명한다. 그리스-로마 신화는 신의 기원과 속성을 말해 준다. 인도의 마누법전(Manu Smrti)은 인간의 조상 마누(Manu)에게서 어떻게 힌두교 카스트의 각 계급이 유래했는지를 신화적으로 설명한다. 일본 신화는 이자나기와 이자나미가 일본열도를 만든 과정을 보여준다.

철학 역시 궁극자와 인간, 자연에 대해 말해 준다. 동서고금의 철학들은 궁극자와 궁극적 실재의 문제를 다룬다. 철학은 인간성의 문제와 인간의 본질, 인간 존재의 가치를 다룬다. 특히 자연철학은 자연의 의미, 궁극자와 인간과 자연의 관계를 다룬다. 신화, 철학, 종교 등은 세계관을 제공하며, 문화의 세 가지 층에서 심층부에 해당한다.

인간의 타락이 불러온 두 번째 심각한 결과는 도덕적 능력의 전락이다. 인간에게 죄성이 들어오면서 부당한 욕구가 생겨났다. 이 욕구는 아무리 과학과 기술이 발달해도 결코 충족될 수 없으며, 인간 사회를 유지하고 존속하기 위해서는 통제되어야 한다. 원래 인간이 지닌 하나님의 형상 안에는 양심이 포함되어 있다. 아마 인간이 타락하지 않았다면, 양심의 소리대로만 행해도 하나님의 법에 어긋나지 않을 것이다. 칼뱅이 말한 대로 양심은 인간의 마음속에 새겨진 율법과 같은 역할을 했을 것이다(Calvin, 1994, 71-72). 그런데 인간의 타락으로 양심의 기능은 제한되고 왜곡되었다. 인간의 마음은 만물 가운데 가장 부패하다. 양심의 소리를 잘 듣지 못할 뿐 아니라 설사 양심을 따랐다고 해도 하나님의 법에 잘 맞지 않는다. 양심은 주관적이고 상대적인 기준일 뿐이다. 그러나 양심의 기능이 제한되고 왜곡되었어도 기능 자체가 완전히 소멸하거나 제거된 것은 아니다. 그렇기 때문에 어느 정도 양심이 작용하여 나름대로 윤리, 도덕, 법, 규범, 관습 등이 생겨난 것이다. 이러한 것들이 바로 문화의 세 가지 층에서 중간층에 속하는 가치체계다.

인간의 타락은 자연계의 전락을 가져왔다. 전락한 자연계 원리는 '약육강식'(弱肉强食)과 '적자생존'으로 요약된다. 인간은 원래 자연계의 피조물에 대해 주권이 아닌 관리권을 가지고 있었다. 타락하기 전 인간은 하나님의 영적 권위에 복종하고, 관리자로서 영적인 권위로 피조물을 다스렸을 것이다. 인간과 자연은 유기적으로 하나로 연결되어 있기 때문에 인간의 타락은 곧 자연계의 전락을 불러왔다. 인간이 타락했는데 왜 자연계까지 전락되는가? 이것은 곧 권위의 원리다. 권위자가 타락하면 그 권위 밑에 있는 모든 존재가 전락되고 고통을 겪는다. 성경은 인간이 타락하여 자연계가 전락한 사실을 "땅은 너로 인하여 저주를 받고 …… 네게 가시덤불과 엉겅퀴를 낼 것이라"라고 상징적으로 표현한다(창 3:17-18). 그리고 자연계의 피조물도 허무한 데 굴복하고, 썩어짐의 종노릇 하며, 고통 받고, 탄식하며, 하나님의 아들들이 나타날 것을 고대하고, 구속을 기다리고 있다고 말한다(롬 8:19-23).

인간의 타락과 그로 인한 자연계의 전락으로 말미암아 피조세계를 꿰뚫는 원리도 변화하였다. 전락한 자연계는 힘의 논리가 작용하는 곳이 되어 버렸다. 인간과 자연계의 모든 피조물이 영적인 권위에 근거해서 다스리고 순종하는 것이 아니라 힘에 근거해서 지배하고 굴종하게 된 것이다.

노아 시대의 대홍수 때 자연계가 또 한 번 전락했다. 대홍수 후에 인간은 이전 문명을 모두 상실하고 갑자기 원시 상태로 전락하였을 것이다. 더욱 전락한 자연은 인간에게 더욱 위험한 곳이 되었다. 인간은 전락한 자연환경에 적합하도록 의식주를 독특한 양식으로 발전시켰을 것이다. 의식주의 독특한 양식은 자연환경의 독특성과 밀접하게 관련되어 있다. 예를 들어 건축 양식을 생각해 보자. 눈이 많이 오는 곳에서는 지붕 경사가 가파를 수밖에 없다. 의복 양식을 생각해 보자. 열대지방에서는 남녀 구분할 것 없이 노출이 심한 옷이 대부분이다. 음식 양식을 생각해 보자. 추운 지방에서는 열량이 많아야 하기 때문에 돼지비계 같은 것을 직접 섭취하며 매우 귀한 음식으로 간주한다. 심지어 인사법도 자연환경과 밀접한 관계가 있고, 음악이나 미술의 양식도 자연환경과 무관하지 않다. 이처럼 독특한 자연환경은 문화의 세 가지 층에서 가장 바깥쪽에 위치하는 행동양식과 밀접하게 연관되어 있다.

문화명령과 타락 이후 문화의 특징은 무엇인가?

인간은 타락 이전에 이미 문화명령을 받았다. 따라서 타락하지 않았어도 인간은 문화를 만들어냈을 것이다. 문화는 기본적으로 자연을 변형시키면서 생겨난다. 손톱은 자연이지만 손톱에 물을 들이는 것은 문화다. 얼굴은 자연이지만 얼굴에 화장을 하는 것은 문화다. 동물도 사회를 형성하지만 문화를 만들어내지는 못한다. 오직 인간만이 문화를 만들어낸다. 문화란 하나님 형상으로 만들어진 인간이 본질적으로 가지고 있는 창조성의 발로다. 하나님은 무(無)에서 유(有), 즉 자연을 창조하셨고, 인간은 유(有)에서 유(有), 즉 자연에서 문화를 창조한다. 하나님은 인간에게 자연계를 맡기시고 인간이 창조성을 발휘하여 피조세계를 다스리며 하나님을 영화롭게 하는 것을 즐거워하신다. 마치 자녀에게 장난감 블록이나 장난감 찰흙을 사준 아버지가 창의성을 맘껏 발휘하여 그것을 변형시키며 즐겁게 노는 아이를 지켜보며 흐뭇해하고 마냥 즐거워하는 것과 같다.

　인간이 타락하지 않았다면 어떤 문화가 생겨났을지 상상해 보라. 하나님의 형상이 왜곡되지 않고 인식능력도 전락하지 않은 인간이 만들어냈을 문화를 그려보라. 거룩과 사랑으로 충만하고 사물에 대한 놀라운 통찰력을 지닌 인간이 만들어낸 문화는 과연 어떠했을까? 인간 문화 안에는 어떠한 죄성이나 반역성도 나타나지 않을 것이다. 문화는 피조물이 지닌 본질과 속성을 잘 드러내며 그들 안에 반영된 하나님의 능력과 신성(롬 1:20)을 영화롭게 드러내는 방식으로 형성되었을 것이다. 에덴이 자연에 가까운 시골이라면 새 예루살렘 성(城)은 문화가 있는 도시다. 인간이 타락하지 않았다면 에덴은 자연스럽게 예루살렘 성으로 발전했을 것이다. 그러나 인간이 타락한 결과 역사는 시작되었고, 인간의 역사는 에덴과 새 예루살렘 성 사이에 끼인 시간이 되었다.

전락한 자연계를 극복하고 등장한, 타락 이후 문화의 본질은 자연계와 마찬가지로 힘과 생존에 대한 욕구와 관련되어 있다. 타락 이후 인간의 문화는 힘을 가진 자가 지배하고 군림하는 왜곡된 통치, 생존을 위한 노동과 그 잉여 생산물에 기초한다. 노동의 본래 목적은 자연을 변형하여 하나님을 영화롭게 하는 문화를 창달하는 것이다. 그러나 인간의 타락으로 말미암아 노동의 일차적 목적은 자연을 변형하여 생존과 욕망을 충족시켜줄 재화를 확보하는 것이 되어버렸다.

헤겔(G. W. F. Hegel)이나 칼 마르크스(Karl Marx)와 같은 철학자도 노동을 인간의 본질로 파악했다. 헤겔과 마르크스는 노동이 기본적으로는 생존을 위한 것이지만, 이를 넘어 자기실현적인 것으로도 보았다. 따라서 노동의 주체성과 창의성을 강조했다.[6] 이 철학자들이 한 주장은 부분적으로 진리가 있긴 하지만 노동과 문화가 단순히 생존이나 자기실현을 넘어 본래 하나님의 영광을 위한 것이라는 진리에는 도달하지 못했다. 그렇지만 헤겔이나 마르크스와 같은 철학자가 펼친 주장이 타락한 인류의 역사와 문화의 본질에 대해 적지 않은 통찰력을 제공한 것도 사실이다.

인간의 타락으로 자연계가 전락하자 인간은 생존하기 위해 자연을 극복하고 변형하여 욕구를 충족시켜줄 소산물을 얻어내는 생산 활동을 해야 했

---

6. 헤겔은 노동을 물질적 욕구의 충족 수단일 뿐 아니라 노동 주체의 고유한 자기표현으로 간주하였다. 마르크스도 노동을 단순히 생존 수단으로만 여기는 것은 충분치 않다고 생각했다. 마르크스에게 물질적 삶은 인간 존재의 토대이지 목적이 될 수는 없는 것이었다. 노동이 인간 자신의 존재를 실현할 창조적 활동이 아니라 단순히 삶을 유지하기 위한 수단으로 간주되는 것은 인간 본성에 위배되는 것이었다. 마르크스는 노동의 본질을 노동 주체의 자기 창조 과정으로 이해하였다.

다. 노아 시대의 대홍수 후에 인간은 원시 상태로 급격하게 전락했기 때문에 모든 사람이 거의 하루 종일 일해야 먹고 살 수 있었을 것이다.[7] 물론 이런 열악한 상태에서도 하나님의 형상을 가진 인간은 창의성을 발휘하여 생산을 위한 여러 도구를 발명하거나 자신이 느낀 것을 동굴 암벽에 간단하게 새겨두었을 것이다. 생산 활동은 집단으로 이루어졌기 때문에 모든 생산 도구나 생산물은 공동 소유였다. 마르크스가 주장하는 사적 유물론의 관점에 따라 말하자면, 이것은 인류 초기에 나타난 원시 공산 사회 단계였다.

인간이 도구를 만들고 자연환경을 점점 극복하면서 채집이나 수렵에서 나아가 경작이나 목축을 할 수 있게 되었다. 생산력이 높아지면서 잉여 생산물도 생겨났다. 사회적 분업은 생산력을 더욱 높여 더 많은 잉여 생산물을 가져왔다. 생산력이 발달하자 모든 사람이 한 나절만 일해도 먹고 살 수 있게 되었다. 그러나 타락으로 말미암아 생존에 집착하게 된 인간은 더 많은 잉여 생산물을 추구하기 시작했다. 그것이 더 많은 풍요와 안락, 여가를 가져다주기 때문이다. 잉여 생산물을 증대시키는 한 방법은 생산 수단을 개선하고 노동력을 확보하는 것이다.

---

[7] 아담과 하와가 원시인이라는 관념은 진화론의 영향이다. 데니스 피터슨(Dennis Petersen)이 말한 대로 아담과 하와는 하나님의 임재와 그들 안에 아직 죄로 왜곡되지 않은 하나님 형상으로 인하여 영광의 빛으로 옷 입었을 것이다. 시내산에서 40일간 하나님을 만난 모세에게 반영된 하나님 영광의 빛(출 34:29-35)과 변화산 위에서 예수님이 입으신 빛과 같은 옷을 생각해 보라(눅 9:29). 영광의 빛으로 옷을 입은 아담과 하와는 벌거벗었으나 부끄러워하지 않았다(창 2:25). 인간이 타락하여 육신적 존재가 되었을 때 하나님의 임재와 영광의 빛은 거두어지고 벌거벗은 몸이 드러났다. 인간의 육신적인 눈은 그 벗은 것을 부끄러움으로 자각하였다(창 3:7). 그러나 아담은 원시인이 아니다. 원래 아담에게는 생물의 본질에 걸맞게 이름을 붙일 수 있는 통찰력, 즉 지혜가 있었다(창 2:19). 노아 이전의 고대인도 원시인이 아니다. 비록 타락으로 인하여 인식 능력이 제한되고 왜곡되었지만 그들은 문명을 만들어낼 수 있는 능력을 소유하고 있었다. 이른바 원시인은 원숭이에서 진화한 것이 아니다. 대홍수 이후 문명이 몰락하면서 원시 상태에 놓인 인간이 바벨탑 사건 이후 전 세계로 흩어졌고, 이들 가운데 자연의 극심한 도전을 이기지 못해 문명을 재건하지 못한 도태된 무리가 원시 문명 상태로 살아갈 수밖에 없었던 것이다(Petersen, 1993, 73-140).

전락한 자연계와 인간계를 관통하는 원리는 힘의 논리다. 비록 잉여 생산물이 발생했다고는 하나 자연은 종종 생존을 위협하는 재해를 가져왔으며 제한된 공간 안에서 생활하는 서로 다른 집단 사이에 이해(利害)가 충돌하기도 했다. 집단 간의 전쟁을 통해 잉여 생산물을 약탈하고, 토지를 점유하며, 포로를 노동력으로 활용하는 방식이 구조화되면서 계급이 발생했을 것이다. 전쟁에 종사한 사람들에게 더 많은 잉여 생산물과 토지, 노예를 보상으로 지급했다. 사유재산 제도가 생겨난 것이다. 전쟁 종사자 가운데 지도자는 집단의 통치자로 부각되었다. 그리고 이렇게 형성된 질서를 유지하기 위해 부족 국가가 성립되었을 것이다. 지배 계급에 속한 사람들은 생산에 종사하는 대신 그 시간에 여러 가지 사유를 하고, 그림을 그리고, 노래를 지어 불렀을 것이다. 이렇게 해서 문화가 고도화되기 시작했을 것이다. 이것이 이른바 고대 노예제 사회다.

그런데 생산력이 높아지면서 잉여 생산물이 더 많아졌는데도 생산자 몫으로 돌아오는 것이 예전과 다르지 않자 불만이 생겼다. 즉 생산력은 높아졌는데 생산관계는 여전히 노예주와 노예의 관계에 머물러 있는 것이 불만이었다. 그래서 노예들은 힘을 합쳐 반란을 일으켰다. 혁명으로 생산관계를 개선하려고 한 것이다. 그 결과 고대 노예제 사회는 중세 봉건제 사회로 이행되었다. 마르크스에 따르면, 이런 식으로 그 다음에는 중세 봉건제 사회에서 자본주의 사회로, 마지막으로는 자본주의 사회에서 공산주의 사회로 옮겨가게 된다는 것이다.

노동을 인간의 본질로 파악한 헤겔과 마르크스의 통찰력은 매우 예리하지만, 그들은 생존을 위한 노동이 인간의 실존적 상황으로 되어버린 이유가 인간의 타락 때문이라는 사실을 알지 못했다. 즉 인간은 타락으로 말미암아 "종신토록 수고하여야" 먹고 살 수 있는 존재가 된 것이다(창 3:17).[8] 물론 인간이 타락하기 전에도 노동은 있었지만, 생존을 위한 것이거나 창의성이 결여된 것이 아니어서 고통이 따르지는 않았다. 지금도 우리가 하는 일이 생존과 직결되지 않고 우리의 창의성을 마음껏 발휘할 수 있다면 그다지 고통스럽지 않다. 그럴 때 일은 놀이고, 취미고, 여가생활이다. 만일 당신이 취미로 그림을 그린다고 가정해 보라. 그림 그리는 것이 너무 좋아서 밤을 새며 그림을 그렸다. 그러고 나서 아침에 가족에게 간밤에 죽을 고생을 했다고 불평을 늘어놓겠는가? 당신이 축구를 좋아한다고 가정해 보라. 당신 사전에는 새벽에 일어나는 일이 결코 없지만 조기 축구를 한다고만 하면 벌떡 일어난다. 아침 일찍 한 시간이 넘도록 헉헉거리며 뛰어다니다가 집에 돌아와서 아침부터 죽도록 고생했다고 투덜거리겠는가? 그러나 당신이 화가이거나 프로 축구선수라면 문제는 달라질 것이다. 생존이 걸리면 놀이와 취미도 고통스러운 일로 전락해 버릴 수 있다. 타락 이전의 노동은 하나님 나라와 의를 위한 노동이자(마 6:33) 인간의 창의성을 구현하여 문화를 창달하는 즐겁고 보람된 노동이었다.

비록 인간이 타락했을지라도 문화명령이 취소된 것은 아니다. 하나님은 인간과 세상에 대해 원래 계획하고 의도한 것을 취소하거나 폐기하시지 않는다. 노아 시대의 대홍수 후에도 다시 한 번 문화명령의 축복을 내리셨다(창 9:1). 하나님은 인간의 죄와 연약함으로 생겨난 방해에도 불구하고 하나님의 의도와 계획을 실현하는 방향, 즉 새 하늘과 새 땅을 이루는 방향으

---

8. 문화와 인종, 시대를 초월하여 타락한 인간은 '생존'과 이를 위한 '물질' 확보라는 실존적 상황에서 자유롭지 못하다. 그러므로 마르크스의 경제결정론처럼 경제야말로 종교나 문화 같은 요인보다 인간의 행동방식을 설명하는 데 더욱 결정적이라는 관점을 제시할 수 있다. 그러나 하나님의 형상이라는 면을 고려할 때 종교적 요인을 강조하는 관점을 이해할 수 있고, 문화명령을 고려할 때 문화적 요인을 강조하는 관점을 이해할 수 있다. 또한 이러한 관점에서 자본주의는 성경적인 제도가 아니지만 힘과 물질의 원리가 지배하는 이 세상에서 죄성을 가지고 살아가는 인간에게 가장 자연스럽게 들어맞는지도 모른다.

로 인류 역사를 섭리해 가신다. 그러나 인간의 타락 이후에 세상에 들어온 힘의 논리는 대홍수 이후에도 여전히 세상을 지배했다. 인간은 피조물에게 두려움의 대상이 되었다(창 9:2). 타락 이후 인간 문화는 전락한 자연계를 극복하면서 형성된 것으로 전락한 자연계의 원리를 그대로 반영하고 있다. 즉 타락 이후 문화는 힘의 원리와 생존을 위한 노동이라는 실존적 상황 위에 구축된 것이다. 그렇지만 타락한 인간의 문화 속에서도 일반은총적인 면을 발견할 수 있다. 타락으로 말미암아 인간의 창의성도 전락하여 제한되고 왜곡되었다. 나아가 인간은 죄를 짓는 일에도 창의성을 사용하기 시작했다. 그러나 인간이 타락하고 창의성도 전락하여 우상숭배와 같은 행위로 이어지긴 했지만(롬 1:22-23), 인간의 창의성이 하나님이 보여주시는(롬 1:19) 일반계시에 전적으로 부당한 방식으로만 반응한 것은 아니다.

인간 문화에는 일반계시에 올바르게 반응한 산물도 들어 있다. 동시에 타락한 인간 문화는 인간의 죄성과 반역성을 반영하며, '힘'과 '생존'으로 요약되는 타락한 피조세계의 원리를 반영한다. 또 타락한 인간의 문화 안에는 사탄의 역사와 영향력도 들어 있다. 하나님의 모방자인 사탄은 인간이 죄성과 반역성을 창의력에 결부시켜서 하나님을 영화롭게 하는 것과 정반대로(롬 1:21) 창의력을 사용하도록 자극한다. 또한 "어두움의 세상 주관자"(엡 6:12)가 제공하는 영감을 받아들여 우상숭배와 자기숭배를 위한 창조행위를 하도록 유혹한다.[9]

---

9. 모든 이방 종교의 본질은 우상숭배와 자아숭배다. 애니미즘이나 샤머니즘, 다신론 등이 우상숭배적이라면, 힌두교나 불교는 자아를 우주의 궁극적 실재와 동일시한다는 점에서 자아숭배적이다. 자아숭배와 우상숭배는 서로 연결되어 있다. 우상숭배의 본질은 자아숭배에 있으며 자아숭배는 하나님이 되고자 하는 인간의 원초적 교만과 관련되어 있다. 우상숭배자는 우상을 위해서 숭배하는 것이 아니다. 궁극적으로 자기 자신의 영광을 위해서 부귀영화를 추구하고 이를 도와줄 우상을 숭배하는 것이다.

문화는 앞으로 어떻게 될 것인가?

힘과 생존의 논리는 타락한 자연계와, 그 자연을 극복하고 등장한 타락 이후 인간 문화의 원리다. 타락한 인간이 만들어낸 문화도 전락한 자연계에서처럼 약육강식과 적자생존이라는 힘의 원리로 지배된다. 즉 힘 있는 자가 지배하고 군림한다는 잘못된 '다스림'의 원리가 실현된 것이 인간의 역사다. 인간의 역사는 생존을 위한 기술 발전과 인간 집단 간 투쟁의 역사이기도 하다. 타락한 인간의 문화 형성에서 두드러진 현상은 기술 개발, 전쟁, 종교가 결정적인 역할을 했다는 것이다. 여기에는 왜곡된 노동의 본질과 창의성, 왜곡된 다스림, 하나님을 향한 왜곡된 추구가 반영되어 있다.[10]

타락한 인간의 문화에서는 힘 있는 자가 지배하고 군림하며 생존을 위해 재물을 추구한다. 이것이 바로 '세상' 문화의 본질이다. 성경은 세상 문화를 "이 세상 풍속"(엡 2:2)이라든지, "이 세대"(롬 12:2) 등으로 표현한다. 반면 천국 문화의 특질은 세상 문화의 특질과 정반대다. 지배와 군림이 아닌 섬김과 희생이다. 그러므로 예수께서는 "인자가 온 것은 섬김을 받으려

---

10. 인간의 타락사건은 하나님의 권위와 주재권에 대한 반역사건이다. 인간의 전 생명을 원초적 교만(hybris), 즉 죄성이 장악했다. 타락한 인간은 자기중심적이고 자기주장적이며 이기적인 옛 자아를 갖는 존재가 되었다. 한편으로 인간의 타락사건은 생존 문제를 야기했다. 옛 자아는 자신이 주인 됨을 입증하기 위해 부단히 힘(권력)을 추구한다. 생존 욕구와 위협은 물질(재물)에 과도하게 집착하게 한다. 그리고 재물욕과 권력욕은 언제나 같이 간다. 권력과 재물, 이 두 가지는 타락한 인간이 만든 이 세상 문화의 원리일 뿐 아니라 타락한 인류의 역사를 움직이는 원동력이다. 옛 자아는 권력을 추구한다. 권력은 자아의 자기 확대이며 자아가 주인임을 나타내기 때문이다. 자아는 이제 관리자가 아니라 주인이 되어 문화명령을 왜곡하고 힘으로 땅을 정복하는 데까지 확대된다. 니체(Friedrich Nietzsche, 1844-1900)는 노골적으로 힘을 예찬하고 매우 솔직하게 삶의 목적이 '권력에의 의지'라고 갈파한 사람이다. 니체는 다윈의 결론을 그대로 적용했다는 점에서 다윈의 계승자다. 다윈(Charles Darwin, 1809-1882)은 「종의 기원」(Origin of Species, 1859)을, 니체는 「권력에의 의지」(The Will to Power, 1882-88)를 썼다. 그들은 나름대로 타락한 인간의 본질을 정확하게 짚었다. 그리고 타락한 인간의 실존도 정확하게 짚었다. 그것은 다름 아닌 허무주의, 즉 니힐리즘(nihilism)이다. 힘이 지배하는 세계의 본질은 허무다. 힘에 의한 도덕과 질서의 해체는 허무주의로 귀결된다.

함이 아니라 도리어 섬기려 하고 자기 목숨을 많은 사람의 대속물로 주려 함"(마 20:28, 막 10:45)이라고 말씀하신다. 섬김의 극치는 희생이다. 천국 문화의 가치는 세상 문화의 가치를 뒤집어엎는다. 그러므로 예수께서는 열두 영(營) 되는 천사들을 동원하시지 않고(마 26:53) 가장 '힘없는'(powerless) 방식으로 십자가를 지셨다. 천국 원리에 따라 하나님의 일을 성취하기 위해서는 세상 원리대로 힘을 휘둘러서는 안 되기 때문이다.[11]

하나님 나라의 원리를 이해한다면, 우리는 성경이 특별히 가난한 자를 언급하는 이유를 이해할 수 있다. 가난한 자에게 죄성이 없다는 뜻이 아니다. 하나님은 가난한 자 편에 서신다. 그것은 하나님의 편애라기보다는 오히려 하나님의 공의다. 하나님 나라의 원리적 성격상 하나님은 힘없는 자와 가난한 자에게 우선적 관심이 있으시다. 이 세상을 지배하는 원리는 힘과 물질, 즉 권력과 재물인데, 가난한 자는 권력도 재물도 없는 자다. 세례 요한이 감옥에서 제자들을 예수께 보내어 메시아임을 확인하는 질문을 했다. 그때 예수님은 "소경이 보며 앉은뱅이가 걸으며 문둥이가 깨끗함을 받으며 귀머거리가 들으며 죽은 자가 살아나며 가난한 자에게 복음이 전파된다 하라"(마 11:5, 눅 7:22)라고 대답하셨다. 여기에 언급된 사람들은 주로 장애인과 가난한 자, 즉 권력도 재물도 없는 사회적 약자들이다. 이 세상에

---

11. 자아 충족과 자기 영광을 위해 다른 사람을 지배하고 통제하며 그들 위에 군림하는 것은 권위를 잘못 사용하는 것이다. 힘으로 누르고 꺾으려는 것은 자기 권위 아래 굴종시키기 위해서다. 인간에게는 '다스림'의 본성이 있다. 이것이 죄성과 결부되면 권위의 남용, 권위의 포기, 권위에 대한 도전으로 나타난다. 권위의 본질은 양육하여 세우는 것이며(고후 10:8) 궁극적으로는 희생과 섬김의 정신에 기초한 것이다. 예를 들어 부모가 순종을 가르치기 위해서는 자녀의 고집을 꺾는 일이 필요하지만, 이것이 힘겨루기가 된다면 잘못된 메시지를 전달하고 말 것이다. 고집을 꺾는 과정에도 '힘'의 메시지가 아니라 '사랑'의 메시지를 전달해야 한다. 매를 드는 것도 위협이 아닌 사랑에서 비롯되어야 한다. 힘으로 눌러서 꺾이는 것이 아니라 사랑으로 감동, 감화되어 꺾여야 한다. 힘으로 누르면 두려움 때문에 굴복하긴 하지만 진정으로 순복한 것이 아니기 때문에 결국 율법주의자가 된다.

서 가장 억압받고 소외된 힘없는 자들이다. 그러므로 메시아가 임하여 하나님 나라가 선포될 때, 이 세상 원리의 첫 피해자가 하나님 나라 원리의 첫 수혜자가 될 것이다.

하나님 나라의 원리는 성경에서 풍부하게 발견할 수 있다. 어린아이들이 예수께 나아오는 것을 예수의 제자들이 막자 예수께서는 이를 분히 여기시며 "어린아이들의 내게 오는 것을 용납하고 금하지 말라. 하나님의 나라가 이런 자의 것이니라"(막 10:14)라고 말씀하신다. 예수께서는 왜 제자들의 태도에 그토록 분노하셨는가? "애들은 가라!"가 보편적인 현상이지 않은가? 그게 그렇게까지 분노하실 만한 일인가? 어린아이는 사회적 약자다. 그들은 권력도 재물도 없다. 오늘날 그렇게 과학이 발달했다고 해도 여전히 굶어 죽는 사람이 많다. 그중에 어린아이가 가장 많이 굶어 죽고 있는 것이 현실이다. 전 세계적으로 아동학대는 얼마나 심한가? 가정에서 일어나는 여성학대, 노인학대는 얼마나 심각한가? 타락한 세상에서 힘이 없다는 것은 곧 학대받는다는 뜻이다. 그래서 사람들은 힘을 기르고 힘을 잃지 않기 위해 안간힘을 다한다. 예수께서는 이 세상 원리, 즉 힘과 물질의 원리에 절어 있는 제자들의 가치체계를 꿰뚫어보신 것이다.[12]

하나님 나라의 원리를 이해하는 것은 그리스도인의 연합이 단순히 복음의 액세서리가 아니라 핵심임을 이해하는 데 결정적이다. 아지스 페르난도(Ajith Fernando)는 연합이 기독교의 기본 특질이며 삼위일체 하나님을 반영한다고 지적한다(Fernando, 2004, 419-427). 연합은 권력과 재물, 즉 기득권을 포기할 때 가능하다. 타락한 이 세상의 원리는 힘과 물질이다. 권력과 재물, 즉 기득권 때문에 분쟁과 분열이 일어난다. 그러므로 연합하려면 힘과 물질, 즉 기득권을 포기하고 하나님 나라의 원리를 실현하려고 해야 한다. 연합은 자연히 되는 것이 아니라 이 세상 원리를 거슬러 "힘써[야]"(엡

4:3) 가능하다. 연합은 하나님 나라의 원리를 구현하는 것으로 이 세상에 복음을 증거하는 것이다. 즉 연합은 복음전도에서 핵심적인 사항이다. 그러므로 예수께서도 "저희도 다 하나가 되어 우리 안에 있게 하사 세상으로 아버지께서 나를 보내신 것을 믿게 하옵소서"(요 17:21)라고 기도하셨다. 세상 사람들은 그리스도인이 연합하는 것을 보고 하나님 나라의 원리를 발견하며 복음을 받아들인다.[13]

인간 문화에는 일반은총의 발로, 인간의 죄성과 반역성의 반영, 사탄의 역사와 영향력으로 형성된 것이 섞여 있다. 그러나 하나님은 본래 계획하고 의도한 것을 반드시 이루신다. 하나님은 창조 때 계획하고 의도한 것을 피조물 때문에 철회하거나 폐기하시지 않는다. 그러므로 하나님의 구속은

---

12. 데이비드 보쉬(David Bosch)는 어떻게 교회가 성경과 달리 가난한 자의 편에 서지 않게 되었는지를 예리하게 지적한다. 콘스탄티누스 황제 이후 기독교가 로마제국의 국교가 되었을 때 국가와 교회는 함께 발을 맞추어가기 시작했다. 국가의 권력과 종교의 권력은 손을 잡았다. 이러한 구조는 중세 가톨릭을 지나 개신교까지 이어졌다. 유럽은 이른바 "신정정치"라는 비성경적 이상을 계속 견지하고 국가 교회 형태를 유지하였다. 교회가 국가와 동행한다는 것은 교회가 힘과 물질이 있는 편에 서왔다는 뜻이다. 교회가 가난한 자들을 구휼하고 구제했는지 모르지만, 기본적으로는 힘과 물질이 있는 자 편에 섰다(Bosch, 2000, 642-646). 이러한 비성경적 태도가 미국의 복음주의 교회에 그대로 남아 있고 한국에까지 전해져서, 한국의 복음주의 진영 교회도 기본적으로 힘과 물질을 가진 자 편에 서서 그들을 지지해 왔다. 그레고리 보이드(Gregory A. Boyd)는 그의 저서 「십자가와 칼」(The Myth of a Christian Nation, 한언 펴냄)에서 미국의 왜곡된 신정정치 이념을 잘 지적한다. 보이드에 따르면 신정정치의 주체는 인간이 아니라 하나님이다. 하나님은 이스라엘 말고는 어떤 나라나 민족도 직접 다스리려고 하시지 않았다. 하나님 나라의 원리를 가르치기 위해서 이스라엘을 택하셨지만, 세상을 변화시키기 위한 신정정치 방법은 중단하셨다. 그리고 그 후로 어떤 국가에도 그 방법을 사용하지 않으셨다. 그러므로 기독교와 국가를 혼합하는 국가주의는 일종의 정치적 우상숭배다(Boyd, 2007, 215-229).
13. 오늘날 한국 사회에서 한국 교회를 비판하는 이유 가운데 가장 두드러진 것이 바로 교회의 분열이다. 교회의 분열을 보면서 세상 사람들은 교회도 인간이 만든 세상 조직과 다를 바 없다고 간주해 버린다. 선교지에서도 연합이나 네트워킹, 팀워크가 잘 되지 않는다. 이것은 인간의 자아숭배와 관련되어 있다. 이 세상 원리에 굴복한 타락한 인간의 연약함과 죄성이 연관되어 있는 것이다. 거기에 한국 문화의 토양이 더해진다. 타락한 인간은 이기적이고 자기중심적이며 자기주장적이다. 개교회주의, 개교단주의, 개선교단체주의는 타락한 인간성을 반영하는 동시에 한국 문화 안에 토양화된 수직적, 피라미드적, 권위주의적 위계주의(hierarchism)가 만들어낸 자기왕국 구축의 욕망을 보여준다.

피조물의 반역 때문에 왜곡되고 부패한 것을 회복시키셔서 원래 의도하고 계획한 것을 성취하고 완성하는 것이다. 따라서 구속은 인간 존재, 자연계, 문화의 총체적 회복과 완성을 수반한다(안점식, 1998, 79-82).

인간의 회복과 완성은 문화의 회복과 완성을 위한 첫 번째 선결 요건이다. 인간의 타락이 자연계의 전락을 가져왔고, 전락한 자연계를 극복하고 나온 문화는 전락한 자연계 원리를 그대로 지니고 있기 때문이다. 따라서 인간 존재를 회복하고 완성해야 자연계를 회복하고 완성할 수 있다. 따라서 인간은 회복되고 완성될 것인데, "신령한 몸"(고전 15:44), "영광의 몸"으로 변해서(빌 3:21), "하늘에 속한 자의 형상"을 입고(고전 15:49) "신의 성품에 참예하는 자"가 될 것이다(벧후 1:4).

문화 회복에서 두 번째 선결 문제는 자연 회복이다. 자연 회복에 대해 이사야는 명확한 그림을 보여준다. 이사야서에 나타난 새 하늘과 새 땅의 자연은 더 이상 옛 하늘과 옛 땅의 자연계 원리가 적용되지 않는 곳이다(사 65:17-25). 그곳은 약육강식이 없어서 이리와 어린 양이 함께 거하고, 사자가 풀을 먹으며, 해함도 상함도 없는 곳이다(사 11:6-9, 사 65:25). 척박한 자연은 회복되어 광야에서 물이 솟고, 사막에 시내가 흐르며, 메마른 땅이 변하여 원천이 될 것이다(사 35:6-7).

성경은 궁극적으로 문화가 회복될 것이라고 언급하면서 이 세상 문화가 천국 문화로 수렴된 모습을 환상 가운데 보여주고 있다. 이사야서(60:3-9)나 요한계시록(21:24-26)은 열왕이 새 예루살렘 성으로 나아오며 사람들이 만국의 영광과 존귀, 즉 진귀한 것을 싣고 새 예루살렘 성으로 들어가는 모습을 그리고 있다. 열왕은 각 종족 대표들이며 각 문화권의 대표들이다. 이것은 세상 문화의 일반은총적인 것이 천국 문화로 수렴될 것을 말해 준다(Mouw, 1992, 23-43).

새 예루살렘 문화, 즉 천국 문화와 타락 이후 발생한 세상 문화 사이에는 연속성과 불연속성이 있다. 일반은총의 산물은 연속적일 것이지만, 이 세상 문화 안에 나타나는 인간의 죄성과 반역성, 사탄의 역사와 영향력의 산물은 불연속적일 것이다.

도표 5. 문화의 회복

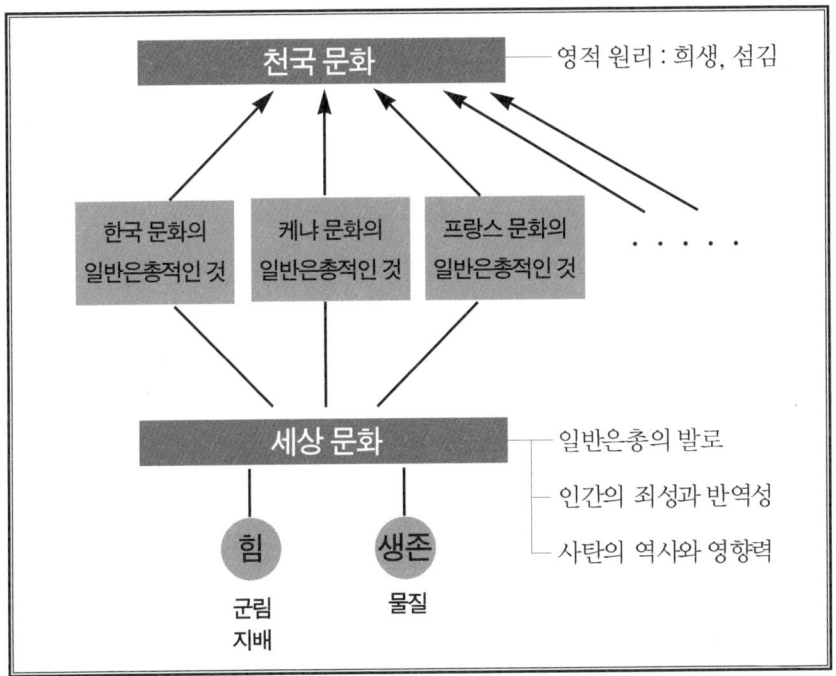

우선 예배를 생각해 보자. 랜디 알콘(Randy Alcorn)은 그의 책 「헤븐」(Heaven, 요단 펴냄)에서 천국의 예배를 매우 영감 있게 그려 보인다(Alcorn, 2006, 180-188).[14] 하나님을 예배하지만 전혀 지루한 예배가 아닐 것이다. 하나님 보좌 앞에서 그분의 영광스러운 임재 가운데 올려드리는 예배이기 때문이다. 지금도 이 땅에서 종종 우리 영혼을 흡족히 적시는 아름답고 은혜로운 예배를 드릴 때가 있다. 천국에서 드리는 예배는 그보다

몇 천 배, 몇 만 배나 더 아름답고 흡족할지 우리는 상상할 수조차 없다. "각 나라와 족속과 백성과 방언에서 아무라도 능히 셀 수 없는 큰 무리가 흰 옷을 입고 손에 종려가지를 들고 보좌 앞과 어린 양 앞에 서서"(계 7:9) 드리는 장엄한 예배를 상상해 보라! 그렇다 할지라도 우리가 천국에서 하루 종일 예배를 드리지는 않을 것이다. 천국에서 보내는 모든 삶의 순간이 하나님의 임재 안에 있고, 하나님의 영광 가운데 있으며, 하나님의 통치 아래 있기 때문에 우리 삶 자체가 예배가 될 것이다(롬 12:1).

새 예루살렘 성에 있는 상급은 영광의 차이다. 예수께서는 외식하는 바리새인들이 이미 상을 받았다고 말씀하신다(마 6:1-18). 바리새인들이 외식하는 이유는 "사람에게 영광을 얻으려[는]"(마 6:2) 것이기 때문이다. 예수 그리스도의 재림으로 하나님의 구원이 완성되기 전에는 이 땅에서 영광을 누려서는 안 된다. 타락한 죄성을 가진 인간이 영광을 받으면 필연적으로 교만해지고 부패해져서 멸망하기 때문이다. 그러나 온전한 구원이 성취되고 우리가 영화로운 몸을 입게 되었을 때 하나님이 영광을 나누어주실 것이다. 왕에게 영광이 있다면 자녀에게도 그에 준하는 영광이 따라오는 법이다. 그러므로 성경은 우리가 "그리스도와 함께한 후사"로서 "그와 함께 영광을 받[게]"(롬 8:17) 될 것인데 "현재의 고난은 장차 우리에게 나타날 영광과 족히 비교할 수 없[다]"고(롬 8:18) 말한다.

---

14. 예수님도 세례 요한도 "회개하라. 천국이 가까웠느니라"(마 3:2, 4:17)라고 복음을 전파하셨다. 복음이 선명하려면 두 가지가 선명해야 한다. 하나는 회개다. 옛 사람(롬 6:6, 엡 4:22, 골 3:9), 즉 타락한 존재의 생명 전체가 죄덩어리라는 것을 인식할 때 참된 회개가 나온다. 다른 하나는 천국이다. 천국, 즉 새 하늘과 새 땅, 새 예루살렘 성이 막연하고 추상적이지 않고 선명할 때 복음도 선명해진다. 천국 소망이 선명하지 않기 때문에 많은 그리스도인이 마치 이 세상에서 영원히 살 것처럼 이 세상에 집착한다. 그리스도인은 이 세상에 집착하지 않지만 하나님 나라의 소망 때문에 열심히 산다. 이 세상을 향한 사람들의 열심은 대체로 옛 자아에 대한 집착에 기초한다. 그리고 그 옛 자아가 좌절했을 때에는 무기력한 삶을 산다.

상급의 차이는 영광의 차이이며 '다스림' 영역의 차이로 나타날 것이다. 우리는 그리스도와 함께 세세토록 왕노릇하는 자가 될 것이다. '면류관'은 영광과 통치를 동시에 나타낸다. 그러나 천국의 통치 원리는 군림과 지배가 아니라 희생과 섬김이다. 천국에서 큰 자는 더 크게 다스리는 자로서 더 큰 영광이 있겠지만 동시에 더욱 많이 섬기고 희생하는 사람일 것이다. 이 세상에서는 평범한 사람이 통치자를 만나는 일이 어렵지만, 천국에서는 누구나 언제든 다스리는 자를 만날 수 있을 것이다. 다스림의 영역이 크다고 해서 우쭐대거나 사람들 위에 군림하고 그들을 지배하려 드는 사람은 없을 것이다. 다스림의 영역이 작다고 해서 열등감을 갖거나 시기하지는 않을 것이다. 이 땅에서의 옛 자아가 완전히 죽고 영화된 우리는 주어진 처소와 지위에(유 1:6) 만족하고 감사하는 지극히 겸손한 사람이 될 것이다. 하나님이 자녀인 우리에게 영광과 통치권을 나누어주어도 영화된 우리는 전혀 교만하지 않을 것이다. 오히려 "세세토록 사시는 이에게 경배하고 자기의 면류관을 보좌 앞에 던지며"(계 4:10) 그 모든 영광을 유일하고 궁극적인 통치권자이신 하나님께만 돌릴 것이다(안점식, 1998, 42-44).

천국 문화에서는 언어가 하나로 통일될 것이다. 하나님의 구속은 회복을 의미하며, 따라서 언어도 바벨탑 사건 이전으로 회복될 것이기 때문이다(Alcorn, 322-325). 그렇다면 한국어는 전혀 사용되지 않을 것인가? 아마 한국인끼리 만났을 때 한국어를 사용하는 건 아무도 말리지 않을 것이다. 그러나 영어를 잘하는 것이 자랑거리가 되지는 못할 것이며, 영어를 전혀 못해도 열등감을 가질 필요가 없을 것이다. 아마 지구상에 존재한 모든 언어를 배울 수 있을 것이고, 아브라함을 만난다면 그가 사용한 언어로 대화할 수도 있을 것이다. 인간의 인식 능력이 회복되기 때문에 한 가지 언어를 배우는 데 오랜 기간이 걸리지 않을 것이다. 게다가 영원토록 살게 될 테니 언어를 배우는 데 오랜 시간이 걸린다손 치더라도 무슨 큰일이겠는가!

천국에는 동물도 있을 것이다. 연속성의 관점에서 생각해 보자. 하나님이 이 땅을 창조하실 때 동물이 있었다. 타락 후에도 있었고 노아 시대 대홍수 뒤에도 있었다. 왜 하나님이 동물까지 노아의 방주에 태웠겠는가? 하나님은 계획하고 의도한 것을 취소하거나 폐기하지 않고 반드시 회복하고 성취하는 분이다. 하나님이 인간에게 생물의 이름을 짓게 하고(창 2:19) 이들을 다스리도록(창 1:28) 맡기셨기 때문에 반드시 그것을 성취하셔야만 한다. 그렇다면 예수님 재림 이후, 천국에 동물이 있는 것이 당연하다(Alcorn, 333-340).

새 하늘, 새 땅은 우리가 지금 살고 있는 옛 하늘, 옛 땅과 어떤 관계가 있을까? 역시 연속성과 불연속성의 관점에서 생각해 봐야 한다. 하나님은 천지를 지으시고 인간에게 "땅에 충만하라, 땅을 정복하라"(창 1:28)라고 명령하셨다. 그렇다면 하나님의 이 최초 계획과 의도는 반드시 성취되어야 한다. 예수께서도 하나님의 "뜻이 하늘에서 이룬 것같이 땅에서도 이루어"지도록(마 6:10) 기도하라고 가르치셨다. 하나님이 우리에게 맡기신 것은 땅이지 하늘이 아니다. 그러므로 새 하늘과 새 땅은 우리가 지금 살고 있는 옛 하늘과 옛 땅 위에 구현될 것이다. 이처럼 옛 하늘, 옛 땅은 새 하늘, 새 땅과 연속성이 있다. 그러나 타락 이후 건설된 이 땅의 문화는 일반은총적인 것만 있는 것이 아니라 인간의 죄성과 반역성, 사탄의 역사와 영향력이 반영되어 있기 때문에 리모델링으로 개선할 수 있는 것이 아니다. 전적인 재건축이 필요하다. 그리고 재건축을 위해서는 반드시 옛 건물을 부수고 없애야 한다. 그러므로 성경은 "하늘이 불에 타서 풀어지고 체질이 뜨거운 불에 녹아지[는]"(벧후 3:12) 일이 있은 후에 "새 하늘 새 땅을 바라보[게]"(벧후 3:13) 될 것이라고 말한다. 그리고 "거룩한 성, 새 예루살렘이 하나님께로부터 하늘에서 내려[올]"(계 21:2) 것이다(Alcorn, 147-152). 이 땅이 하나님 나라, 곧 천국이 되는 것이다.

오늘날 지상의 교회가 곧 하나님 나라는 아니다. 그러나 교회는 그리스도의 몸(골 1:24)이자 하나님 나라의 분점(分店)이며 천국 문화의 대리점이다. 따라서 교회는 비록 이 세상 안에 있지만 이 세상에 속하지 않기(요 17:16) 때문에 이 세상 원리를 따르지 않고 천국 문화의 원리를 따른다. 오늘날 한국 사람치고 한 번쯤 교회에 안 나가본 사람은 없을 것이다. 많은 사람이 교회를 다니다가 실망해서 다시 세상으로 돌아간다. 왜 그런가? 그리스도인 안에서 하나님의 형상을 발견하지 못하기 때문이다. 교회 안에서 천국 원리, 천국 문화를 맛보지 못하기 때문이다. 오히려 교회 안에서 세상과 같은 권력과 재물의 원리를 체험하기 때문이다. 교회가 이 세상 원리를 따르지 않기 때문에 미움 받는 것(요 17:14)이 아니라 오히려 이 세상과 전혀 구별되지 않기 때문에 경멸받는 형편이 되었다.

하나님 나라의 가치와 하나님 형상을 구현하면 사람들은 감동받고 존경하며 주목하기 마련이다. 하나님 형상 안에 있는 대표적인 속성은 거룩과 사랑이다. 거룩은 본체로서 하나님을 나타내는 대표 속성이고(레 19:2, 삼상 2:2, 시 99:9, 사 6:3, 계 4:8), 사랑은 피조물과의 관계에서 하나님이 보이시는 대표 속성이다(요일 4:8). 인간은 하나님의 형상을 지니고 있기 때문에 인종과 종교, 문화와 시대를 초월하여 거룩한 사람, 깨끗한 사람에게 감동받는다. 또한 희생적이고 무조건적인 사랑에 감동받는다. 하나님의 형상 가운데 또 다른 중요한 요소는 창조성이다. 사람들은 창의적인 예술 작품에 감동받고 때때로 과학기술의 성과를 보며 감탄을 마지않는다.

인간은 이 세상 나라의 구조와 가치에 굴복하고 살아가지만 또한 하나님 나라의 가치에 반응한다. 실낙원 상태에 있는 인간은 본래적으로 하나님 나라의 가치를 갈망하며 하나님 나라의 가치 안에서만 참된 해방과 자유를 누릴 수 있다. 이 세상 원리는 힘과 물질, 즉 권력과 재물이다. 타락한 인간은 이 세상 원리에 짓눌려 신음하며 살아간다. 그러므로 인간은 권력에 대한 초연함이나 재물에 대한 초연함, 무소유를 실천하는 삶 등에 감동한다. 간디는 기독교 선교사들을 만나고 성경을 읽었다. 비록 힌두교에서 기독교로 개종하지는 않았지만 그는 예수를 존경하고 산상수훈을 좋아했다. 그는 예수에게 비폭력 정신을 배웠다. 간디는 힌두교인으로 남았지만 하나님 나라의 원리를 사용했기 때문에 종교와 인종, 문화를 초월하여 사람들에게 존경을 받았다. 하나님 나라의 원리는 희생과 섬김이다. 심지어 오늘날 자본주의 사회의 기업조차도 이 원리를 이해하고 활용한다. 진정으로 고객을 섬기고 위하고자 할 때 오히려 사업이 더 잘되기 때문이다. 인간은 타락으로 말미암아 전 생명을 지배하게 된 죄성 때문에 하나님 형상과 하나님 나라를 이룰 수 없는 존재가 되었다. 그러나 동시에 종교와 문화를 떠나 인간은 마음 깊은 곳에서 하나님 형상과 하나님 나라의 실현을 갈망하는 존재이기도 하다.

3

종교와 문화

종교와 문화는 어떤 관계가 있는가?

종교와 문화는 개념적으로는 구분되지만 실제적으로는 어디까지가 종교이고 어디까지가 문화인지 명확하게 나누기 힘들다.[1] 예를 들어 이슬람 지역에서는 돼지고기를 먹지 않는다. 당신은 이것이 이슬람교의 종교적 행동양식인지 문화적 행동양식인지 명확하게 구분할 수 있는가? 당신이 태국에 있다면 어디까지가 태국 불교이고 어디까지가 태국 문화인지 분명하게 구분지어 말할 수 있겠는가? 전통 사회일수록 종교와 문화가 거의 같이 간다. 물론 근대화 이후 세속화 현상으로 비종교적인 문화가 확대되어가고 있지만, 문화 현상 대부분이 종교와 관련되어 있거나 종교에서 기원했다.

---

1. 종교에 대한 종교학자의 정의와, 문화에 대한 문화인류학자의 정의를 비교해 보면 거의 일치하는 것을 발견할 수 있다. 이를테면 로저 슈미트(Roger Schmidt)는 종교를 "삶이 유형, 신앙 공동체, 세계관 안에서 구체화되는 의미의 체계들"(systems of meaning)이라고 정의하며(Netland, 2001, 193, 재인용), 클리포드 기어츠(Clifford Geertz)는 문화를 "상징들 안에서 구체화되는 의미의 유형"(pattern of meanings)으로 정의한다(Geertz, 1973, 87).

문화가 행동양식, 가치체계, 세계관의 세 층으로 이루어져 있다고 했는데, 종교 역시 그러하다. 당신이 태국에 간다면 태국 불교의 행동양식, 예컨대 사찰의 건축 양식, 불교 음악과 미술의 양식, 종교의례 양식, 의복 양식, 음식 양식 등을 볼 수 있을 것이다. 또한 종교는 가치체계를 제공한다. 유대교에는 토라(Torah), 이슬람교에는 샤리아(Sharia), 힌두교에는 다르마(Dharma), 불교에는 계율(戒律), 유교에는 예법(禮法)이 있다. 대체로 어떤 문화에 있는 도덕규범이나 사회규범은 그 지역의 주류 종교가 가지고 있는 가치체계에서 비롯된다.

종교의 가장 중요한 역할은 세계관을 제공하는 것이다. 예컨대 종교는 우주의 기원과 목적, 인간의 기원과 본질, 인생의 목적 등을 제시한다. 또 종교는 세상에 있는 죽음과 고통과 악의 기원과 본질, 이런 것들의 극복 가능성 등을 제시한다. 특별히 고등종교(high religion) 또는 공식종교(formal religion)는 이러한 근원적인 질문에 해답을 제시한다. 이러한 근원적 질문은 평소 생존 문제에 밀착되어 있는 사람들에게는 절실하지 않다. 그럼에도 불구하고 하나님 형상과 하나님이 주신 사명을 품고 있는 인간의 내면 깊은 곳에서는 이러한 질문에 대한 해답을 추구하고 인생의 목적을 알고자 하는 갈증이 있다. 그리고 이러한 근원적 차원에서 나름대로 해답을 찾았을 때 인생은 훨씬 의미 있고 활기차게 된다.

공식종교와 민간종교는 어떻게 다른가?

모든 종교에는 공식종교 차원과 민간종교(folk religion) 차원이 있다. 공식종교는 흔히 고등종교, 민간종교는 하등종교(low religion)라고 불린다. 공식종교는 어떤 종교에서 공식적으로 표방하는 바, 그 종교의 신념체계와 행동양식을 뜻한다. 어떤 종교를 공식적으로 표방한다는 것은 일반적으로 그 종교의 경전이나 종교 지도자가 주장하는 교리나 신념, 종교 행위를 따른다는 뜻이다. 반면에 민간종교는 어떤 종교의 평신도들이 가지고 있는 종교적 신념이나 행위를 뜻하는 것으로, 대개 일상생활 문제를 실용적으로 다룬다.

모든 종교는 이 두 차원을 모두 지니고 있다. 공식종교 차원에서 불교가 추구하는 것은 무엇인가? 열반(涅槃), 성불(成佛), 해탈(解脫), 절대자유, 절대평안, 무집착, 무소유 등이다. 그러나 민간종교 차원에서는 불상 앞에서 삼천 배(拜)를 하며 기원하는 현세기복적인 모습으로 나타난다. 기독교도 마찬가지다. 공식종교 차원에서 기독교는 무엇을 추구하는가? 제자도, 십자가의 도, 영적 성숙, 성화, 자기부인, 희생, 그리스도의 고난에 동참함 등을 추구한다. 그러나 민간종교 차원에서는 역시 일천 번제(燔祭) 기도를 하면서 기원하는 현세기복적인 모습으로 나타난다. 입시철이 되면 새벽기도회가 미어터지지만 입시가 끝나면 썰물 빠지듯이 사람들이 빠져나간다. 물론 입시생을 위한 기도회 자체가 잘못된 일은 아니다. 종교는 인생의 중요한 결정과 위기의 때에 사람들에게 방향을 제시하고 격려하는 역할을 해야 한다. 그러나 기도 내용이 기복적이어서는 안 되며 기도회 인도자는 더 성경적인 기도를 할 수 있도록 인도해야 한다. 즉 민간종교의 필요를 무시하는 것이 아니라 성경적으로 다루어 채워주는 것이 중요하다.

민간종교는 흔히 한 지역의 애니미즘을 중심으로 그 지역의 고등종교 일부분과 민속과학 등을 포괄한 형태로 이루어진다. 따라서 고등종교 지도자는 민간종교의 신념이나 행위에 비판적이다(Hiebert, 2006, 107-113). 예를 들어서 불교의 경우 고등종교 차원에 속한 승려들은 사주팔자, 관상, 풍수지리, 점 등이 불교적인 행위가 아니라고 비판한다. 그리고 고등종교 지도자인 승려가 민간종교적인 행위를 하면 "땡추"라고 폄하하여 부르기도 한다.

도표 6. 민간종교와 공식종교(Hiebert, 2006, 112)

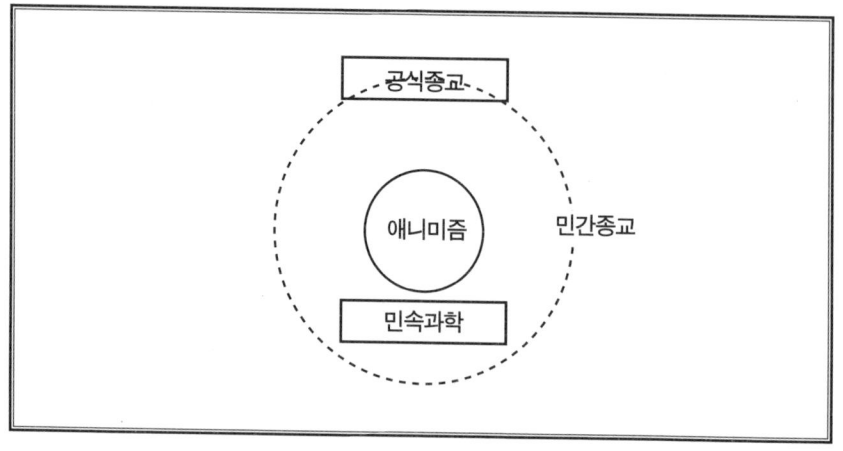

　　민간종교는 좀 더 실제적으로 일상생활에 관련된 질문을 던진다. 언제 결혼식을 해야 길(吉)한가? 무슨 아이템으로 사업을 해야 성공하는가? 어느 방향으로 이사를 가야 흥하는가? 민간종교는 현세기복적인 성공과 형통에 관심이 많다. 그리고 성공은 '언제'(when), '어디'(where), '무엇'(what)과 기계적으로 관련되어 있다고 생각한다. 성공하기 위해서는 여러 가지 길흉화복을 점치는 술수를 통해 미지의 세계에 속한 지식을 알아내고 영들을 조종(manipulation)해야만 한다고 생각한다. 그러나 성경은 이러한 길흉화복을 점치는 술수를 금한다(신 18:10-11). 그리고 형통은 '어디'나 '무엇'과 관련된 것이 아니라 하나님과의 올바른 관계에 있다고 본다. 성경은 하나님 말씀을 순종하고 온전한 뜻 가운데 있다면 어디를 가든지(수 1:7) 무엇을 하든지(신 29:9) 형통할 것이라고 말한다(대상 22:13). '언제'의 문제는 자유와 지혜와 관련되어 있다. 언제 결혼식을 하고, 언제 이사를 하고, 언제 사업을 시작할지는 자유롭고 지혜롭게 합리적으로 판단할 문제다. 성경에서 말하는 형통이란 선택 방향과 항목이 아닌 하나님과의 올바른 관계에 있다(왕상 2:3). 물론 이것은 하나님의 음성을 듣고 인도함을 받는 일이 필요 없다는 뜻이 아니다.

종교들은 언제부터 어떻게 왜 생겨나게 된 것인가?

세계는 하나인데 세계관은 왜 이렇게 많은가? 언제 어떻게 왜 종교가 생겨난 것인가? 문화와 종교는 뗄 수 없는 관계이기 때문에 종교의 발생과 문화의 발생, 세계관의 발생도 서로 다른 것이 아니라 하나의 사건이다. 따라서 인간의 타락사건에서 종교의 발생 원인을 찾는 것이 마땅하다.

앞에서도 언급했지만, 인간의 타락사건이 불러온 첫 번째 심각한 결과는 인식 능력의 전락이다. 인간의 인식 능력은 제한되고 왜곡되었으며, 이러한 제한되고 왜곡된 인식 능력이 인간에게 선천적으로 내재된 종교성과 결부하여 신(神)과 세계(世界)를 나름대로 이해하여 그림을 그리게 된 것이다. 이것이 바로 여러 가지 다양한 세계관이 출현하게 된 원인이다.

여기서 우리는 종교성의 문제를 언급하고 지나가야 한다. 흔히 인간을 "호모 렐리기오수스"(Homo Religiosus), 즉 "종교적 인간"이라고 말한다. 그렇다면 인간의 보편적 종교성은 어디에서 기원한 것일까? 세계관이 세계에 대한 큰 그림이라면, 이 질문에 대한 답은 성경적 세계관의 큰 그림을 분명하게 보여주는 창세기 1장 27-28절에서 찾아보아야 할 것이다. "하나님이 자기 형상 곧 하나님의 형상대로 사람을 창조하시되 남자와 여자를 창조하시고 하나님이 그들에게 복을 주시며 그들에게 이르시되 생육하고 번성하여 땅에 충만하라, 땅을 정복하라, 바다의 고기와 공중의 새와 땅에 움직이는 모든 생물을 다스리라 하시니라."

이 말씀에서 우리는 두 가지 명백한 원리를 발견할 수 있다. 첫째는 하나님이 인간을 만드실 때 하나님 형상대로 남자와 여자를 만드셨다는 것이다.² "하나님의 형상"이라는 개념에 담긴 신학적 함의는 다양하지만 종교성과 결부해서 생각해 본다면 인간은 자기 형상을 생명과 함께 부여한 바로 '그분'을 찾고자 갈급해한다는 것이다. 아마 해외 입양아가 그토록 생물학적 부모를 찾고 싶어하는 것도 자신에게 형상과 생명을 부여한 자를 향한 갈망 때문인지도 모른다. 인간에게 부여된 하나님의 형상이야말로 종교성의 근원이다. 그러므로 칼뱅은 인간에게 신의식(神意識, sensus divinitatis)이 있다고 말한다. 이러한 신의식이 타락한 인간의 죄성과, 제한되고 왜곡된 인식 능력으로 말미암아 왜곡되고 호도된 형태, 즉 우상숭배 같은 것으로 나타난다 할지라도 그것은 하나님 형상의 발로라는 것이다(Calvin, 1988, 제1권, 제3장, 89-94). 사실 개나 소와 같은 동물은 우상숭배조차 하지 않는다. 동물은 하나님의 형상을 가지고 있지 않기 때문이다.

둘째는 하나님이 인간에게 부여하신 사명, 즉 문화명령과 관련이 있다. 하나님은 인간에게 피조세계에 대한 관리권을 주셨다. 그 때문에 인간은 본능적으로 세계에 관심을 보인다. 타락 전에 인간이 생물의 본질을 꿰뚫어보고 이름을 붙인 것처럼(창 2:19), 타락 후에도 여전히 인간은 하나님이 주신 사명 때문에 피조세계를 이해하려는 본능이 있다.

텔레비전에서 방영하는 자연 다큐멘터리를 본 적이 있을 것이다. 예를 들어 거미의 생태를 주제로 한 다큐멘터리를 본다고 하자. 우리는 거미에게 밀착 카메라를 설치해 놓고 여러 날 동안 이모저모를 관찰한다. 거미가

---

2. 하나님의 형상대로 남자와 여자가 창조되었다는 것은 남자 안에도 하나님의 형상이 있고 여자 안에도 하나님의 형상이 있다는 뜻이다. 그리고 남자와 여자가 온전히 연합할 때 하나님의 형상을 온전히 나타낼 수 있다는 것을 함축한다. 하나님의 형상 때문에 남자와 여자는 가치가 같고, 정상인과 장애인과 가치가 같으며, 갓난아기와 청년은 가치가 같다. 하나님의 가치평가 기준은 보험 회사와 다르다. 많은 문화에서 인간을 비하시켜 동물의 형상으로 불러 욕으로 삼는 것은 재미있는 현상이다.

무엇을 먹고 사는지, 짝짓기는 어떻게 하는지, 집은 어떻게 만드는지 등등 거미의 여러 습성을 자세히 보여준다. 당신은 이런 프로그램이 재미있는가? 왜 재미있는가? 당신이 매일매일 살아가는 데 무슨 직접적인 관계가 있는가? 거미가 무얼 먹고 살든 우리가 먹고 사는 것과 무슨 상관이 있는가? 곤충학자를 제외한 대부분의 사람에게는 별 상관이 없을 것이다. 그러나 인간은 단지 먹고 살기 위한 지식에만 관심을 갖는 존재가 아니다. 자연 다큐멘터리가 재미있는 이유는 하나님이 인간에게 부여하신, 피조세계에 대한 관리권자로서의 사명 때문일 것이다.

피조세계를 "다스리라"(창 1:28)는 명령은 피조세계의 만물에 반영된 하나님의 "능력과 신성"(롬 1:20)을 올바로 드러내어 하나님을 영화롭게 하는 문화 창달의 명령이다. 우리가 종종 자연의 장엄함을 보면서 압도되고 경외감을 느끼는 것은 사실상 자연 자체 때문이 아니라 거기에 반영된 하나님의 능력과 신성 때문이다. 그런데 타락으로 인하여 인식 능력이 전락한 인간은 다스림의 대상을 숭배의 대상으로 바꾸어놓았다. "생각이 허망하여지며 미련한 마음이 어두워[져서]"(롬 1:21) 피조세계를 다스리기는커녕 "썩어질 사람과 금수와 버러지 형상의 우상"(롬 1:23)을 숭배하는 어리석음을 범하고 있다.

타락으로 인하여 인식 능력이 전락한 결과 제한되고 왜곡된 인식 능력을 갖게 되었지만 신과 세계를 알고자 하는 인간의 본능, 종교성 자체가 없어진 것은 아니다. 종교성이 왜곡되거나 호도된 형태로 드러난다고 해도 인류가 생존하는 한 인간은 영원히 종교성을 지닐 것이다. 다양한 종교, 이데올로기, 철학이 제공하는 다양한 세계관은 타락으로 말미암아 전락한 인간의 인식 능력과 종교성이 결합하여 생겨난 산물이다. 세계는 하나인데 다양한 세계관이 존재한다는 것이야말로 인간의 인식 능력이 전락했음을 보여주는 가장 강력한 증거다.

종교들과 세계관들은 동등한 가치를 가지고 있는가?

많은 종교와 세계관은 하나님의 형상으로 지음 받은 인간의 종교성과, 타락 결과 왜곡되고 제한된 인식 능력이 서로 결부하여 생겨난 것이다. 마치 퍼즐 맞추기와 같다. 천 조각 퍼즐을 맞추어본 적이 있는가? 얼마나 많은 시간이 걸렸는가? 아마 여러 날이 걸렸을 것이다. 그러면 퍼즐을 맞출 때 '밑그림'이나 '큰 그림'을 보면서 맞추었는가, 보지 않고 맞추었는가? 큰 그림을 보면서 맞추었을 것이다. 만약 큰 그림을 보지 않고 맞춘다면 어떤 일이 일어나겠는가? 우리는 보통 퍼즐을 맞출 때 가장자리에서 힌트를 얻어 가장자리부터 맞추어나간다. 그런데 가장자리도 없고 밑그림도 전혀 보지 못한 상태에서 천 조각을 마구 섞어놓고 맞춘다고 가정해 보라. 얼마나 오래 걸리겠는가? 아마 정확하게 맞출 수 없을지도 모른다. 설상가상으로 퍼즐의 밑그림이 윤곽이 명확하지 않은 추상화라고 가정해 보라. 아마 절망적일 것이다.

그런데도 퍼즐을 꽤 많이 맞춘 사람도 있고 형편없이 적게 맞춘 사람도 있다. 이처럼 세계관을 제공하는 종교, 이데올로기, 철학 가운데에는 꽤 많은 부분적 진리를 가진 것도 있고 형편없이 적게 가진 것도 있다. 어떤 종교나 이데올로기, 철학이든 부분적인 진리는 있다. 비성경적 세계관은 실재에 대해서 무엇인가를 감지했지만, 제한되고 왜곡된 인식 능력 때문에 실재의 퍼즐 조각을 제 위치에 놓지 못해서 생겨난 것이다.

이런 관점에서 종교다원주의자의 주장은 증명할 수 없는 형이상학적 신념체계일 뿐이다. 다양한 종교와 세계관이 동일한 실재에 대한 다른 관점이라는 것을 어떻게 입증하겠는가? 설사 그렇다 할지라도 다양한 종교와 세계관이 실재를 설명하는 데 있어서 동등한 가치를 지니고 있다는 것을 어떻게 증명하겠는가? 종교나 세계관에 나타나는 상반된 진리주장(truth claim)이 어떻게 동시에 옳을 수 있는가? 예컨대 궁극적 실재가 존재론적 차원에서 어떻게 인격적이면서 비인격적일 수 있는가? 기독교의 부활과 힌두교의 윤회가 어떻게 동시에 가능한가? 인식론적 차원에서는 상반된 주장이 양립할 수 있을지 모르지만, 존재론적 차원에서는 양립할 수 없다.

기독교 세계관과 성경적 세계관은 어떻게 다른가?

세계관을 제공하는 종교, 이데올로기, 철학 가운데 종교가 가장 강력하다. 따라서 종교에 따라 세계관을 구별해 보는 작업은 상당히 의미 있는 일이다. 즉 기독교 세계관, 불교 세계관, 힌두교 세계관, 이슬람 세계관, 유교 세계관, 정령숭배 세계관 등으로 구분할 수 있다.

그렇다면 기독교 세계관과 성경적 세계관은 엄밀히 어떻게 다른가? 복음주의적 그리스도인은 성경이 오류가 없는 하나님 말씀이라는 사실을 믿는다. 그런데 성경을 읽고 해석하며 이해하는 주체는 인간이다. 인간이 자기가 놓인 상황(context), 즉 문화적, 사회적, 개인적 상황에 따라 성경을 읽고 해석하고 이해하는 데에는 선호(favor)와 편견(bias)을 있을 수 있다. 신학이란 성경에 대한 인간의 이해와 해석을 체계화한 것이다. 그러므로 성경에는 오류가 없어도 신학에는 오류가 발생할 수 있다.

기독교 세계관과 성경적 세계관도 같은 방식으로 생각해 볼 수 있다. 성경적 세계관은 오류가 없으며 실재와 정확하게 부합한다. 그러나 기독교 세계관은 그 시대의 문화, 시대적 정황, 사회 구조, 과학 등에 영향을 받을 수 있다. 예를 들면 코페르니쿠스(Copernicus, 1473-1543)나 갈릴레이(Galilei, 1564-1642) 시절만 해도 천동설은 나름대로 탄탄한 논리적, 수학적 근거를 가졌으며 의심할 나위 없이 기독교 세계관으로 간주되었다. 오히려 이 과학혁명 주도자들의 지동설이야말로 실재에 들어맞지 않는 비기독교적인 세계관으로 간주되었다. 갈릴레이의 주장은 단순히 새로운 과학 이론을 발표하는 것이 아니라 당시 중세 기독교 세계관에 대한 도전으로 간주되었다. 그래서 갈릴레이는 과학자 학술발표회에서 자신의 주장을 펼친 것이 아니라 이단으로 몰리지 않기 위해 종교 재판정에 서서 자신의 주장을 변호해야 했던 것이다. 그가 재판정을 내려오면서 남겼다는 유명한 말이 있다. "그래도 지구는 돈다." 실재에 대한 어떤 오해나 왜곡, 거부도 실재 자체를 바꾸지는 못한다.

기독교 세계관과 성경적 세계관은 많은 부분에서 겹친다. 그러나 천동설처럼 과거에는 성경적이라고 여겨 기독교 세계관에 포함되었지만 이제는 퇴출되어 더 이상 받아들여지지 않는 주장도 있다. 앞으로도 우리가 아직 밝혀내지 못한 주장이 기독교 세계관에 포함될 수 있다. 그리고 현재 우리가 성경적인 것으로 간주하는 주장이 미래에는 성경적 지지를 받지 못하는 것으로 판명될 수도 있다.

도표 7. 기독교 세계관과 성경적 세계관

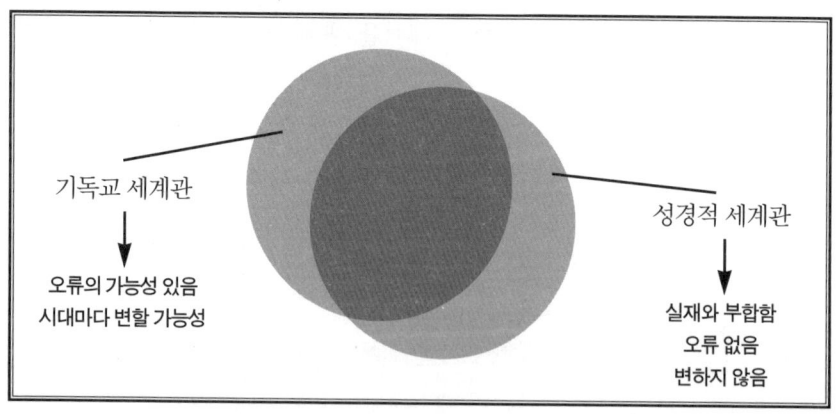

기독교 세계관이란 무엇인가? 그리스도인이 성경이라는 렌즈를 통해 세계를 바라보고 이해하고 해석하는 관점이다. 즉 성경이 제시하는 우주의 기원과 목적, 인간의 기원과 본질, 인생의 목적, 이 세상 안에 있는 죽음, 고통, 악의 기원과 극복 가능성 등을 실재로서 또는 사실로서 받아들이는 것이다. 왜 그리스도인은 성경의 주장을 믿는가? 세계를 창조하고 섭리하는 분과 성경의 궁극적 저자가 동일하기 때문이다. 그래서 그리스도인은 성경이 주장하는 바가 실재, 곧 세계가 실제로 존재하는 양상에 가장 부합한다고 믿는다. 물론 불교인은 불경(佛經)에서 주장하는 것이, 무슬림은 꾸란(Quran)에서 주장하는 것이 실재에 가장 부합한다고 믿는다. 우리는 실재에 대한 상반된 진리주장 사이에 놓여 있다.

종교들의 본질은 무엇인가?

기독교와 타종교 사이에는 어떤 연속성과 불연속성이 있는가? 종교의 본질에 대한 견해는 다양하지만 크게 세 가지 정도로 분류할 수 있다. 첫째는 불연속성을 강조하는 근본주의적 견해로서, 타종교는 전적으로 사탄의 역사와 영향력으로 형성된 어둠의 산물이라는 것이다. 둘째는 연속성을 강조하는 수용주의적 견해로서, 타종교는 복음을 예비하는 선복음(先福音, pre-Gospel)이며 복음은 이러한 타종교를 궁극적으로 완성하고 성취한다는 것이다. 셋째 견해는 크리스토퍼 라이트(Christopher Wright), 해롤드 네틀랜드(Harold Netland) 등 복음주의 진영 학자들이 널리 받아들이는 견해로(Wright, 1984, 4, Netland, 2001, 330-337), 종교는 일반계시에 대한 반응, 인간의 죄성과 반역성, 사탄의 역사와 영향력이라는 세 가지 요소가 섞여 있다는 것이다.

우선 일반계시에 대한 반응부터 생각해 보자. 당신은 기독교가 아닌 다른 종교의 경전에서도 훌륭한 말이나 빛나는 금언(金言), 잠언(箴言)을 읽어보았을 것이다. 상당히 지혜롭고 뛰어난 통찰력을 보여주는 것도 있을 것이다. 예를 들어 논어(論語) 학이편(學而篇)에는 "사람들이 나를 알아주지 않아도 성내지 않으면 이 또한 군자가 아닌가!"(人不知而不慍 不亦君子乎)라는 말이 나온다. 사람들이 알아주지 않을 때 성내지 않는 것은 보통 수양된 인격이 아니다. 그러나 특별계시인 성경은 사실상 그 이상을 요구한다. 사람들이 알아주지 않아도 성내지 않는 정도가 아니라, 오히려 사람들에게 알려지지 않도록 노력해야 하며(마 6:1), 심지어 오른손이 한 일을 왼손이 모르도록(마 6:3) 해야 한다.

당신은 다른 종교인 가운데 인격적으로 탁월한 사람을 보았을 것이다. 조선시대 선비 중에도 고매하고 수양된 인격을 가진 사람이 꽤 많다. 어떻게 그것이 가능한가? 이것은 일반은총만으로도 고귀한 인품(人品)에 도달할 수 있다는 의미다. 그렇다면 성경은 특별은총을 받은 사람, 즉 성령을 받은 사람은 어느 정도 인품에 도달할 수 있다고 보는가? 오른뺨을 치면 왼뺨을 돌려대고, 속옷을 달라고 하면 겉옷까지 내주며, 오 리(五里)를 가자고 하면 십 리(十里)를 동행해야 한다. 원수를 사랑하고 핍박하는 자를 위해 기도해야 한다(마 5:39-44). 물론 그리스도인이라고 해서 이런 행동을 쉽사리 할 수 있는 것은 아니다. 성령으로 충만할 때에만 감당할 수 있다.

성경은 하나님을 알 만한 것을 하나님이 보여주셨기 때문에 핑계할 수 없을 것이라고 말한다(롬 1:19-20). 즉 하나님은 자연, 역사, 인간의 정신 구조 등을 통해 하나님을 나타내 보이셨다. 물론 타락으로 인하여 인식 능력이 제한되고 왜곡된 인간은 일반계시만으로 하나님과 세계를 온전히 알지는 못한다. 그렇지만 부분적으로는 일반계시에 올바르게 반응하여 그 내용을 자신의 종교나 철학, 이데올로기 안에 포함시킬 수 있다. 그 결과 종교나 철학, 이데올로기 안에 부분적인 진리가 나타난다.

예를 들어 당신이 사무실에 만 원짜리 지폐 한 장을 던져놓았다고 가정해 보자. 청소부가 청소를 하는데 온갖 쓰레기와 함께 만 원짜리 지폐가 진공청소기 안으로 빨려 들어갔다. 진공청소기를 소제하려고 뚜껑을 열면 무엇이 나오겠는가? 온갖 먼지, 쓰레기와 함께 만 원짜리 지폐가 나올 것이다. 이 지폐는 원래 어디서 온 것인가? 당신이 던져놓은 것이다. 다른 종교, 세계관, 철학, 이데올로기 안에 부분적이나마 진리가 있다는 것은 하나님의 일반계시에 대해 반응한 결과다.

그리스도인은 지나치게 그리스도인과 비그리스도인의 차이점을 강조하는 경향이 있다. 물론 하나님의 자녀라는 영적 신분을 가진 자와 가지지 못한 자, 성령을 받은 자와 받지 못한 자는 상당히 다르다. 그러나 모든 인간은 "하나님의 형상을 가진 인간"이라는 사실을 결코 간과해서는 안 된다(Netland, 2001, 333). 그리스도인이든 아니든 인간은 하나님의 형상 때문에 궁극자 또는 절대자를 갈망하여 찾아 헤매고, 하나님이 주신 사명 때문에 세계에 지대한 관심을 보인다.

학문 영역에서도 동일한 관점으로 생각해 볼 수 있다. 심리학 안에는 어떤 부분적인 진리가 있는가? 인간의 마음은 누가 만들었는가? 인간의 마음을 만드신 분은 하나님이므로 하나님이 인간의 마음을 가장 잘 아신다. 하나님이야말로 최고의 심리학자시다. 그렇다면 그리스도인이 심리학을 연구해야만 마음에 관한 진리를 발견할 수 있는가? 그렇지는 않다. 비그리스도인도 인간의 마음을 탐구하면서 부분적으로 진리를 발견해낼 수 있다. 다른 종교든, 철학이든, 사회과학이든 간에 부분적인 진리가 발견되는 것은 일반계시에 올바르게 반응한 결과다. 따라서 하나님의 특별계시인 성경의 주장에 어긋나지 않는다. 어디에서 발견되든 모든 진리가 하나님에게서 온 것임을 기억한다면, 다른 종교나 철학, 이데올로기 안에서 부분적인 진리를 발견해도 전혀 놀랍지 않을 것이다. 오히려 지극히 당연한 일이다. 우리는 하나님의 일반계시와 일반은총의 발로가 얼마나 위대한지 느끼며 찬송하면 되는 것이다.

종교의 본질에 대해 두 번째로 생각해 보아야 할 것은 인간의 죄성과 반역성이다. 인간은 하나님의 형상으로 말미암아 하나님을 갈급해하고 추구하는 존재다. 그러나 한편으로는 "무화과나무 잎을 엮어" 자신의 수치심을 가리고, 죄책감 때문에 "하나님의 낯을 피하여 동산 나무 사이에 숨은" 존재다(창 3:7-8). 이러한 인간의 죄성과 반역성이 늘 비종교적으로 나타나지는 않는다. 종종 매우 종교적인 형태로 나타난다. 또한 인간의 죄성과 반역성이 늘 노골적으로 나타나는 것은 아니다. 오히려 세계관 차원에서는 매우 고상한 종교적 교리, 철학, 이데올로기 등으로 위장해서 나타나기도 한다. 왜 예수께서 바리새인을 그토록 책망하셨는가? 바리새인은 겉으로 매우 종교적으로 보이지만 사실은 인간의 죄성과 반역성의 본질이라고 할 수 있는 자기의와 교만에 절어 있었기 때문이다.

종교의 본질에서 세 번째 면은 사탄의 역사와 영향력이다. 최초의 인간이 타락할 때 사탄은 거짓말로 유혹했다. 거짓말은 사실(fact)이 아닌 것, 즉 실재에 부합하지 않는 비성경적 세계관을 뜻한다. 그렇다면 타락으로 인해 인식 능력이 제한되고 왜곡된 인간이 종교성을 통해 여러 가지 세계관, 즉 종교나 철학, 이데올로기를 만들어낼 때 사탄이 아무 일도 하지 않고 내버려두었겠는가? 아마 적극적으로 간섭하고 영향력을 발휘했을 것이다. 인간을 유혹할 때 사탄은 "동산 중앙에 있는 나무의 실과를 먹어도 결코 죽지 않으려니와 눈이 밝아져서 하나님과 같이 되고 선악을 알게 될 것이다"라고 거짓말을 했다(창 3:4-5). 이 거짓말은 "죽지 않는다", "눈이 밝아진다",

"하나님과 같이 된다", "선악을 알게 된다"라는 네 가지 유형으로 요약할 수 있다. 인류에 나타난 거의 모든 비성경적 세계관은 이 유형에서 크게 벗어나지 않는다. 이것은 사탄이 한 거짓말의 원형이다. 비성경적 세계관은 그 변형일 뿐이다(안점식, 1995, 25-35).[3]

다른 종교에도 능력과 이적(異蹟)이 나타날 수 있다. 그러나 그 뒤에 숨어 있는 능력의 근원을 살펴보아야 한다. 사탄도 천사장의 능력이 있다. 심지어 하늘에서 불을 내리고 우상에 생기가 돌게 할 수도 있다(계 13:13-15). 진리에는 능력이 있지만, 능력이 있다고 해서 모두 진리는 아니다.

사실 종교현상학적으로 기독교 세계관의 유일성과 독특성을 입증하기란 쉽지 않다. 기독교에 좋은 말씀이 있지만 다른 종교 경전에도 좋은 말씀이 있다. 기독교에 이상적인 인간상과 성자(聖者)와 같은 사람들이 있듯이, 다른 종교에서도 고매한 수준에 도달한 이상적인 사람들을 찾아볼 수 있다. 기독교에 능력과 이적이 나타나는 것처럼 다른 종교에서도 비슷한 이적이 일어난다. 그렇다면 무엇을 근거로 기독교의 독특성과 유일성을 주장한단 말인가? 현상학적 방식으로는 쉽지 않은 일처럼 보인다. 그렇기 때문

---

3. 사탄의 거짓말은 전락한 인간 존재의 상태를 잘 말해 준다.
   (1) 죽지 않는다 : 인간은 죽음을 두려워하고, 인생의 허무함을 느끼며, 눈물겹도록 영생을 추구하며 발버둥치는 존재가 되었다.
   (2) 눈이 밝아진다 : 인식 능력의 전락으로 말미암아 인간은 자기중심적으로 인식하고 사고하는 존재가 되었다. 자기 관점에 따라 사물을 보며, 전체적인 시각, 균형 잡힌 시각을 잃어버렸다. 하나님과 의사소통하는 데 어려워하고, 하나님과의 관계를 자기중심적으로 사고한다. 타인과 의사소통하는 데에도 어려워하고, 타인과의 관계를 자기중심적으로 사고하는 존재가 되었다.
   (3) 하나님과 같이 된다 : 하나님과 같이 되려는 원초적 교만으로 말미암아 전 생명은 오염되었고 옛 사람, 옛 자아, 육신이 발생했다. 자기 자신이 주인이 되어 모든 것을 주재하려는 자기애로 충만한 존재가 되었다.
   (4) 선악을 알게 된다 : 자기중심적으로 옳고 그름을 판단하는 존재가 되었다. 자기 자신이 모든 판단의 기준이 되어 자기의로 충만하며 다른 사람을 판단하고 정죄하는 존재가 되었다.

에 좀 역설적이긴 하지만, 종교현상학자인 니니안 스마트(Ninian Smart)가 제안한 '세계관 분석'(worldview analysis)이 필요하다(Smart, 2006, 15-30, 50-62).[4] 우리는 객관적이고 세밀한 세계관 분석을 통해서 기독교 세계관이 실재에 더 부합하다는 사실을 입증할 수 있다.

진리주장은 어떻게 가능한 것인가?

사람들은 실재에 대한 상반된 진리주장 가운데 기독교의 주장이 참된 진리임을 입증해 보라고 요구한다. 대개 사람들은 진리 입증을 위해 가장 먼저 논리적 정당성을 요구한다. 그러나 인간의 언어는 애매모호해서 논리적 정당성을 증명하기가 쉽지 않다. 더군다나 진리주장은 단순히 논리학적 차원에서 증명하는 것이 아니라 실재와의 부합성(附合性)을 증명해야 하기 때문에 더 어렵다.

둘째로 사람들은 진리 입증을 위해 능력 과시를 요구한다. 예수께서도 이러한 요구를 많이 받으셨다. 광야에서 40일 동안 사탄에게 유혹받을 때에도 "네가 만일 하나님의 아들이어든"(마 4:3, 6) "돌들이 떡덩이가 되게"(마 4:3) 하거나 성전 꼭대기에서 "뛰어내리라"(마 4:6)는 요구를 받으셨다. 십자가에 달리셨을 때에도 "하나님의 아들이어든 자기를 구원하고 십자가에서 내려오라"(마 27:40)는 조롱 섞인 요구를 받으셨다. 즉 하나님의 아들 됨을 증명하기 위해 능력을 보이라는 요구를 받으셨다. 사람들은 능

---

4. 니니안 스마트는 종교현상학자이자 종교다원주의자다. 스마트는 다양한 문화의 의미와 가치를 이해하려면 반드시 종교를 이해해야 하는데, 종교는 세계관이라는 차원에서 파악해야 한다고 본다. 스마트가 말하는 '세계관 분석'은 현상학적 판단중지(epoche) 방법을 사용한다. 따라서 특정한 세계관의 진위(眞僞)나 우열(優劣)을 논하지 않는다. 스마트의 세계관 분석 목적은 세계관을 객관적으로 분석하여 "인간 의식과 사회 구조를 형성하는 데 영향을 끼친 상징이나 신념의 역사와 성격을 서술하는 것이다"(2006, 16). 그리고 이를 통해 다원적인 문화 상황 속에 살고 있는 인간의 시각을 넓히고 상호 이해와 공감을 증진하는 것이다.

력을 보여주어 '옳음'을 입증해 보라고 요구한다. 일상생활에서도 종종 내 방식이 옳다는 것을 증명하려면 능력을 발휘해서 좋은 결과물을 보여주어야 한다.

그러나 하나님은 논리와 능력을 통해 진리를 드러내는 방법을 선호하시지 않는다. 인간의 언어는 애매모호하고, 인간의 마음은 가장 탁월한 논리에도 설득되지 않을 만큼 교만하고 고집스럽기 때문이다. 우리 가운데 논리에 설복해서 예수를 믿게 된 사람은 거의 없을 것이다. 우리는 논쟁에서 이길 수 있고 논리적으로 상대방을 꼼짝 못하게 할 수 있지만 그렇다고 상대방이 마음으로 굴복하는 것은 아니다. 논쟁에서 이겨도 영혼을 얻지 못할 수 있다.

하나님은 종종 능력을 행사하시지만 그것을 결정적인 진리 입증 방식으로 보시지는 않는다. 예수께서는 "요나의 표적" 밖에는 보여줄 것이 없다고 말씀하신다(마 12:39, 16:4, 눅 11:29). 사람들은 표적을 보아도 진리를 받아들이지 않기 때문이다. 성경을 보면 오병이어의 기적을 체험한 후에 오히려 많은 제자가 예수에게서 떠나갔다(요 6:66). 사탄은 그럴싸한 논리로 사람들을 속이고 능력을 모방한다. 그러나 사탄이 본질상 할 수 없는 것이 있다. 바로 사랑이다. 왜 하나님이 논리나 능력이 아닌 사랑으로, 십자가의 희생으로 진리 됨을 보이셨겠는가! 사랑은 논리로 누르는 것도, 힘을 휘두르는 것도 아니다. 사랑하면 힘을 휘두르지 않는다. 자녀를 진정 사랑하는 부모는 힘을 휘두르지 않는다. 부모의 옳음을 일관된 사랑으로 보여주어 자녀를 감동, 감화시킬 뿐이다.

하나님은 사랑이시다(요일 4:8). 하나님의 형상을 가진 인간도 사랑할 때 가장 큰 기쁨을 누린다. 따라서 문화와 시대, 인종을 초월해서 인간을 녹일 수 있는 유일한 방법은 사랑이다. 아무리 문화가 독특해도 인간은 사랑에

녹기 마련이다. 그렇기 때문에 십자가야말로 모든 인류에게 통하는 진리 입증 방식이며, 문화와 시대, 인종을 넘어 모든 인간을 감동시키고 감화시킬 수 있는 "하나님의 지혜"다(고전 1:24, 2:7). 인간은 하나님 형상을 가지고 있기 때문에 사랑을 느낄 때 진리라고 생각한다. 그래서 이단은 사랑과 비슷한 일시적인 '친절'로 사람들을 끌어들인다. 그러나 사랑은 단순히 친절한 행위를 넘어선다. 사랑이란 궁극적으로 행위로 표현되어야 한다. 그러나 기본적으로는 관계적이며 상대방의 존재 자체가 내게 기쁨이 되는 것이다.

진리, 즉 옳음의 기본은 '관계적 옳음'이다. 따라서 모든 진리는 관계적 옳음에서 시작된다. 관계적 옳음은 인식의 옳음을 가져오고 인식의 옳음은 행위의 옳음을 가져온다. 그러므로 존재론적 옳음, 즉 관계적 옳음이 인식론적 옳음과 윤리학적 옳음에 선행한다. 존재는 항상 관계 속에 있기 때문에 관계적 옳음이 있을 때에 비로소 내 존재 상태는 옳게 된다. 사랑은 내가 올바른 관계 속에 있음을 나타내며 올바른 존재 상태에 있는 것을 뜻한다. 따라서 인간은 사랑으로써 진리를 알고 진리를 행하게 된다.

궁극자, 인간, 자연의 삼자 관계는
세계관의 유형을 결정짓는 핵심적 요소다.

II 세계관과 종교에 관련된 제 문제

세계관 유형을 결정짓는 요소들은 무엇인가?

우리가 세계관을 분석하는 데 중요한 또 다른 접근법은 세계에 관련된 존재나 인간의 실존적 상황에 대해 각 세계관과 종교가 어떤 설명체계를 제시해 왔는지 살펴보는 것이다.

당신이 살아가고 있는 이 세계 가운데 무엇이 있나 생각해 보라. 주위를 둘러보라. 아마 사람이 있을 것이다. 또 무엇이 있는가? 자연이 있을 것이다. 건물은 자연에 인공을 가미해 변형한 문화적 산물이므로 일단 자연에 귀속시켜 생각하자. 또 무엇이 있는가? 어쩌면 눈에 보이는 것은 이 정도일지 모른다. 눈에 보이지 않지만 인종과 문화, 시대의 차이를 넘어 모든 문화권에서 관찰되는 관념이 있다. 바로 절대자, 궁극자 또는 궁극적 실재에 대한 관념이다. 이 밖에 세계 안에 또 무엇이 있는가? 인종과 문화, 시대를 넘어 모든 인간이 부딪히는 실존적인 문제가 있다. 그것은 의식주와 죽음과 고통의 문제. 우리는 앞에서 점 6개로 그림을 그려보았다. 이렇게 문화와 인종, 시대를 초월해서 점 6개라는 사실은 언제나 같지만 점 6개라는 유기적 전체를 어떻게 이해할 것인지는 문화에 따라 달라질 수 있다. 이것이 곧 세계관의 차이다.

4

궁극자, 절대자

궁극자에 대한 관점과 규범의 기초는 어떤 관련이 있는가?
세계관 유형을 결정하는 데 가장 중요한 요소는 궁극자, 인간, 자연의 존재와, 이 삼자(三者)의 관계다. 이 삼자에 대한 관점은 유기적으로 연관되어 있지만 궁극자, 절대자에 대한 관점의 차이는 세계관을 분화시키는 데 있어서 결정적 역할을 한다. 인격적이고 초월적이며 유일한 신을 궁극자 또는 절대자로 간주하는 관점은 유신론적 세계관이다. 우주를 초월한 궁극자 또는 절대자는 없으며 만물 속에 궁극성, 절대성, 신성(神性)이 내재한다는 관점은 범신론적 세계관이다. 눈에 보이는 가시적이고 물리적인 세계가 전부이며 정신이니 영혼이니 하는 것은 물질에서 우연히 파생한 현상이라고 생각하는 관점은 유물론적 세계관이다.

이렇게 궁극자, 절대자에 대한 관점이 설정되면 이 관점은 다른 영역에까지 중요한 영향을 주면서 특정한 세계관의 특질을 결정하게 된다. 예를 들면 궁극자, 절대자에 대한 관점은 사회규범이나 도덕규범의 기초에 대한 관점에 영향을 준다(Bavinck, 1990, 60-77). 모든 문화는 사회질서를 유지하기 위해 사회규범이나 도덕규범을 가지기 마련이다. 그런데 유신론적 세계관에서 사회규범이나 도덕규범은 왜 지켜야 하는가? 예컨대 "살인하지 말라"는 규범이 있다면 왜 그것을 지켜야 하는가? 신의 명령이기 때문이다. 즉 유신론적 세계관에서 사회규범, 도덕규범의 기초는 신적 권위에 있다. 그렇다면 범신론적 세계관에서 사회규범이나 도덕규범은 왜 지켜야 하는가? 사회규범, 도덕규범이 우주의 질서 또는 자연의 질서이기 때문이다. 유신론적 세계관과 범신론적 세계관에서는 형이상학적으로 전제된 존재로부터 당위가 유도되기 때문에 사회규범과 도덕규범이 형이상학에 근거한다. 반면 유물론적 세계관에는 초월적 신이나 초자연이 존재하지 않으며, 우주 또한 어떤 도덕성이나 목적성을 띠지 않기 때문에 사회규범이나 도덕규범을 지켜야 할 형이상학적 근거가 없다. 따라서 인간의 경험이 규범의 기초가 된다. 예를 들어 "살인하지 말라"는 규범이 없다면 사람을 죽여도 제재할 수 없고, 결과적으로 사회가 매우 혼란스러워질 것이다. 이처럼 유물론적 세계관은 인간의 경험에 기초한 공리주의(公利主義)나 실용주의(實用主義) 등의 차원에서 사회규범, 도덕규범을 제시할 수밖에 없다. 그리고 국가의 권력기관이 이러한 규범을 강제하는 제도를 관리하며, 규범의 근거로서 권위를 갖는다.

규범의 기초가 달라지면 어떻게 되는가?

규범의 기초가 달라진다는 것은 어떤 의미를 내포하고 있는가? 유신론적 세계관에서는 인격적인 유일신이 자연 법칙과 도덕 법칙의 근원으로서 이러한 법칙을 관장한다. 그러므로 자연 법칙과 도덕 법칙을 운용할 때 비인격적이고 기계적인 방식이 아니라 인격적이고 융통성 있는 방식이 나타난다. 자연 법칙에 나타나는 인격적인 융통성은 기적이고, 도덕 법칙에 나타나는 인격적인 융통성은 용서다. 범신론적 세계관에서는 법칙이 신보다 우위에 있다. 신도 어찌할 수 없는 불가변적(不可變的)인 우주의 질서가 있다고 여긴다. 힌두교에서는 이것을 "르타"(rta)라고 부르고 중국에서는 "도"(道)라고 부른다. 범신론적 세계관에 나타나는 우주의 질서는 비인격적이고 기계적으로 운용되며, 이에 기초한 법칙은 자연 법칙이든 도덕 법칙이든 예외 없이 적용된다. 심지어는 신들조차도 이러한 법칙에 종속되어 있다. 물론 여기서 "기계적"이라는 말은 범신론적 세계관이 이신론(理神論)에서처럼 기계론적 우주론을 표방한다는 뜻이 아니다. 단순히 예외나 융통성이 없는 법칙 적용을 의미할 뿐이다.

도표 8. 유신론과 범신론의 규범적 기초

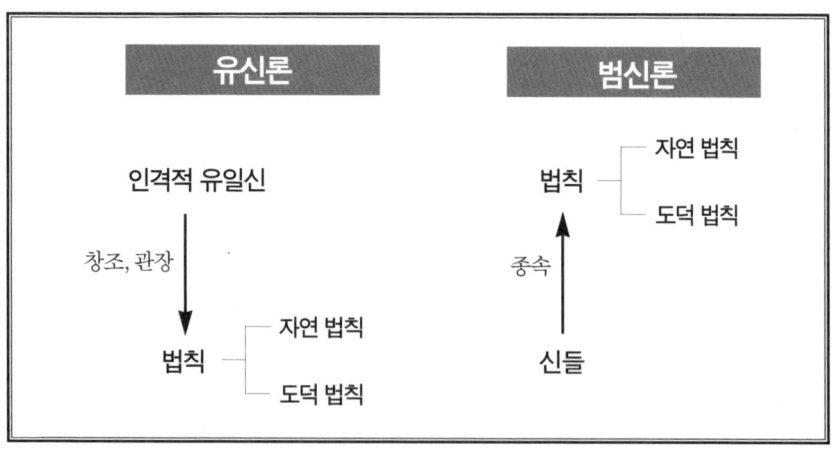

힌두교에는 이른바 '카스트'(caste) 제도가 있다. 실제로는 포르투갈어에서 비롯된 "카스트"(caste)라는 개념보다는 '빛깔', '색깔'이라는 뜻을 지닌 "바르나"(varna)라는 인도의 재래적 개념이 더 보편적이다. 바르나에는 브라만, 크샤트리아, 바이샤, 수드라의 사성(四姓) 계급이 있지만 불가촉천민까지 포함하면 신분 계급이 크게 다섯 가지로 나뉜다. 그러나 좀 더 세부적으로 들어가면 각 계급 안에 수많은 계층 집단이 있는데, 이것을 "자띠"(jati)라고 부른다. 인도에는 약 3천 개의 자띠가 있다고 한다. 이 집단은 직업을 세습하고, 결혼하거나 식사할 때에도 배타적인 친족 공동체다. 바이샤 계급에 속했다고 해도 모두 똑같은 바이샤가 아니다. 바이샤 계급 안에도 수많은 계층 집단이 있다. 똑같은 바이샤 계급이라 할지라도 바이샤의 어떤 자띠와는 식사도 같이 하지 않고 통혼하지도 않는다.

힌두교의 르타와 관련된 개념으로 '다르마'(dharma)와 '카르마'(karma)가 있다. 다르마는 자띠 공동체마다 준수해야 할 사회규범이다. 힌두교에서는 자띠가 왜 다르마를 준수해야 하는가? 다르마는 사회 질서일 뿐 아니라 나아가 우주의 질서, 르타이기 때문이다. 즉 힌두교에서는 사회의 계급 구조와 규범이 우주 질서 차원에서 정당화된다. 따라서 이러한 계급 구조와 규범을 깨뜨리는 것은 우주 질서를 파괴하는 행위가 된다. 불교는 발생 당시 이러한 계급 구조와 규범을 타파하는 혁명적인 종교운동이었다. 힌두교의 사회규범인 다르마가 불교에서는 보편적 규범으로서의 진리로 간주되었으며, 중국 불교에서는 "법"(法)으로 번역되었다.

인도 사회에서 다르마가 사회규범이라면 카르마는 도덕규범이다. 카르마는 원래 "행위"라는 의미를 가지고 있는데 중국과 한국에서는 "업"(業)이라고 번역되었다. 어떤 사람이 행한 일에 따라 철저하게 보응받는 것이 인과업보 사상이다. 카르마의 법칙은 비인격적이고 기계적인 인과율이 적용되는 도덕 법칙이다. 예외가 없으며 다른 존재가 업보를 대신해 줄 수도 없다.

중국의 '도'(道) 개념도 크게 다르지 않다. 중국적 사유방식은 정치, 경제, 사회, 문화, 예술의 모든 분야에 도, 즉 우주의 질서를 구현해야 한다고 본다. 중국에서 우주는 도덕적 우주이며, 우주 원리는 사회규범이나 도덕규범을 내포한다. 따라서 사회규범이나 도덕규범을 깨는 것은 궁극적으로 우주적 질서 또는 자연적 질서를 파괴하는 행위로 인식한다.[1]

---

1. 물론 힌두교의 범신론과 중국의 범신론은 차이점이 있다. 아드바이타 베단타(Advaita Vedanta) 힌두교에서는 궁극적 실재인 "브라만"(Brahman)이 현상 세계 배후에 감추어져 있다. 다양한 개체들의 집합으로 보이는 현상 세계는 환상(maya)에 지나지 않으며 브라만만이 실재한다. 현상 세계의 다양한 모습은 무지(avidya) 때문에 그렇게 보이는 것이다. 즉 인간의 마음이 그런 현상계를 만들어냈다는 것이다. 그런 면에서 힌두교는 관념론(idealism)이다. 중국에서 도는 현상계의 다양한 개체들 구석구석에 구현되어 있다. 도가 구현되어 있지 않은 사물은 있을 수 없다. 따라서 어떤 사물, 어떤 영역을 통해서도 도에 도달할 수 있고 도가 튼 사람끼리는 통한다고 생각한다. 심지어 도살에도 도가 있다. 장자(莊子)의 양생주편(養生主篇) 해우(解牛) 이야기에서는 도의 경지에서 소를 도살하는 것을 묘사한다. 중국의 범신론은 현상 세계의 다양한 개체들의 존재를 인정한다는 면에서 실재론(realism)이다.

5

인간

인간은 본질적으로 어떤 존재인가?

'인간이 본질적으로 어떤 존재인지'를 규정하는 것은 세계관 유형을 결정 짓는 데 매우 중요한 역할을 한다. 인간의 본질을 어떻게 규정하느냐에 따라 인간과 사회의 가능성이 달라지기 때문이다. 기독교 세계관은 인간을 하나님의 형상을 가진 피조물이자 타락으로 인해 죄성을 가진 존재로 여긴다. 이러한 관점은 인간의 본질에 대한 매우 독특한 견해다. 불교에서 인간은 삼계육도(三界六道), 즉 욕계(欲界), 색계(色界), 무색계(無色界)의 삼계와, 욕계에 있는 6가지 영역인 인간(人間), 축생(畜生), 지옥(地獄), 아귀(餓鬼), 아수라(阿修羅), 육욕천(六欲天)의 육도를 윤회하는 중생(衆生) 가운데 한 범주일 따름이다. 중생은 윤회세계에서 생사를 반복하는 모든 존재를 일컫는다. 진화론자가 생각하는 인간은 오랜 진화 과정을 거쳐 생겨난 존재로서 원숭이와 연장선상에 있으며 단지 현재까지 발견된 동물 가운데 가장 진화한 형태일 뿐이다.

인간성에 대한 관점은 사회론과 어떤 관련성이 있는가?

그렇다면 인간성은 어떠한가? 인간의 본성은 악한가, 선한가? 인간성에 대한 질문은 동서고금을 막론하고 종교와 철학에서 심각하게 다루어왔다. 인간성을 어떻게 규정하느냐에 따라 사회관과 역사관이 달라지기 때문이다.

인간성을 낙관적으로 규정하는 세계관에 유형적으로 나타나는 현상은 이런 세계관에는 이상 사회론 또는 이상 왕국론이 따라온다는 것이다. 이에 해당하는 전형적인 세계관이 칼 마르크스의 공산주의 세계관이다. 공산주의는 17-18세기에 성행한 계몽주의(Enlightenment)의 연장선 위에 있다. 계몽주의 정신은 합리주의, 이성주의, 과학주의 등으로 요약할 수 있다. 이러한 계몽주의 정신은 19세기 후반에 절정에 이르렀다. 19세기 후반은 다윈의 진화론이 등장하여 진화론적 사고를 기반으로 심리학, 종교학, 사회학, 문화인류학 등의 사회과학이 형성된 시기다.

14-16세기 르네상스 시대를 거치면서 서구(西歐)는 인간의 이성을 재인식하기 시작했다. 16-17세기 과학혁명을 통과하면서 과학적 발견의 눈부신 성과에 고무된 서구인은 인간의 이성에 대한 낙관론을 확신하였다. 이런 식으로 간다면 언젠가 인간이 우주의 모든 진리를 캐낼 수 있으리라는 낙관적 생각이 서구인들 사이에 팽배했다. 이런 분위기가 17-18세기 계몽주의 시대를 열었고 19세기에 극치에 이른 것이다. 인간성, 즉 이성이 낙관적이라면 인간이 만들어낼 역사는 진보할 수밖에 없으며, 역사가 진보한다면 역사의 궁극점에는 가장 이상적인 사회가 도래한다는 것이 당연한 논리적 귀결이다. 그러므로 인간성에 대한 낙관과 역사의 진보에 대한 확신은 공산주의 세계관을 떠받치는 두 개의 큰 기둥이었다.

도표 9. 인간성과 이상 왕국론

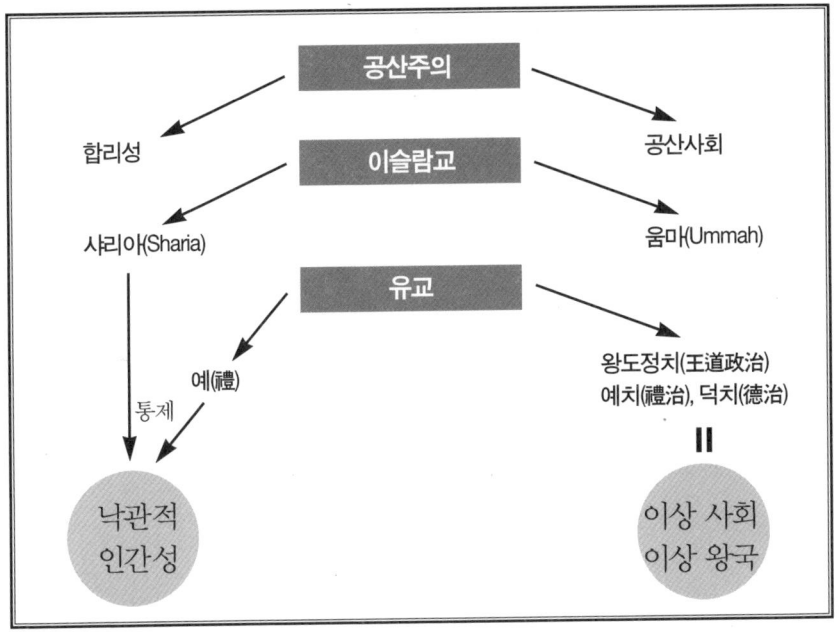

낙관적 인간성과 이상 사회론의 유형에 해당하는 또 다른 세계관으로 이슬람교가 있다. 이슬람은 기독교와 마찬가지로 유신론적 세계관에 속하지만 인간관은 많이 다르다. 우선 기독교와 달리 이슬람은 원죄를 인정하지 않는다. 이슬람에서는 아담과 하와가 범한 원죄의 책임이 후손에게 전가되지 않았다고 본다. 따라서 모든 인간은 자기 자신이 범한 죄만 책임질 뿐이라고 생각한다. 기독교에서는 타락한 인간이 죄성을 가지고 태어나기 때문에 반드시 죄를 지을 수밖에 없는 존재로 간주되지만, 이슬람에서는 죄성을 가지고 태어나서가 아니라 단지 연약하게 태어나기 때문에 인간이 죄를 짓는다고 본다. 이처럼 이슬람에서도 인간성을 낙관적으로 본다.

이슬람에서는 이슬람을 믿지 않는 불신자를 "카피르"(kafir)라고 부른다. 이것은 아랍어 "쿠프르"(kufr)에서 온 것으로서 '은닉하다', '감추다'라는 뜻이다. 즉 이슬람에서는 본성을 감추지 않고 그대로 드러내면 모두 무슬림이 될 텐데 본성을 은닉하고 감추기 때문에 비무슬림, 즉 불신자가 된다고 주장한다(Mawdudi, 1990, 19-22).

기독교에서는 죽음도 원죄와 관련되어 있다. 죄의 대가로 사망이 세상에 들어왔다(롬 5:12, 6:23). 따라서 죽음은 죄의 문제와 필연적으로 연관되어 있다. 그러나 이슬람에서는 죄와 사망이 아무 관계가 없다. 인간이 죽는 것도 단지 연약하게 창조되었기 때문이다. 이슬람은 인간성을 낙관적으로 보기 때문에 인간성을 통제할 수 있다고 생각한다. 여기서 인간성을 통제하는 수단이 바로 이슬람 율법인 "샤리아"(Sharia)다. 샤리아로 인간성을 통제하고 다스리면 "움마"(Ummah)와 같은 이상적 이슬람 공동체를 형성할 수 있다고 생각한다.

낙관적 인간성과 이상 사회론의 세 번째 유형은 유교다. 유교적 세계관은 인간성을 낙관적으로 본다. 순자(荀子)의 성악설조차도 기독교적 관점에서 보면 성선설에 가깝다. 순자는 인간성을 예(禮)로 통제할 수 있다고 보기 때문이다. 그러나 기독교적 관점에서 인간성은 통제 불능이다. 인간은 전적 타락, 전적 부패, 전적 무능의 존재이며 인간의 마음이 만물 가운데 가장 부패하다(렘 17:9). 어떤 외적 강제나 내적 결심도 인간성을 지속적으로 변화시킬 수는 없다. 인간성은 오직 성령이 내주하실 때에만 변화한다는 것이(겔 36:26-27, 딛 3:5) 기독교 세계관의 견해다.

유교는 인간성을 예로써 통제할 수 있다고 보기 때문에 공자(孔子)는 요순(堯舜)시대와 같이 예치(禮治)와 덕치(德治)로 이루어진 이상 왕국을 실현할 수 있다고 생각했다. 또한 맹자(孟子)는 이러한 이상적 통치를 "왕도 정치"(王道政治)라고 불렀다. 유교는 이 세상의 문제는 본질적으로 '다스림'의 문제이며, 잘못된 통치(統治)가 고통을 가중시킨다고 본다. 따라서 올바른 다스림을 위해서는 성인(聖人)과 철인(哲人)이 통치해야 한다고 생각한다. 그래서 유교 경전인 시경(詩經)과 서경(書經)에는 '성왕'(聖王)과 '철왕'(哲王)이라는 개념이 나온다. 조선시대 선비들도 대략 스무 살 정도까지는 사서오경(四書五經) 등의 경전을 읽고, 통치자로서 합당한 성인과 철인이 되기 위해 학문을 닦고 수양을 했다. 즉 통치자는 단지 거룩할(聖) 뿐 아니라 다스리는 자로서 합당한 통찰력(哲)을 닦아야 했다. 그리고 스무 살 남짓 되면 과거시험을 보고 관직에 나아가서 멸사봉공(滅私奉公)의 자세로 이상 왕국을 실현하는 것을 삶의 이상으로 삼았다. 그러므로 유교를 떠받치는 두 개의 큰 기둥은 인간성 완성과 이상 왕국 건설이라고 할 수 있는데 이것을 유교적 용어로 "내성외왕"(內聖外王)이라고 한다. 즉 안으로는 성인이 되고 밖으로는 이상적 통치자가 되는 것이다. 공자는 이것을 "수기안백성"(修己安百姓)이라 불렀고, 주자(朱子)는 "수기치인"(修己治人)이라 불렀다.

공산주의, 이슬람, 유교의 실험은 왜 성공할 수 없었는가?

공산주의와 이슬람, 유교의 공통점은 이 세계관들이 인간성을 낙관적으로 보고 이상 사회 실현을 꿈꾸었다는 것이다. 또 다른 공통점은 이 세계관들 모두 역사적으로 실패했다는 것이다. 공산주의 실험이 성공적이지 못했다는 것은 역사가 말해 준다. 동구 공산권은 이미 몰락했다. 중국이나 베트남 등 실용주의 노선을 취한 공산주의 국가는 경제 차원에서 볼 때 더 이상 공산주의 체제라고 말할 수 없다. 그렇다면 공산주의 실험이 왜 실패할 수밖에 없었는가? 인간성에 대한 기본적 관점이 실재와 부합하지 않기 때문이다. 인간성이 실제로 낙관적이지 않은데 낙관적이라고 전제했기 때문에 공산주의 이념은 이상주의로 귀결될 수밖에 없는 것이다.

공산주의의 역사철학인 사적 유물론 관점에서 보면 역사를 움직이는 원동력은 잉여 생산물에 대한 인간의 욕구, 즉 인간의 이기심이다. 생산력은 발달하는데 거기에 걸맞은 생산관계가 형성되지 않으면 모순과 갈등이 생겨난다. 예컨대 생산력이 발달해서 더 진보된 생산관계를 요구하는데 여전히 영주와 농노라는 중세 봉건적 생산관계가 유지된다면 생산력과 생산관계 사이에 모순이 생긴다. 결국 영주와 농노라는 봉건적 생산양식은 점차 와해되고, 부르주아 혁명이 일어나 자본가와 노동자라는 자본주의적 생산양식으로 이행한다. 이런 식으로 원시 공산 사회에서 고대 노예제, 중세 봉건제, 자본주의, 공산주의로 점차 이행한다는 것이 사적 유물론에 나타나는 진보사관이다. 그런데 지구상에 존재한 공산주의 사회는 칼 마르크스가 예견한 대로 고도로 발달한 자본주의에서 이행한 것이 아니라 봉건제나 초기 자본주의 단계에서 농민을 주축으로 한 혁명을 통해 이루어졌다.

그렇다면 공산주의 세계관의 모순은 무엇인가? 사적 유물론에서 역사 발전의 원동력은 잉여 생산물에 대한 인간의 욕심인데 공산주의 사회가 되면 갑자기 그 욕심을 버려야 한다는 점이다. 타락한 인간은 자기에게 직접적으로 돌아오는 유익이 없으면 희생하거나 헌신하지 않는다. 아무리 열심히 일해도 그 결과가 자기에게 돌아오지 않는데 자기 욕심과 이기심을 극복하고 열심히 일할 사람은 많지 않다. 그것은 종교적 차원에서나 가능한 일이다. 이런 면에서 보면 북한의 공산주의가 종교적 형태를 취하는 이유를 납득할 수 있다. 공산주의 사회의 가장 큰 문제는 생산력 증가가 부진하다는 것이다. 그 결과 "다 같이 평등하고 부유하게 살자"는 공산주의의 이념은 "어느 정도 평등해졌지만 다 같이 가난할 수밖에 없는 현실"로 귀착된다. 실용주의 노선은 이런 이기적이고 자기중심적인 인간성의 실재를 인정한 것이다.

공산주의 세계관에도 일면 부분적인 진리가 있다. 적어도 공산주의는 타락한 인간의 문화가 힘과 생존의 원리에 기초해 있음을 통찰해냈다. 즉 힘 있는 자가 지배하고 군림하며, 생존을 위해 더 많은 재물을 확보하려 한다는 것이다. 공산주의는 잉여 생산물을 획득하기 위한 계급투쟁이라는 관점에서 '힘'과 '재물'을 추구하는 타락한 인간 사회와 문화의 본질을 잘 간파했다. 그러나 공산주의는 바로 이 타락한 문화의 원리를 그대로 좇아서 계급투쟁(힘)을 통한 잉여 생산물(재물)의 평등 분배를 추구한 것이다.[1] 타락한 인간은 언제나 힘을 추구하기 때문에 인간 사회에서 힘의 대결, 권력투쟁은 결코 종식되지 않는다. 어떤 혁명이든 결국은 힘을 가진 자와 힘이 없는 자라는 또 다른 계급 구조를 낳는다. 힘의 논리가 지배하는 타락한 인간 사회에서는 온전한 평등이 실현되지 못할 것이다.

진정한 이상 사회, 즉 하나님 나라는 세상적 문화 원리로 이루어지 않는다. 예수께서 왜 가장 힘이 없는 십자가의 방식을 취하셨는가? 왜 열두 영(營) 되는 천사를 동원해서(마 26:53) 힘으로 제압하지 않으셨는가? 하나님

---

[1] 타락한 이 세상의 원리는 힘과 물질이다. 인간은 대체로 권력과 재물을 확보하기 위해 갈등하고 분쟁한다. 반면에 하나님 나라의 원리는 이 세상과 반대로 비폭력적, 비권력적이며 무소유를 지향한다. 공산주의는 무소유와 비폭력이라는 하나님 나라의 원리 가운데 무소유에만 집착했다. 개인적 무소유(공동 소유) 사회를 이루기 위해 이 세상 원리인 힘(폭력)을 사용하고 프롤레타리아 독재라는 형태로 권력을 독점하고자 했다. 토머스 모어(Tomas More, 1478-1535)가 「유토피아」(Utopia)에 언급한 것처럼 이상향은 공동 소유와 전쟁이 없는 자유와 평등의 사회다. 유토피아는 힘과 물질이라는 이 세상 원리가 지배하지 못하는 곳이다. 여기에는 일면의 진리가 있다. 많은 종교에서 높은 영적 경지는 권력에 대한 무집착과 무소유로 표현된다. 이 세상 사람들은 힘과 물질의 원리에 지배받고 살아가지만, 이로부터 자유로운 경지에서 살아가는 사람을 존경한다. 그렇기 때문에 종교인이 권력과 재물에 집착할 때 더욱 심한 비난을 받는 것이다. 포이어바흐(Ludwig Feuerbach), 마르크스, 니체 등은 이 세상과 전혀 구별되지 않는 종교인에게서 위선을 보고 종교 자체에 부정적인 견해를 갖게 되었다.

나라, 즉 천국 문화를 추구하기 위해 이 세상 나라와 이 세상 문화의 원리를 취할 수는 없기 때문이다. 예수께서는 "검을 가지는 자는 다 검으로 망[한다]"(마 26:52)고 말씀하신다. 그리고 "하나님과 재물을 겸하여 섬기지 못[한다]"(마 6:24)고 말씀하신다.

이슬람 원리주의의 실험도 그다지 성공적이지 않음을 역사가 말해 주고 있다. 이슬람 원리주의는 율법 체계로서 샤리아를 국법으로, 이슬람 공동체로서 움마를 국가와 동일시하는 신학 노선이자 종교 운동이다. 이러한 이슬람 원리주의를 극단적으로 과격하게 실시한 집단이 아프가니스탄의 탈레반이다. 그러나 탈레반 치하에서 아프가니스탄의 인권 상황은 더욱 비참해졌고 여성 인권은 더욱 심각하게 유린당했다. 예를 들어 샤리아 법에 따라 여자 의사들을 포함한 모든 직장 여성을 집으로 돌려보냈다. 샤리아 법에 따르면 남성과 여성은 접촉해서는 안 되기 때문에 여자 의사만 있으면 살릴 수 있는 많은 여성 환자가 치료를 받지 못한 채 죽어갔다. 또 여성이 외출하려면 가족이나 친지 중에 남성이 같이 가야 하는데 내전으로 남편과 아들을 잃고 친지마저 없는 과부는 외출할 수 없기 때문에 장을 보지 못해 굶주려야 했다.

물론 이것은 이슬람 원리주의의 극단적인 면이기 때문에 이슬람 원리주의를 전부 말해 준다고 볼 수는 없다. 그러나 정교일치(政敎一致)를 추구하는 이슬람 원리주의는 율법주의가 가지고 있는 경직성으로 말미암아 결국 실패할 수밖에 없다. 뿐만 아니라 종교적 율법의 통제에 의한 이상적인 공동체 실현이라는 이념적 목표는 인간성에 대한 낙관을 전제로 하는데 그것은 실재와 부합하지 않는다. 인간성이 낙관적이라는 전제는 사실에 기초한 것이 아니기 때문이다.

세속주의에 기초한 서구 민주주의의 기본 원칙이 주권재민(主權在民)이라면 신정(神政)정치에서는 주권이 신에게 있다. 그러나 주권재신(主權在神) 이념을 단순히 신앙의 고백을 넘어 구체적인 정치 현실에 적용하려면 신의 주권을 대행할 대리자, 즉 '칼리파'(khalifa)가 있어야 한다. 문제는 어떻게 오류 없는 칼리파, 지혜와 도덕을 모두 갖춘 종교-정치 지도자를 확보할 수 있느냐다.

타락한 인간의 문화와 사회에서 신정정치는 이상일 뿐이다. 종교적 공동체로서 그나마 순수성을 유지하는 초기에는 '슈라'(shura)와 같은 협의체에서 몇 차례 정교일치적 지도자로 칼리파를 선출한다고 해도 정치권력이 연관되어 있는 한 결국 세습제로 갈 수밖에 없다. 타락한 인간은 힘과 재물을 추구하기 마련인데 이러한 기득권을 유지하는 방법 가운데 세습이 가장 안전하기 때문이다. 실제로 우마위야 조(朝)에 와서 칼리파가 세습되기 시작했다. 그러나 세습으로는 종교적 이념을 구현할 정치 지도자를 매번 확보하기가 쉽지 않다. 따라서 칼리파제는 정치 지도자로서 군주제의 성격을 띠게 되었다. 그런데 이슬람 제국 중심에서 벗어난 변방 지역에서 정치적 유력자가 나타나자 이를 '술탄'(sultan)으로 인정하면서 칼리파는 정치 권력자의 지위를 점점 상실하고 종교 권력자의 권위만 갖거나 유명무실해졌다.

이처럼 종교적 권력과 정치적 권력은 분리될 수밖에 없다. 이슬람은 정치 권력자인 술탄과 종교 권력자인 칼리파로 분리되었다. 두 권력이 분리되면 늘 긴장 관계가 존재한다. 물론 신정정치 이념이 여전히 대중에게 호소력을 가지고 있을 때에는 적어도 명목상으로 종교적 권력이 정치적 권력을 압도할 수 있다.[2] 그래서 정치 권력자는 종종 종교 권력자와 결탁하거나 외형적으로 종교 권력자에게 권력의 정통성을 인정받아야 한다. 이런 적절한 타협을 통해 명목적으로 신정정치를 표방할 수도 있지만 실제로는 거의 종교적 이념을 제대로 구현할 수 없다. 결국 오스만 제국 시절인 16세기 초에 술탄이 칼리파를 겸하다가 오스만 제국이 해체된 뒤 칼리파 제도를 폐지하였다(김정위, 1993, 18-138).

유교의 실험도 그다지 성공적이지 못했다. 사실 유교 문제도 이슬람 문제와 다르지 않다. 유교도 예법 체계에 따른 일종의 신정정치다. 천(天)의 명(命)을 받은 사람은 천의 대리자로서 천의 아들, 즉 천자(天子)로 불리고, 천의 뜻을 받들어 다스려야 한다. 천의 뜻을 대행하는 통치자는 사리사욕(私利私慾)이 없는 거룩한 사람일 뿐 아니라 사물의 이치를 꿰뚫어 통찰할 수 있는 지혜로운 사람이어야 한다. 문제는 이러한 성왕과 철왕을 어떻게 확보할 수 있느냐다. 중국에서도 요(堯), 순(舜), 우(禹)까지는 선양(禪讓)되었지만 그 후로는 세습제가 자리 잡는다. 세습제에서는 아무리 왕위 계승자를 잘 교육시켜도 성왕과 철왕을 확보하기가 쉽지 않다. 따라서 유교 전문가들은 대부분 유교 이념이 동아시아 지역에서 제대로 실현된 적이 없다는 사실에 동의한다. 조선 왕조도 오백 년 동안 유교를 국가 이데올로기로 내걸었지만 어떤 의미에서 조선은 법치 국가였으며 예치, 덕치라는 유교적 이념은 제대로 실현되지 못하고 단지 이념적으로만 남아 있었다.

위에서 언급한 공산주의, 이슬람 원리주의, 유교는 일종의 이상주의다. 이상주의라고 표현한 것은 이 세계관들이 현실에 기반을 두고 있지 않다는 뜻이다. 즉 인간성의 실재는 낙관적이지 않은데도 낙관적이라고 전제했기 때문에 실패할 수밖에 없었다. 진리에 능력이 있는 이유는 매우 단순하다. 진리는 실재, 사실에 기초하기 때문이다. 그러나 주장하는 바가 아무리 그

---

2. 정치적 권력과 종교적 권력의 긴장은 힌두교에서 브라만과 크샤트리아 계급의 갈등으로 나타나기도 한다. 중세 유럽에서도 교황권은 세속 군주의 권력과 종종 긴장 관계에 있었으며, 이슬람에서도 술탄과 칼리파 사이에 긴장이 나타난다.

럴듯하고 이상적으로 보인다 할지라도 그것이 실재, 곧 사실에 근거하지 않으면 결국 실패할 수밖에 없다. 그러므로 진리 여부는 열매가 말해 준다(마 7:16-20). 진리, 곧 하나님 나라는 말에 있지 않고 능력으로 입증된다(고전 4:20). 실재와 부합하는 진리주장만이 능력과 결과로 입증된다.

성경도 이상 사회 또는 이상 왕국을 풍부하게 언급한다. 성경을 꿰뚫는 중심 주제 가운데 하나가 바로 '하나님 나라'다. 하나님 나라는 이상적인 통치가 구현되는 곳이다. 에덴은 인간이 타락하기 전에 살았던 이상 사회다. 그리고 천년왕국(千年王國) 사상이 있다. 또 에덴을 회복한 새 하늘, 새 땅, 새 예루살렘 성이 있다. 그러나 성경은 인간의 노력, 어떤 인본주의적인 시도도 이상 사회를 회복하지 못할 것임을 매우 함축적으로 언급한다. 성경은 하나님이 인간을 에덴동산에서 내보내시고 그룹들과 두루 도는 화염검을 두어 생명나무로 가는 길을 지키게 하셨다고(창 3:23-24) 지적한다. 하나님이 인간을 에덴동산에서 내보내셨다면 인간 스스로의 힘으로는 돌아올 수 없다. 하나님이 생명나무를 막으셨다면 인간이 스스로 취할 수 있는 길은 없다. 예수 그리스도께서 재림하실 때, 즉 신적, 종말론적 개입으로 에덴은 새 하늘, 새 땅, 새 예루살렘 성으로 발전적으로 회복되고 생명나무로 가는 길이 열릴 것이다.

6

자연

궁극자, 인간, 자연의 삼자 관계는 세계관 유형과 어떤 관련이 있는가?

자연에 대한 관점도 세계관에 따라 매우 다르다. 특히 궁극자, 인간, 자연의 삼자 관계는 세계관의 유형을 결정짓는 핵심적 요소다. 우선 기독교 세계관은 하나님과 인간, 자연의 삼자 관계를 수직적으로 이해한다. 하나님은 인간에게 자연계를 '다스리도록' 관리권을 주셨다(창 1:28). 여기서 '다스림'은 위임된 통치권이며, 주권이 아니라 관리권이다. 기독교 세계관은 창조주와 피조물의 이분법을 사용한다. 창조주와 피조물은 분명하게 구별되어 있고 불연속적이다. 인간은 피조세계에 속하며, 따라서 자연의 일부분인 측면이 있다. 인간의 몸은 자연계 법칙에 수동적으로 종속되어 있기 때문에 먹지 않고도 살 수 있거나 절벽에서 뛰어내려도 다치지 않을 수 있는 자유가 없다. 그러나 동시에 인간에게는 능동적인 자유의지가 있어서 오늘 저녁에 무엇을 먹을지 결정할 수는 있다(Bavinck, 1990, 78-85).

하나님은 인간에게 자유의지를 주서서 피조물을 관리할 수 있는 권한을 주셨다. 또한 하나님은 인간에게 특별히 사물에 대한 통찰력과, 다스리는 자로서 이름을 지을 수 있는 권위를 주셨다(창 2:19-20). 인간과 자연은 동일한 피조물이지만 전적으로 대등한 관계는 아니다. 하나님의 창조질서에 따라 자연은 인간의 권위 아래 유기적으로 종속되어 있기 때문에 인간이 타락했을 때 자연계도 저주를 받고(창 3:17), 인간 존재가 전락했을 때 자연계의 피조물도 전락을 경험한 것이다. 그러므로 피조물은 하나님의 아들들이 나타나는 것을 고대하고, 썩어짐의 허무한 것에 굴복하며 탄식하고 있다(롬 8:19-22).

범신론적 세계관에서는 주로 궁극자, 인간, 자연의 삼자를 수평적 관계로 이해한다. 한국이나 중국에서는 이 삼자를 천(天), 지(地), 인(人)이라고 부른다. 고대 중국, 즉 은대(殷代)의 최고신인 상제(上帝) 또는 제(帝)와, 주대(周代)의 천(天)은 초월적이고 인격적인 유일신에 가까운 개념이다. 고대 중국인은 이러한 인격적이고 초월적인 유일신을 신앙했다. '天'(천)이라는 글자는 '大'(대)자 위에 '一'(일)자가 더해진 것으로서 초월적인 유일신의 성격을 잘 말해 준다. 그런데 점점 후대로 내려가 전국시대(戰國時代)에 가까워질수록 인격적인 신으로서 천의 개념은 원리로서의 천, 나아가서 물리적인 하늘로서의 천이라는 의미가 더욱 강해진다. 자연(地)을 벗어난 초월적이고 인격적인 신이 따로 존재하는 것이 아니라 자연 자체가 곧 가장 궁극적인 실재로 이해되면서 '천지'(天地)는 우주를 나타내는 개념으로 사용된 것이다. 그리고 인간은 자연의 일부분으로서 대자연과 조화하는 삶을 살아야 하며 대우주에 대한 소우주로서 우주와 합일(合一)하는 삶을 지향하는 것을 이상으로 생각했다. 우주와의 합일을 통해 인간은 우주의 가장 궁극자가 된다고 생각했는데, 이러한 우주와의 합일을 '천인합일'(天人合

一)이라고 불렀다. 다른 말로 표현하자면 '신인합일' (神人合一)인 것이다.

도표 10. 기독교와 범신론에 나타나는 삼자 관계

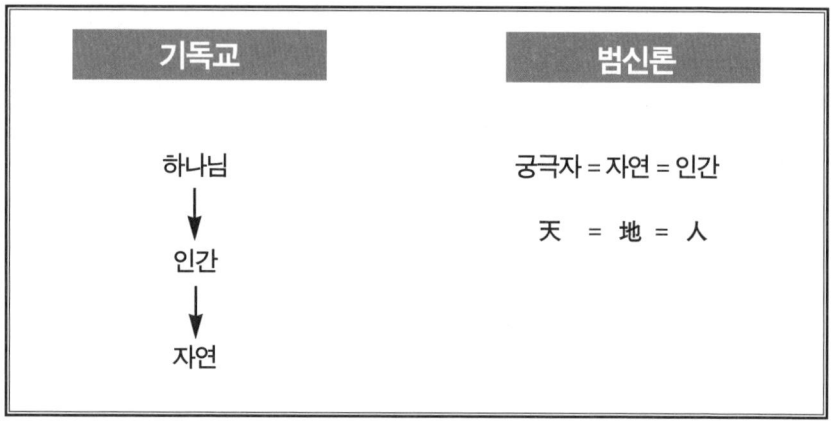

자연은 어떻게 세속화되었는가?

자연과 관련된 또 다른 문제는 자연의 세속화다. 오늘날 이른바 근대 교육을 받은 사람 가운데에는 의식적 또는 무의식적으로 세속주의 세계관을 가진 사람이 많다. 심지어 그리스도인조차도 의식하지 못하는 가운데 이신론(理神論, deism)적 세계관을 가지고 있는 것을 볼 수 있다. 그러면 이신론과 세속주의가 어떻게 발생했는지 그 배경을 간략히 살펴보자.

　서양에서는 전통적으로 세계를 '초자연'과 '자연'이라는 이원론적 범주 개념으로 구분하는 헬라적 세계관이 지배적이었다. 플라톤(Platon)과 아리스토텔레스(Aristoteles)의 철학을 기독교 신학의 틀로 사용하면서 이러한 이원론이 기독교 신학 안으로 그대로 들어왔다. 그 결과 특별계시와 일반계시 또는 자연계시, 그리고 특별은총과 일반은총과 같은 신학적 범주개념이 생겨났다. 그러나 기독교 세계관은 기본적으로 일원론적이다. 하나님은

궁극적으로 초자연과 자연의 만유(萬有)를 통일하고 총괄하는 초월적이며 내재적인 근원자이기 때문에(엡 4:6) 초자연과 자연의 이원론적 분리 양상은 두드러지지 않았다. 비록 헬라적 범주개념이 기독교 신학 안에 들어왔지만 중세시대까지만 해도 서구인에게는 창조주와 피조물로 구분하는 히브리적 관념이 더욱 지배적이었다.

그런데 16-17세기 과학혁명과 함께 이러한 분위기가 점점 변하기 시작했다. 뉴턴(Newton)과 데카르트(Descartes)를 쌍두마차로 하는 이른바 근대적 사고방식이 등장한 것이다. 뉴턴과 데카르트 이후, 17-18세기 계몽주의 시대에는 이신론적 사고방식이 철학계와 과학계를 거의 지배하다시피 했다. 이신론적 세계관에 따르면 초월적 또는 초자연적 세계에 속한 신이 자연을 합리적이고 안정된 법칙에 따라 마치 시계처럼 기계적으로 움직이도록 만들었다. 그래서 신은 더 이상 자연에 간섭하지 않고 초연하게 물러앉아 있다. 자연은 초자연에서 독립되어 있으며, 독자적이고 폐쇄적인 체계를 가지고 있어서 초자연의 어떤 개입이나 간섭도 없다는 것이다. 오늘날 대부분의 자연과학자들도 이러한 전제를 의식적 또는 무의식적으로 받아들이는데, 이것을 '방법론적 무신론'이라고 한다.

과학혁명이 18-19세기 산업혁명으로 이어지고 근대화가 가속되면서 이른바 '세속화'(secularization) 문제가 발생하기 시작했다. 이분법에 따라 초자연은 종교 영역으로서 주관적이고 사적(私的)인 가치의 영역으로, 자연은 과학 영역으로서 객관적이고 공적(公的)인 사실의 영역으로 간주되었다. 종교사회학적 의미에서 세속화의 두드러진 특징은 공적인 영역에서 사적인 것을 몰아낸다는 것이다. 즉 정부나 공공(公共) 교육기관과 같은 공적인 영역에서 사적 신념인 종교의 영향력을 제거하는 것을 세속화라고 한다. 그래서 세속화는 흔히 국가와 교회의 분리, 정치와 종교의 분리로 정의

된다. 사실 16세기 종교개혁 시대만 해도 칼뱅은 종교개혁 원리를 제네바 시의 정치에 적용했다. 그러나 미국도 1960년대 케네디(J. F. Kennedy) 대통령 시대 이후 공립학교에서 성경읽기나 주기도문, 십계명과 같은 것을 금지하는 등 세속화가 가속화되었다. 이슬람에서는 이집트나 터키와 같이 국가와 종교의 분리 정책을 채택하여 샤리아 법을 국법으로 채택하지 않고 국가와 움마를 동일시하지 않는 것을 세속주의 이슬람이라고 부른다.

도표11. 초자연과 자연, 이신론, 세속화

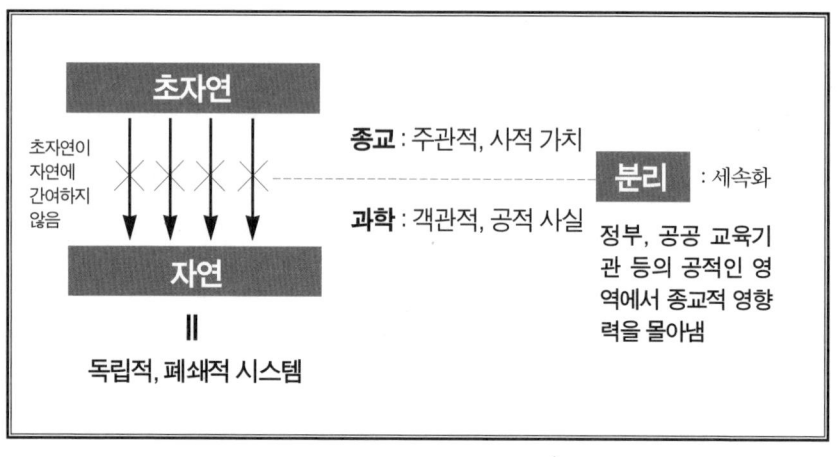

세속주의는 기본적으로 정부나 공공 교육기관과 같은 공적인 영역에서 종교적 영향력을 배제해야 한다는 이념이다. 그러나 좀 더 넓은 의미에서 세속주의는 인간의 활동이나 결정, 세계에 대한 이해에서 종교적 신념이나 초자연적 원인을 고려하기보다는 과학적 경험과 증거, 합리성 등에 기초를 둔 세계관이다. 세계관을 스펙트럼으로 본다면 직선의 왼쪽 끝에는 정령숭배(animism)를, 오른쪽 끝에는 세속주의(secularism)를 둘 수 있다. 애니미즘 세계관은 자연이나 인간에게 일어나는 모든 일을 초자연의 소행으로 간주한다. 예컨대 감기에 걸려도, 길을 가다가 돌부리에 걸려 넘어져도 초자연적 영(靈) 때문이라고 생각한다. 정반대로 세속주의는 모든 것을 자연으로 이해한다. "요즘 세상에 귀신이 어디 있나?"라든지, "죽으면 있긴 뭐가 있어! 다 끝이지!" 등과 같은 통상적인 말이 오늘날 세속주의 세계관을 단적으로 보여준다.

도표 12. 정령숭배, 세속주의, 기독교의 스펙트럼

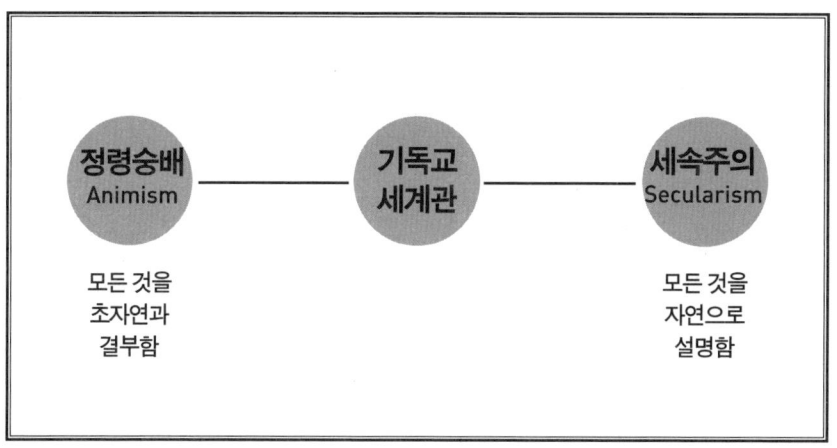

기독교 세계관은 이 양극단의 중간쯤에 위치한다. 기독교 세계관은 중용적이다. 물론 산술적 중간이라는 뜻은 아니다. 기독교 세계관은 모든 것을 자연이나 초자연 한 쪽으로만 보지 않는다. 모든 질병이 귀신 들려서 생긴 것은 아니다. 창조 원리, 자연 질서를 어기면 질병에 걸릴 수 있다. 며칠 동안 잠을 자지 않으면 병에 걸릴 것이다. 그것은 귀신이 들려서 병에 걸린 것이 아니라 자연의 원리를 어겼기 때문이다. 절벽에서 뛰어내리면 다리가

부러질 것이다. 그것은 귀신이 들려서가 아니라 자연의 원리를 거슬렀기 때문이다. 성경을 보면 예수께서도 귀신을 쫓아내셔서 치유하시기도 했지만(마 9:32-33, 12:22, 막 9:25, 눅 13:11), 축사(逐邪) 없이 그냥 치유하시기도 했다(마 8:13, 8:14-15, 요 9:6-7).

그리스도인 가운데 애니미즘이나 샤머니즘의 문화 토양에서 성장한 사람은 여전히 모든 질병을 귀신의 소행으로 보기도 한다. 또 어떤 그리스도인은 이른바 근대 교육을 통해서 들어온 헬라적 관념에 무의식적으로 영향을 받아 초자연과 자연으로 나누는 이원론을 수용한다. 예를 들면, 기도는 초자연적 방식이고 약을 먹는 것은 자연적 방식이기 때문에 기도를 통해서 낫거나 약을 먹고 낫거나 둘 중 하나만 해야지 두 가지를 동시에 하는 것은 믿음을 가진 사람의 태도가 아니기 때문에 약을 끊어야 한다고 생각한다. 애니미즘에 영향을 받은 그리스도인은 모든 정신적 이상을 '귀신 들림'으로 간주하고, 세속주의에 물든 그리스도인은 모든 정신적 이상을 '정신질환'으로 간주해버린다. 그 결과 정신적으로 이상이 생겼을 때 극단적으로 대처하여 사태를 더욱 악화시킨다. 그러나 기독교 세계관은 귀신 들림과 정신질환을 구분하는 중용적 관점을 취한다.

세속주의 세계관은 이신론과 무신론(atheism)을 포함한다. 초자연이 있지만 자연에 영향을 주지 않는다는 것이 이신론이고, 초자연과 같은 것은 아예 없으며 가시적으로 보이는 자연계, 즉 물질세계만이 궁극적 실재라는 주장이 무신론이다. 어떤 의미에서 이신론은 유신론에서 무신론으로 넘어가는 다리에 지나지 않는다. 이신론과 무신론은 둘 다 '자연의 세속화'와 목적론적 세계관의 붕괴를 낳았다. 초자연과 자연의 연결고리는 끊어지고, 그 결과 자연은 초자연에 의해 부과된 목적성을 상실하고 우연히 존재하는 무엇이 되어버렸다. 자연이 존재하는 궁극적 목적보다는 자연 현상에서 원인과 결과의 인과율을 찾는 것이 주된 관심이 되어버렸다. 자연의 연장선상에서 자연의 일부일 뿐인 인간 존재도 목적성을 상실한 우연한 존재가 되어버렸다. 이것이 오늘날 세속주의가 점증하는 현대 사회에서 사람들이 경험하는 허무주의의 기원이며 본질이다. 인간이 우연적인 존재라면 인간이 만들어내는 역사 또한 형이상학적 목적성을 가질 수 없다. 신은 자연뿐 아니라 인간 역사에도 간여하지 않는다고 여긴다. 신이 역사의 배후에서 섭리하는 것이 아니기 때문에 당연히 인간을 역사의 주체로 강조한다. 자연과 마찬가지로 역사에서 법칙을 찾아내려고 시도하고, 그 결과 여러 가지 역사 철학이 나타나게 되었다.

기독교 세계관에서는 자연을 어떻게 보는가?

그렇다면 과연 자연은 자동으로 기계적으로 운행되는가? 이를테면 태양은 자동으로 뜨는가? 그렇지 않으면 수동으로 뜨는가? 이른바 근대 교육을 받은 많은 사람, 심지어 그리스도인조차도 무심코 이신론적 세계관의 영향을 받아서 태양이 자동으로 뜬다고 생각한다. 그렇다면 성경적 관점은 무엇인가? 성경은 태양이 수동으로 뜬다고 본다. 초월적이고 인격적인 하나님이 신적 권능으로 만물을 매순간 붙들고 계신다. 자연은 늘 신적 권능에 붙들려 유지된다. 물론 하나님은 자연법칙을 만드셨다. 그러나 자연법칙은 하나님의 권능을 떠나 독립적으로 자동으로 행사되는 것이 아니다. 그것을 어떻게 아는가? 성경에는 태양이 멈추거나 뒤로 물러선 사건이 기록되어 있다. 한 번은 여호수아가 아모리족을 칠 때고(수 10:12-13), 또 한 번은 히스기야 왕 때다(왕하 20:9-11). 만일 자연이 기계적이고 자동적이라면 이 사건은 우주라는 기계가 고장 났다는 뜻이다. 그러나 성경 어디에서도 하나님이 우주를 재창조했다거나 고치셨다는 기록은 나오지 않는다.

기독교 세계관의 특징은 인격적인 신이 자연법칙이든 도덕법칙이든 법칙 위에 있어서 인격적으로 법칙을 운용한다는 것이다. 일반적으로 하나님은 그분이 제정하신 법칙에 따라 만물을 운행하신다. 이것이 자연법칙이다. 그러나 때로는 이러한 법칙을 벗어난 방식으로 만물을 다루신다. 이것이 바로 기적이다. 그렇다면 하나님이 기계적인 방식이 아니라 인격적인 방식으로 매순간 만물을 붙들고 운행하실 것이라면 그때그때 알아서 하시지 왜 자연법칙을 만드신 걸까? 하나님은 창조주시다. 혼돈에 질서를 부여하셔서 세상을 창조하셨다. 만일 하나님이 자연법칙을 만들지 않고 매시간 임의적으로 자연을 운행하신다고 가정해 보라! 어떤 일이 일어나겠는가! 오늘은 동쪽에서 태양이 떴지만 내일은 남쪽에서 뜰 수도 있고 모레는 북쪽에서 뜰 수도 있다. 얼마나 혼란스럽겠는가! 피조물은 아무것도 예측하지 못하고, 어떤 안정도 찾지 못할 것이다.

사실 자연법칙은 하나님이 아니라 피조세계에 필요하기 때문에 존재한다. 그러므로 성경은 "주의 인자하심이 하늘에 있고 주의 성실하심이 공중에 사무쳤[다]"(시 36:5)고 말한다. 도대체 시편 기자는 하늘에서 무엇을 본 것일까? 자연법칙을 보았을 것이다. 시편 기자는 자연법칙이 존재한다는 자체가 피조세계를 향한 하나님의 인자하심의 발로라고 본 것이다. 그렇다 할지라도 우주는 자연법칙을 따라 저절로 돌아가는 것이 아니며, 매순간 어제나 오늘이나 동일하시고(시 102:27, 히 13:8), 변개치 아니하시며(삼상 15:29), 졸지도 아니하고 주무시지도 아니하시는(시 121:4) 하나님의 권능의 손길에 성실하게 붙들린다고 보았다. 자연에는 하나님의 인자하심과 성실하심이 배어 있다.

성경은 하나님의 능력과 신성이 만물에 나타난다고 말한다(롬 1:20). 자연은 힌두교의 아드바이타 베단타 학파에서 말하는 것처럼 마야(maya), 즉 환상과 같은 것이 아니며 실존하는 물리적 세계다. 자연은 하나님의 성품과 속성을 반영하기 때문에 종종 우리는 자연에서 하나님을 느낄 수 있다. 그런데 타락으로 말미암아 제한되고 왜곡된 인식 능력을 가진 인간은 자연에 반영되어 나타나는 하나님의 신성과 능력에 압도될 때 하나님의 위대하심을 보는 것이 아니라, 어리석게도 자연을 곧바로 신으로 숭배해버린다.

자연을 지배하는 원리는 무엇인가?

자연에 대해서 생각해 보아야 할 또 한 가지 중요한 주제는 자연을 지배하는 원리가 무엇인가다. 당신은 자연계를 지배하는 가장 기본적인 원리가 무엇이라고 생각하는가? 힘, 약육강식, 강자생존(强者生存)이다. 동물의 세계만 그러한 것이 아니라 인간의 세계도 마찬가지다. 이런 면에서 진화론자가 주장하는 것이 모두 잘못된 것은 아니다. 거기에는 부분적인 진리가 있다. 그러나 진화론자가 알지 못하는 부분이 있다. 그들은 퍼즐 조각 가운데 일부만 가지고 있을 뿐이다. 진화론자는 인간이 타락하기 이전, 그리고 예수 그리스도의 재림 이후 자연계의 기본 원리가 지금의 자연계와 다르다는 것을 알지 못한다.

도표 13. 진화론과 자연계의 원리

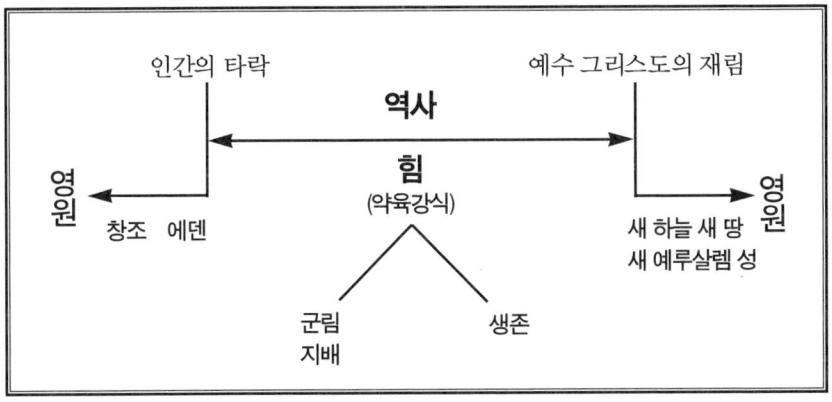

성경은 인간의 타락이 자연계의 전락을 불러왔다고 지적한다. 자연에 대한 관리권자인 인간이 타락했을 때 인간의 권위 아래 위임된 자연도 전락을 경험해야 했다. 권위자의 전락은 그의 권위 아래 있는 존재의 전락과 고통을 가져온다. 예를 들어 만일 어떤 사람이 원래 훌륭한 가장(家長)이었는데 사업이 망해 폐인이 되었다고 가정해 보자. 그가 가족의 생계는 책임지지 않고 매일 술을 먹고 집에 들어와서 행패나 부린다고 생각해 보라. 그의 권위와 보호 아래 있는 가족의 신세는 그로 말미암아 전락하고 고통 가운데 살아갈 수밖에 없을 것이다.

성경 여러 곳에서 자연계가 전락한 근거를 볼 수 있다. 먼저 창세기는 땅이 인간으로 말미암아 저주를 받고 가시덤불과 엉겅퀴를 내게 되었다고(창 3:17-18) 말한다. 그리고 로마서는 피조물이 허무한 것에 굴복하여 썩어짐의 종노릇 하면서 탄식과 고통 가운데 하나님의 아들들이 나타나는 것을 고대하고 있다고(롬 8:19-22) 말한다. 이사야는 새 하늘과 새 땅, 새 예루살렘 성에서 회복된 자연계를 그리고 있다. 그곳은 이리와 어린 양이 함께 먹고, 사자가 풀을 뜯으며, 어린아이가 독사 굴에 손을 넣어도 물리지 않는 곳이다. 약육강식이 없기 때문에 해됨도 상함도 없는 곳이다(사 11:6-9, 사 65:17-25). 구원은 곧 회복이라고 할 때 자연계의 회복도 구원의 내용 안에 들어 있다.[1]

원래 하나님이 의도하신 질서는 힘의 원리에 따른 굴복(屈服)이 아니라 영적 원리에 따른 순복(順服)이다. 인간은 하나님의 영적 권위에, 자연계의 피조물은 인간의 영적 권위에 복종하게 되어 있었다. 인간의 타락은 하나님의 영적 권위에 대한 도전이었고, 그 결과 자연계의 피조물도 인간의 영적 권위에 도전하게 되었다. 힘의 원리가 타락한 세상을 지배하게 된 것이다.

당신은 동물을 조련하는 모습을 텔레비전에서나 직접 동물원에 가서 본

일이 있는가? 미물(微物)부터 맹수에 이르기까지 조련되는 것을 보았을 것이다. 언젠가 텔레비전에서 악어를 마치 아들처럼 데리고 사는 태국 남자를 본 적이 있다. 침대에서 같이 자고, 악어에게 심부름도 시킨다. 이 악어가 사람을 얼마나 잘 따르는지 모른다. 그런데 잘 살펴보면 동물 조련에는 한 가지 중요한 조건이 있음을 알 수 있다. 야생에서 잡아온 다 자란 동물은 조련할 수 없다는 것이다. 새끼일 때부터 사람이 데려다 길러서 인간의 보살핌과 사랑을 받으며 성장해야 다 자란 후에도 인간의 권위에 복종한다.

영적 원리로 보았을 때 사랑과 권위, 다스림 사이에는 깊은 상관관계가 있다. 인간은 사랑을 받을 때 영적 권위에 복종하고 올바로 다스림을 받는다. 그리고 올바로 다스림을 받을 때 원래 하나님이 창조하신 본래 계획대로의 성품과 자질을 드러낼 수 있다. 이 원리는 비단 인간뿐 아니라 다른 피조물에게도 적용된다.

---

1. 과거에 자연계가 전락하였고, 또 미래에 자연계 질서가 변화할 것에 대해 여러 종교에서 그 흔적을 발견할 수 있다. 이런 흔적은 순환론적 우주론 형태로 와전되고 변형되어 나타나기도 한다. 바벨론이나 인도, 중국 등에서는 세계년(世界年), 신년(神年)의 개념 아래 우주 질서의 주기적 변환을 언급한다. 불교에서는 성주괴공(成住壞空) 단계로 우주가 순환한다고 믿는다. 유교에는 선천(先天), 후천(後天) 개념이 있는데, 증산교는 이런 개념과 소강절(邵康節)이 제시한 129,000년의 우주 주기설을 받아들여서 개벽사상을 제시하기도 한다. 노자(老子)는 반문화주의적 자연주의를 주장하는데, '실도'(失道)한 이후에 번잡한 인간 문화가 생겨났다는 것이다. 노자는 인간의 타락사건과 이로 말미암은 타락한 문화의 부조리를 간파했고, 따라서 무위자연(無爲自然)을 주장했다. 루소(Jean-Jacques Rousseau, 1712-1778)도 힘과 물질이 지배하는 타락한 인간 사회의 부조리를 간파하고 "자연으로 돌아가라"고 외치며 자연주의를 주장했다. 그러나 노자와 루소는 부조리한 인간 사회와 문화가 전락한 자연계 원리를 그대로 반영하고 있다는 사실을 간파하지 못했다. 성경적 관점에서 볼 때 인간의 타락사건과 무관하게 문화는 발생할 수밖에 없다. 노자와 루소는 자연으로의 복귀를 꿈꾸었지만 그것은 실현될 수 없으며, 인간의 노력으로는 타락 이전의 자연계로 회복할 수 없다.

도표 14. 하나님, 인간, 자연의 관계

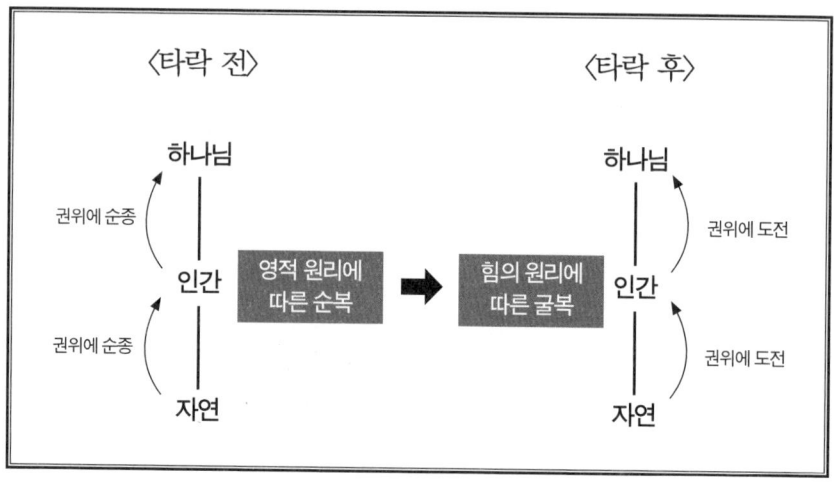

자연 파괴와 환경오염의 문제는 세계관과 어떤 관계가 있는가?

어떤 사람들은 환경 문제를 언급하면서 하나님, 인간, 자연을 수직적 질서로 이해하는 기독교 세계관이 인간에게 자연을 착취하고 남용하는 것을 허용했다고 주장한다. 기독교 안에서도 이른바 생태신학자 가운데에는 하나님을 가부장적이고 유신론적이며 남성적인 신으로 간주하는 기독교의 신관(神觀)이 인간의 공격성을 부추기고 자연 파괴를 정당화하는 기초가 되었다고 주장하는 사람들이 있다. 그러나 이러한 견해는 기독교 세계관에 대한 올바른 이해에 기반을 둔 공정한 주장이 아니다. 기독교 세계관은 하나님, 인간, 자연 삼자를 수직적 질서로 이해하기는 하지만 인간에게 자의적으로 자기 욕심을 채우기 위해 자연을 남용할 수 있는 특권이 있다고 보지는 않는다. 오히려 인간은 관리권자로서 하나님의 영광을 위해서 자연을 잘 보살피고 다스려 자연계에 반영된 하나님의 능력과 신성을 드러내야 하는 사명을 받았다.

사실 자연 파괴와 환경 문제를 불러온 최초 발단은 인간의 타락사건이다. 인간의 타락으로 말미암아 자연계가 전락하고 힘의 원리가 인간계와 자연계를 지배하게 되었다. 그런데 과학 기술 발달로 자연계를 통제하는 방법을 어느 정도 터득하게 되자 인간은 욕심을 채우기 위해 자연을 남용하고 착취하기 시작했다.

환경 문제를 불러온 또 한 가지 요인은 세속주의 세계관의 확산이다. 세속주의는 초자연을 배제한다. 이신론은 초자연의 기능을 배제하고 무신론은 초자연의 존재 자체를 배제한다. 그래서 하나님뿐 아니라 천사, 사탄, 귀신 등 모든 초자연적 존재를 다 배제해버린다. 세속주의는 기독교 세계관의 수직적 질서에서 최상에 위치한 하나님을 제거하지만 수직적 질서는 그대로 유지하여 인간을 그 정점에 놓는다. 그 결과, 인간의 영광과 욕심을 위해서 자연을 마음대로 남용하고 착취하는 것을 막을 수 없게 된 것이다.

천, 지, 인 삼자의 관계를 수평적 질서로 이해하는 범신론적 세계관에서는 환경 문제, 생태계 파괴 문제는 생기지 않을지도 모른다. 그래서 오늘날 환경 운동과 관련된 단체 가운데 범신론적 세계관에 기초한 뉴에이지 단체가 많다. 범신론은 환경 문제를 해결할 유일한 세계관적 대안이 아니다. 오히려 기독교 세계관으로 철저하게 돌아갈 때 환경 문제와 생태계 파괴 문제를 해결할 수 있다.

7 죽음

죽음은 본질적으로 자연적인가? 비자연적인가?

문화와 인종과 상관없이 타락한 인간이 부딪히는 가장 심각한 실존적 상황은 죽음이다. 죽음은 미지의 세계이며 모든 것을 단절시켜버리기 때문에 인간은 죽음을 두려워한다. 그러므로 인간은 죽음의 두려움을 이기기 위해 죽음과 관련된 적절한 설명체계를 요구한다.

우선 세계관은 죽음의 본질을 다룬다. 죽음이 과연 본질적으로 자연적인 것이냐 비자연적인 것이냐는 세계관마다 관점이 다르다. 대부분의 종교는 죽음을 자연적인 것으로 이해한다. 죽음은 자연스러운 것이고 인간은 본질적으로 죽을 수밖에 없는 존재로 여겨진다. 죽음을 비자연적인 것으로 여기는 종교도 있다. 대표적인 종교가 바로 기독교다. 기독교적 관점에서 인간은 원래 죽도록 고안된 존재가 아니다. 죽음은 본래적인 것이 아니라 타락사건의 결과 비본래적으로 이 세상에 들어온 것이다. 따라서 기독교 세계관에서 죽음은 비자연적이기 때문에 언젠가는 극복되고 소멸되어야 한다. 사망은 원수이며(고전 15:26), 삼킨 바 되어야 하며(고전 15:54), 따라서 부활이 요청된다(고전 15:12-25). 죄가 죽음의 문제를 불러왔으므로 죄 문제가 해결되면 영생이 주어진다(요 5:24, 롬 6:23).

성경과 불경에 나오는 이야기는 죽음에 대한 서로 다른 세계관을 극명하게 보여준다. 성경에 보면 예수께서 나인이라는 성에 가셨을 때 독자를 잃어버린 과부와 그 아들의 장례행렬을 만난다. 예수께서는 아들을 살려달라는 요청을 받지 않았는데도 과부를 긍휼히 여기시고 죽은 아들을 다시 살려주신다(눅 7:11-17).

이와 비슷한 배경을 가진 이야기가 불경에도 나온다. 석가모니가 사위(舍衛, Sravasti)성의 기원정사(祇園精舍)에 있을 때 독자를 잃어버린 과부가 찾아와 슬픈 사정을 하소연한다. 이때 석가모니는 말한다. "여인이여! 당신은 이제 곧 나가서 온 마을을 다니며 사람이 죽은 적이 없는 일곱 집을 찾아 각각 쌀을 한 움큼씩 얻어오시오. 그러면 당신이 슬픔에서 벗어날 수 있는 길을 가르쳐주겠소!" 여인은 이 말을 듣자마자 뛰쳐나가서 온 마을을 헤집고 다니며 사람이 한 번도 죽어나간 적이 없는 집을 찾아다녔다. 그러나 날이 저물도록 돌아다녔지만 그런 집을 단 한 곳도 발견할 수 없었다. 여인이 석가모니에게 돌아와서 말한다. "붓다여! 사람이 한 번도 죽어나간 적이 없는 집을 한 곳도 발견하지 못했습니다." 이때부터 설법이 시작된다. "여인이여! 그러므로 사람은 한 번 태어나면 반드시 죽게 되어 있느니라."

석가모니는 매우 지혜로운 철학자가 틀림없다. 그는 죽음에 이르는 인간의 실존적 상황을 깊이 공감하고 나름대로 죽음의 두려움과 슬픔을 이길 수 있는 지혜를 가지고 있었다. 만약 처음부터 독자를 잃은 여인에게 "인간은 다 죽는 법"이라고 말했다면 무슨 위로가 되었겠는가! 여인은 모든 사람이 결국 죽는다는 것을 이론적으로 알고 있지만 온 마을을 헤집고 다니면서 그들의 죽음을 직접 확인할 수 있었고 동병상련(同病相憐)으로 위로받을 수 있었을 것이다. 그 당시에는 사망률도 높고 유아 사망률도 높았기 때문에 여인과 같은 처지에 있는 사람이 많았을 것이다. 여인은 해가 저물도록 돌아다니는 동안 마음을 정리할 수도 있었을 것이다. 비록 날이 저물고 몸은 파김치가 될 정도로 고달팠지만 석가모니의 설법을 받아들일 마음의 준비가 되어 있었다.

  석가모니가 한 방식에 비해 예수님의 방식은 어찌 보면 더 가벼워 보이지 않는가! 왜 독자를 살려내는가? 어차피 또다시 죽을 몸인데 말이다. 더 심각한 문제는 왜 이렇게 좋지 않은 선례를 남겨놓느냐다. 그 뒤로도 독자를 잃어버릴 과부가 또 얼마나 많이 있겠는가? 그때마다 기도하면 다 살려주실 것인가? 도대체 예수께서는 어떤 생각으로 이렇게 가벼이 행동하신 걸까? 캐린 듄(Carrin Dune)은 석가모니와 예수의 가상적 대화를 통해 불교적 관점에서 예수의 방식에 문제를 제기한다(Dune, 1980, 34-50). 그러나 바로 여기에 불교와 기독교의 차이가 있다. 예수는 단순히 철학자가 아니다. 물론 예수께서는 죽음에 이를 수밖에 없는 인간의 실존적 상황을 깊이 동정하고 진심으로 슬퍼하셨다. 죽은 나사로를 살리러 가실 때도 조금 후에 곧 살리실 것이면서도 진심으로 우셨다(요 11:35). 사망에 굴복할 수밖에 없는 타락한 인간의 실존적 상황에 공감하신 것이다. 그러나 예수께서는 단지 죽음의 슬픔을 이길 수 있는 지혜를 말하길 원하시지 않는다. 예수께서는 자기 자신을 철학자로 계시하시지 않는다. 생명의 부여자이자 창조자이심을 계시하신다. 예수의 모든 이적은 그분의 메시아 되심과 관련되어 있다. 기독교의 구원에는 사망의 정복과 부활의 메시지가 있기 때문이다.

죽음을 이기고자 하는 인간의 시도들이 어떻게 나타났는가?

기독교는 죽음을 비자연적인 것으로 여기는 대표적인 종교다. 그러나 여기에 해당하는 또 다른 종교가 있다. 도교는 장생(長生), 불로(不老), 나아가 불사(不死)를 추구한다. 불사의 경지에 이른 사람이 신선(神仙)이다. 그렇다면 도교는 어떻게 죽음을 극복하려고 하는가? 사람은 늙거나 병들어서 죽는다. 도교는 세포의 노쇠화, 신체의 연약함을 죽음의 원인으로 본다. 그렇다면 어떻게 세포의 노쇠화를 막고 신체를 강하게 만들 수 있는가? 처음에는 매우 단순한 시도로 시작되었다. 금을 보니 땅에 파묻혀 있어도 녹슬지 않고 강한 불로 제련해도 색이나 무게가 변하지 않는다. 영원한 것처럼 보인 것이다. 그래서 처음에는 금을 먹으면 몸이 금처럼 되어 영원히 살 수 있다고 생각하였다. 그런데 이 초보적인 방식은 비용만 많이 들 뿐 죽음을 막지는 못했다. 물론 금이 의학적으로 몸에 좋을 수는 있다. 최근 발표된 과학적 연구에 따르면 금에는 염증을 억제하는 효능이 있다고 한다.

전국시대 말에 이르러 어느 정도 진전된 생각이 나타나기 시작한다. 바로 단약(丹藥)이라는 약을 제조해서 복용하면 체내에서 생화학적 변화를 일으켜 몸이 금처럼 영원하고 강해질 것이라는 생각이다. 이 생각은 전한대(前漢代)에 저술된 유안(劉安)의 「회남자」(淮南子)를 거쳐 4세기경인 육조(六朝)시대 갈홍(葛洪)이 쓴 「포박자」(抱朴子)에서 체계화되었다. 단약 중에서 최고의 약을 금단(金丹)으로 여겼다. 단약의 주성분은 영원성을 나타내는 금과 변화성을 나타내는 수은, 그리고 유황이다. 수은은 자연에서 황화수은 형태로 구할 수 있었기 때문에 유황이 들어갔을 것이다(吉田光邦, 1983, 48). 이런 약을 복용하면 어떤 현상이 일어났겠는가? 수많은 사람이 영원히 살려다가 수은 중독으로 비명에 가고 말았다. 역사상 중국 황제 가운데에도 당대(唐代) 황제 6명을 포함하여 적지 않은 수가 수은 중독사했다고 한다(吉田光邦, 62-64, 窪德忠 1990, 234).

이런 부작용 때문에 또 다른 접근법이 생겨났다. 단약을 몸 밖에서 만들어 복용할 것이 아니라 몸속에서 만들자는 것이다. 몸 안에 단약을 만드는 밭이 곧 단전(丹田)이다. 그래서 이 단전에 기를 쌓으면 신선이 되어 불사의 존재가 될 수 있다는 관념이 생겨났다. 한말(漢末) 위백양(魏伯陽)에 오면 단약을 복용하는 것을 외단법(外丹法), 단전호흡법을 내단법(內丹法)이라고 부른다(王治心, 1988, 87-93).

영생불사술은 도교에만 있는 것이 아니다. 힌두교의 탄트라(tantra) 사상에서도 발견된다. 일반적으로 탄트라 사상은 힌두교, 불교, 자이나교 탄트리즘으로 나뉜다. 티베트 불교, 몽골의 라마 불교 등이 불교 탄트리즘이다. 탄트리즘의 원리적 기초는 성적 합일과 종교적 합일, 성적 엑스터시와 종교적 엑스터시는 일맥상통한다는 것이다. 그래서 성을 사용한 종교적 수행이 탄트리즘의 특색이다.

힌두교 사원에는 남신과 여신이 성적으로 결합하는 조상(彫像)이 즐비하다. 이것은 고대 중근동 종교에서 나타나는 전형적인 신앙 패턴을 그대로 보여준다. 즉 하늘에는 남신이 있고 땅에는 여신이 있다. 남신 자리에는 주로 태양신이나 비를 불러오는 폭풍신 등이 있고 여신 자리에는 대지의 신, 즉 지모신(地母神)이 있다. 그래서 하늘에서 빛과 비를 내려주면 땅은 그것을 받아 오곡백과가 풍성해지고 풍요와 다산을 가져온다고 이해한다. 이러한 과정을 신들의 성적 결합으로 이해하는데, 신들의 성적 결합을 자극하고 재현한 것이 신전창녀제도다. 신전에서 여사제가 남자 참배객과 성적 관계를 맺어 신들의 성적 결합을 재현하고자 한 것이다. 그래서 가나안의 바알 신앙은 영적으로는 물론 육적으로도 실제로 음란했다. 이러한 바알 신화는 한편으로 풍요와 다산이라는 현세기복주의로, 다른 한편으로는 성적 합일을 통한 신비주의로 나아갔다. 힌두교도 전형적으로 이러한 패턴을 띤다. 힌두교의 신전창녀제도 때문에 오늘날 인도는 아프리카 못지않게 에이즈(AIDS)가 심각하다. 한국에도 널리 알려진 오쇼 라즈니쉬(Osho Rajneesh)는 현대화된 탄트리즘 전파자라 할 수 있다.

탄트리즘은 인간의 몸이 신의 몸, 즉 불사불멸의 몸, 온갖 초능력이 나타나는 몸으로 완성될 수 있다고 주장한다. 이런 신의 몸을 금강신(金剛身, vajrakaya)이라고 부른다. 금강(金剛)이라는 개념은 산스크리트어 바즈라(vajra)를 번역한 것으로 다이아몬드처럼 강한 것을 뜻한다. 여기서 금강신을 형성하는 데에는 역시 인도의 연금술이 밀접하게 연관되어 있다(Eliade, 1989, 263-272).

인간이 영생할 수 있다는 생각은 오늘날 어떤 식으로 나타나는가? 현대는 과학이 우상화된 시대다. 미래를 낙관하는 과학주의자는 과학의 힘이 언젠가 인류의 모든 문제를 해결할 것이며 질병이나 죽음도 결국 과학의 힘으로 극복할 수 있다고 생각한다. 그들은 고도로 발달한 기계공학과 전자공학, 의학을 결합한 의공학이 연약한 신체의 문제와 세포의 노쇠화 문제를 극복할 수 있으리라고 기대한다. 지금도 초보적인 단계이긴 하지만 의공학으로 장애를 극복할 수 있는 가능성이 점점 커지고 있는 것은 고무적인 사실이다. 그리고 이런 식으로 계속 발전해간다면 머지않아 "육백만 불 사나이"나 "소머즈"가 가능할지도 모른다. 육백만 불 사나이에서 좀 더 발달한 형태가 "로보캅"과 같은 사이보그(cyborg)다. 사이보그는 뇌만 사람의 것이고 신체의 모든 기관을 전자, 기계로 된 바이오닉(bionic) 기관으로 갈아치운 것이다. 로보캅은 기관총을 맞고도 끄떡없다. 그야말로 다이아몬드와 같은 몸, 금강신이라 해도 과언이 아니다. 영화 〈스타워즈〉(Star Wars)에 나오는 주인공 루크 스카이워커(Luke Skywalker)의 아버지이자 악의 왕국 2인자인 다스 베이더(Darth Vader)도 기계로 생명을 유지할 뿐 아니라 강력한 힘을 소유했다. 의공학과 조금 다른 접근은 영화 〈아일랜드〉(The Island)에서처럼 이른바 복제인간을 통해 영생불사를 추구하는 것이다. 복제인간을 만들어놓고 마치 자동차가 타이어를 갈아 끼우듯 장기도 갈아 끼우고 팔다리도 갈아 끼운다면 영생할 수 있다는 것이다.

이처럼 영생불사를 향한 인간의 집념과 갈망은 눈물겨울 정도다. 여기에 도교와 탄트리즘, 로보캅, 복제인간 사이에는 놀라운 유사성이 있다. 도교와 탄트리즘은 신비주의이고 로보캅과 복제인간은 과학인데 무슨 유사성이 있느냐고 반문할지 모른다. 그러나 신비주의와 과학은 정반대가 아니라 원인과 결과, 즉 인과율을 다른 방식으로 추구할 뿐이다. 인과관계를 추구할 때 자연과학적 방법을 따르지 않는 것이 신비주의다. 이러한 시도들은 공통적으로 죽음의 문제를 물질의 문제, 즉 신체의 노쇠화와 신체적 연약함의 문제로 본다. 마치 성경에서 하나님이 금하신 "선악을 알게 하는 나무의 실과"(창 2:17) 안에 사람을 죽이는 독성 물질이 있는데 그것을 해독하면 영원히 살 수 있다는 듯이 죽음의 문제를 해결하려는 것이다. 이런 식으로 시도한 사람들이 죽음을 이기려는 꿈을 꾼 것까지 잘못이라고 할 수는 없다. 죽음은 원래 비자연적인 것이며, 하나님은 인간에게 "영원을 사모하는 마음을 주셨[기]"(전 3:11) 때문이다. 그런 면에서 영생불사에 대한 갈망은 일반계시에 대한 반응이다. 그러나 이러한 인간적 시도들은 절대로 죽음을 극복할 수 없다. 죽음의 원인을 잘못 파악하고, 그에 따라 잘못된 방법으로 영생불사를 추구하기 때문이다.

성경은 죽음의 원인을 무엇이라 하는가?

성경은 죽음의 원인을 세포의 노쇠화나 신체적 연약함으로 보지 않는다.

성경은 죽음의 기원을 매우 명확하게 밝힌다. "한 사람으로 말미암아 죄가 세상에 들어오고 죄로 말미암아 사망이 왔[다]"(롬 5:12)는 것이다. 한 사람의 불순종이 죄와 사망의 원인이다(롬 5:19). 그렇기 때문에 영생하는 방법도 매우 명료하게 드러난다. 바로 죽음이 세상에 들어온 방식을 거슬러 올라가는 것이다. 영생하기 위해서는 회개하고 죄 문제를 해결해야 하며, 죄 문제를 해결하기 위해서는 순종해야 한다. 그렇다면 무엇에 불순종했다는 말인가? 하나님과 최초의 인간이 맺은 언약, 즉 "동산 중앙에 있는 선악을 알게 하는 나무의 실과를 먹으면 정녕 죽으리라"는 '행위언약'을 인간이 일방적으로 깨뜨리고 불순종했기 때문에 언약하신 말씀대로 죽음이 세상에 들어오게 되었다. 그렇다면 무엇에 순종해야 하는가? 또 다른 인류의 대표자인 한 사람의 순종이 칭의(稱義)와 영생의 기초를 놓았다(롬 5:19). '새 언약', 즉 '은혜언약'에 서명하고 그 말씀에 순종하면 영생을 얻는다. "모세가 광야에서 뱀을 든 것같이 인자도 들려야 하리니 이는 저를 믿는 자마다 영생을 얻게 하려 하심이라"(요 3:14-15)라는 새로운 언약을 수용하고 이 말씀에 순종해야 한다.

도표 15. 죽음의 원인과 영생의 방법

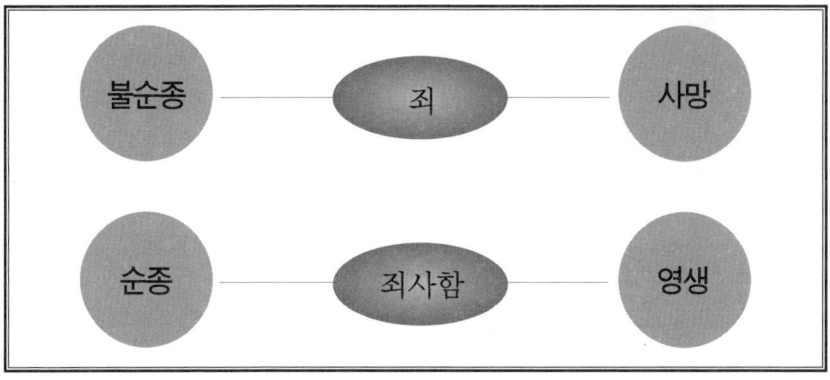

언젠가 텔레비전에서 노화와 죽음을 과학적으로 다룬 건강 관련 프로그램을 방영한 적이 있다. 체세포의 염색체 양끝에 있는 텔로미어(telomere, 말단 소립)가 세포분열 때마다 조금씩 닳아서 어느 정도까지 짧아지면 더 이상 세포분열을 하지 않고 노화가 일어나기 시작하여 결국 죽음에 이른다는 것이다. 이러한 가설은 과학적으로 사실일 수도 있다. 그러나 이러한 가설은 인간이 죽음에 이르는 과정적 원인을 설명한 것이지 궁극적 원인을 설명한 것은 아니다. 다시 말하자면 언제, 왜, 어떻게 인간의 체세포 유전자에 이러한 문제가 생겼는지에 대해서는 아무것도 말해 주지 못한다. 그러나 성경은 인간이 타락사건 때문에 생령(生靈)에서(창 2:7) 흙으로 돌아가는(창 3:19) 존재, 즉 죽음에 이르는 존재로 전락했다고 말한다. 여기에는 생물학적 차원의 전락도 수반되었을 수 있다. 또 성경은 예수께서 천사장의 나팔소리와 함께 강림하실 때(살전 4:16) 마지막 나팔에 우리 몸이 영광스러운 몸, 부활의 몸, 신령한 몸, 썩지 아니할 몸으로 바뀔 것(고전 15:42-52)이라고 말한다. 이러한 몸은 아마도 생물학적 차원에서 어떤 변화가 뒤따를지도 모른다. 그러므로 체세포나 유전자 개념으로는 죽음의 궁극적 원인을 해명하지 못한다.

죽음 다음에는 어떻게 되는가?

죽음과 관련된 또 다른 문제는 죽음 이후에 관한 것이다. 인간에게 죽음은 큰 두려움으로 다가오는 미지의 세계이기 때문에 인간은 사후세계에 대한 그림을 갖고 싶어한다. 이를테면 애니미즘 세계관은 산 자의 세계와 죽은 자의 세계가 연속적이며, 이승과 저승이 겹쳐 있다고 본다. 죽은 자는 조상이 되어서 가족과 후손을 돌보고 그들의 길흉화복에 개입한다. 반면에 기독교 세계관은 죽은 자와 산 자의 세계 사이에 큰 구렁이 있어서 서로 건너

갈 수 없다고 본다(눅 16:26). 죽음 다음에는 천국과 지옥이 있고 마지막 심판 때 몸이 부활한다(요 5:29, 행 24:15). 불교에서는 열반에 이르지 않는 한 죽음 다음에 삼계육도(三界六道)를 윤회하며 반복해서 태어난다고 생각한다. 힌두교의 사후관도 거시적으로 보면 윤회를 주장한다는 점에서 불교와 크게 다르지 않다.

모든 사람은 의도하든 그렇지 않든 나름대로 죽음 다음 세계에 대해 특정한 그림을 가지고 살아간다. 그리스도인은 전도할 때 흔히 "인간에게는 영혼이 있고, 죽음 다음에는 심판이 있으며, 또한 천국과 지옥이 있습니다"라고 말한다. 이때 어떤 사람은 매우 불쾌해하면서 "당신이 죽어봤어요?"라고 반문하기도 한다. 사실 이런 식으로 반문하면 할 말이 없다. 누구도 죽어보지 않았기 때문이다. 그러나 이렇게 질문할 수는 있다. "선생은 어떻게 생각하십니까?" 그들 가운데 십중팔구는 "있기는 뭐가 있어요. 죽으면 끝이지!"라고 대답한다. 그러면 똑같은 반문을 던질 수 있다. "선생은 죽어보셨습니까?" 사실 죽음 다음 세계에 대한 주장은 모두 신념체계(belief system)에 속한다. 죽으면 영혼도 없고, 천국과 지옥도 없으며, 모든 것이 소멸된다는 생각도 일종의 신념이자 사후세계에 대한 한 가지 관점일 뿐이다. 이것은 소박한 유물론(naive materialism) 관점에서 사후세계를 그려본 것이다. 오늘날 세속화가 불러온 현상 가운데 하나가 바로 이러한 세속주의적 사후관을 가진 사람이 많아졌다는 것이다. 그러나 이러한 세속주의적 사후관은 애니미즘이 지배적인 전통적인 부족 사회에서는 매우 드물고 독특한 신념으로 간주될 것이다.

8

고통

세계관들은 왜 고통의 문제를 다루는가?

고통의 문제는 모든 종교와 세계관이 심각하게 다루는 문제다. 모든 종교와 세계관의 공통점은 "이 세상은 무엇인가 잘못되었다"고 전제한다는 것이다. 즉 이 세상은 이상적인 상태가 아니며 인간에게 고통을 가져다주고 있다는 것이다. 물론 이러한 고통스러운 상태가 존재하는 이유와 이러한 상태에서 벗어날 수 있는 해결책은 종교나 세계관마다 다르다. 어떤 종교에서 고통의 문제는 그 종교가 지닌 문제의식의 출발점이자 궁극적으로 해결하고자 하는 문제이기도 하다.

기독교처럼 고통의 문제를 해결하는 것이 궁극적인 목표가 아닌 종교도 고통의 문제를 심각하게 다룬다. 기독교는 죄의 문제를 해결하는 것이 궁극적인 문제의식이지만 고통의 문제를 결코 가볍게 다루지 않는다. 타락한 인간이 처한 상황은 고통을 가져다주기 때문이다. 성경은 욥기에서 고통의 문제를 심각하게 다루지만, 그 밖에도 성경 여기저기에서 고통과 고난을 언급한 것을 많이 볼 수 있다. 시편은 타락한 인간의 인생을 수고와 슬픔으로 요약한다(시 90:10). 그러나 성경은 고통을 전적으로 부정적으로만 보지는 않는다. 시편에서 고난은 하나님의 율례를 배우고 잘못된 행위를 교정하여 하나님 말씀에 순종하는 계기가 된다(시 119:67, 71). 그리스도인은 그리스도의 남은 고난에 동참해야 하며(골 1:24) 그리스도와 함께 영광을 받기 위해 고난도 받아야 한다(롬 8:17). 의를 위하여 고난을 받으면 복 있는 자며(벧전 3:14) 선을 행함으로 고난을 받는 것이 하나님의 뜻이다(벧전 3:17).

  타락한 인간의 두 가지 본질을 성경적 관점에서 요약하자면 '약'(弱)과 '악'(惡)이다. 인간은 연약할 뿐만 아니라 완악하다. 약함은 고통의 문제와 연관되고, 악함은 죄의 문제와 연관된다. 이 세상에 편만한 것이 두 가지 있는데, 하나는 고통이고 다른 하나는 죄다. 인간의 약함과 악함은 서로 밀접하게 연결되어 있다. 많은 사람이 인간이 약하기 때문에 종교가 필요하다고 생각한다. 젊었을 때에는 자신의 힘을 의지하고 살아가지만, 나이를 먹을수록 자신의 뜻대로 되는 것이 별로 없음을 깨닫고 자신의 연약함을 절감하면서 종교가 필요하다고 느낀다. 기독교 세계관으로 보자면, 인간의 연약함 때문에 하나님이 필요하기도 하지만 인간의 완악함 때문에 하나님이 더욱 필요하다.

  십자가는 약함과 악함에 있어서 매우 역설적인 교훈을 준다. 예수님은 악함의 문제, 곧 죄의 문제를 처리하기 위해 인간의 연약함을 체휼하시며(히 4:15), 열두 영 되는 천사를 동원하여(마 26:53) 힘을 사용하는 대신 가장 연약한 모습으로 십자가를 지고 고난을 받으셨다. 예수님은 자신의 고난을 통해 사람들의 죄 문제를 해결하시며, 사람들은 정반대로 자신의 고통을 피하기 위해 죄를 짓는다. 성령은 우리를 죄와 완악함에서 돌이키실 뿐아니라(마 13:15) 우리의 연약함을 돕는다(롬 8:26).

도표 16. 악함과 약함, 십자가와 성령

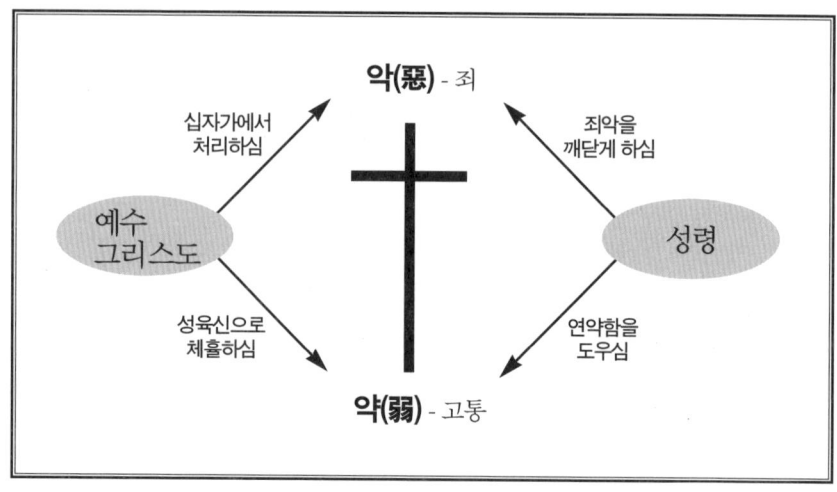

인간은 고통에 대한 설명체계를 요구한다. 고통의 기원과 본질, 고통의 극복 가능성에 대한 설명체계를 갖고 싶어한다. 욥기에 등장하는 욥은 아마 인간이 받을 수 있는 가장 극심한 고통을 겪은 전형적인 인물일 것이다. 그는 부와 자식들을 잃었고(욥 1:13-19) 건강을 잃었으며(2:7) 아내의 격려와(2:9) 친구들의 지지도 잃었다(19:2-6). 극심한 환난 자체도 몹시 고통스러웠지만, 욥은 자신에게 왜 이런 일이 일어났는지 설명해 줄 신학적 설명체계가 없다는 사실이 더욱 고통스러웠다. 인간은 고통에 대한 설명체계가 있어서 고통에 의미를 부여할 수만 있으면 꽤 심한 고통도 견뎌낸다. 그러나 반대로 고통에 대한 적절한 설명체계가 없고 자신이 겪는 고통에 의미를 발견할 수 없을 때에는 아주 경미한 고난조차도 견디기 힘들어한다.

인간은 무엇을 고통스러워하는가?

당신은 고통스러운가? 인생이 고달픈가? "무슨 말씀입니까? 항상 기뻐하고 감사해야지요!" 그렇다! 그러나 이것은 우리 신앙이 지향해야 할 방향이지 (살전 5:16-18) 우리의 실존적 상황은 아니다. 왜 인생이 고달픈가? 인간이 타락했기 때문이다. 인간이 타락했을 때 일어난 두 가지 큰 문제가 있는데 하나는 생존(survival)이고 또 하나는 안전(security)이다. 타락한 인간은 종신토록 땀을 흘려 수고해야 먹고 살 수 있는 존재로 전락했다(창 3:17-19). 그리고 에덴동산에서 쫓겨나면서(창 3:23) 안전을 위협받는 존재가 되었다. 아우 아벨을 죽이고 쫓겨난 아담의 첫째 아들 가인은 안전 문제 때문에 얼마나 두려워했던가!(창 4:14)

인간에게는 예기치 못한 일, 통제할 수 없는 일이 일어난다. 예기치 못한 죽음, 예기치 못한 질병, 예기치 못한 실패, 예기치 못한 이별, 예기치 못한 사고와 재난이 인간에게 고통을 가져다준다. 당신이 무엇을 고통스러워하는지 알고 싶다면 무슨 보험을 들었는지 살펴보라. 의료보험, 자동차보험, 생명보험, 화재보험, 여행자보험, 연금보험, 교육보험 등 생존이 아니면 안전과 관련된 것임을 발견할 것이다.

인간은 앞날에 어떤 불행과 고통이 기다리고 있는지 예기치 못한다. 그러므로 인종과 문화, 시대를 초월해서 모든 지역에는 어떻게든 미래를 예기해 보고자 길흉화복을 점치는 여러 가지 술수가 보편적으로 나타난다. 아마도 길흉화복을 점치는 방법만큼 다양한 것도 없을 것이다. 그러나 성경은 어떤 형태든 길흉화복을 점치는 것을 금하고 있다(신 18:10, 사 47:13).

왜 그런가? 우리는 미래에 대해서 하나님을 온전히 신뢰하고 하나님과 동행해야 하기 때문이다. 길흉화복을 점치려는 마음의 밑바탕에는 인생을 하나님께 맡기지 못하고 하나님과 함께 헤쳐 나가지 않으려는 교만이 깔려 있다. 그러므로 단편적인 사항을 놓고 길흉화복을 점치는 점술보다 인생 전체의 청사진을 갖기 위한 사주팔자와 같은 운명술이 더욱 위험할 수 있다. 하나님은 인생 전체의 청사진을 보여주시지 않는다. 하나님께 순종하고 동행할 때마다 두루마리를 펼치듯 조금씩 보여주신다. 운명론과 예정론은 다르다. 예정론은 기본적으로 인간의 구원에 관한 하나님의 결정을 의미하는 것이지, 인간의 모든 행위와 삶을 하나님이 연극 각본처럼 결정해 놓으셨다는 의미가 아니다. 우리는 하나님이 결정해 놓으신 운명대로 살아가는 꼭두각시가 아니다. 하나님은 그분의 뜻을 실현하기 위해 한 가지 길을 정해 놓으시지 않았다. 인간의 반응에 따라 다양한 길을 예비하시고, 끝내 하나님의 뜻을 이루신다.

하나님이 길흉화복을 점치는 것을 금하시는 또 다른 이유는 영적 위험에서 보호하시기 위해서다. 하나님은 미래를 과학적으로 예측하는 것을 금하시지 않는다. 인간에게 미래는 미지의 영역이다. 예측과 예언은 미래에 대한 지식을 구하는 서로 다른 방식이다. 길흉화복을 점치는 것은 미지의 영역에 대해 특별한 지식이 있다고 여겨지는 영적 존재의 도움을 전제로 한다. 따라서 길흉화복을 점치는 사람들은 이러한 영적 존재, 즉 타락한 천사와 접촉하고 결국 거짓에 속아서 비참해질 수밖에 없기 때문에 하나님이 금하시는 것이다.

물질주의는 고통의 문제와 어떻게 관련되어 있는가?

하나님은 생존과 안전의 문제를 그분께 맡기길 원하신다. 그런데 인간은 이 문제를 하나님께 맡기기보다는 재물에 맡기고 싶어한다(시 52:7). 재물은 눈에 보이고 하나님은 보이지 않기 때문이다. 인간은 고통을 가져다주는 예기치 않은 불행을 궁극적으로 통제할 능력이 없다. 그런데도 통제할 수 있다고 착각한다. 여러 가지 주술적 행위를 행하거나, 미연에 예방하고 조심하면 통제할 수 있다고 생각한다. 물론 조심한다면 불행한 사건을 미연에 방지할 가능성을 높일 수 있다. 그러나 아무리 조심한다고 해도 결코 인간은 불행한 일을 통제할 수 없다.

인간은 미래를 통제할 수 없는데도, 재물이 있으면 통제할 수 있다고 종종 착각한다. 불행한 일이 발생했을 때 풍부한 재물이 있으면 사태를 빨리 수습하는 데 도움이 되기 때문이다. 그래서 재물에 생존과 안전의 기반을 두려고 한다. 그러나 성경은 구약에서 신약에 이르기까지 생존과 안전의 기반을 하나님께 두라고 강력하게 권고한다. 구약에서 하나님은 안전의 기초시다. 하나님은 반석이시요, 요새시요, 피할 바위시요, 방패시요, 구원의 뿔이시요, 산성이시다(시 18:2). 신약에서도 하나님이 허락하시지 않으면 참새 한 마리도 그냥 땅에 떨어지지 않는다고 말한다(마 10:29). 하나님은 우리의 머리털까지도 다 세셨고(눅 12:7), 따라서 하나님의 허락 없이는 우리의 머리털 하나도 상하지 않을 것이라고 말한다(눅 21:18).

생존 문제에 대해서도 신약은 무엇을 먹을까, 무엇을 입을까, 무엇을 마실까 염려하지 말고, 먼저 하나님 나라와 의를 구하라고(마 6:31-33) 말한다. 구약도 마찬가지다. 신명기 8장은 이스라엘 백성이 광야에서 40년간 유리방황하게 된 이유를 밝히고 있다. 광야 40년 동안 하나님은 이스라엘 백성에게 무엇을 해주셨는가? 먹고 마시고 입을 것을 책임져주셨다. 만나와 메추라기를 통해 먹을 것을(신 8:3, 출 16:13-15, 민 11:31-32), 반석을 터뜨려서 마실 것을(신 8:15, 출 17:5-6), 의복과 신발이 해지지 않게 하셔서(신 8:4, 29:5) 입을 것을 책임지셨다. 그런 면에서 마태복음 6장과 신명기 8장은 짝이라고(사 34:16) 할 수 있다. 그렇다면 이렇게 먹고 마시고 입을 것을 전적으로 책임지는 대신 하나님은 무엇을 요구하셨는가? 하나님 나라와 의를 먼저 구하는 훈련이다. 가나안 땅에 들어가기 전, 성경적 세계관에 따라 살도록 훈련하셨다.

가나안 땅은 물질을 기초로 한 문화와 종교가 지배하는 곳이다. 가나안의 신들은 풍요와 다산의 신들이요, 가나안 문화는 현세적, 물질적 축복을 추구하는 종교에 기반을 두고 있다. 이러한 가나안 땅에 들어가기 전, 이스라엘 백성은 철저히 하나님께 생존과 안전의 기반을 두는 훈련이 필요했다(신 8:11). 그러나 세계관이 일단 형성되고 나면 폐쇄성을 띠고 굳어지므로 세계관이 바뀌기란 결코 쉽지 않다. 이러한 폐쇄성과 경직성이 바로 고집과 강퍅함으로 나타난다. 이집트에서 형성된 물질주의 세계관의 뿌리가 너무 깊었기 때문에 생존과 안전의 위협을 느낄 때마다 이스라엘 백성은 하나님을 원망했다(출 16:2-3, 민 11:4-5). 결국 여호수아와 갈렙을 제외한 출애굽 1세대는 가나안 땅에 들어가지 못하고(민 14:30, 26:63-65, 32:11-13) 광야에서 태어나 자란 2세대만 들어갔다.

하나님이 연단하셨을지라도 타락한 인간에게는 보이는 물질 대신 보이지 않는 하나님께 생존과 안전의 기반을 두는 것이 결코 쉽지 않았던 것 같다. 그래서 이스라엘 백성도 금송아지를 만드는 죄를 범한 것이다(왕상 12:28). 왜 하나님은 하나님을 형상화하는 것을 금하셨는가?(출 20:4) 물질적으로 형상화하면 하나님조차도 물신(物神)으로 만들어버리고 마는 죄성과 연약함이 타락한 인간에게 있기 때문이다.

우리는 역대기와 열왕기에서 야훼와 바알 사이를 방황하는 이스라엘 백성을 보며 의아해한다. 누가 진짜 하나님인지 너무나도 분명한데 이스라엘 백성은 그 사이를 오가며 방황하는 것이다. 그래서 선지자 엘리야는 야훼가 하나님인지, 바알이 하나님인지 양자택일하라고 도전한다(왕상 18:21). 이 도전은 오늘날 우리에게도 그대로 적용된다. 이스라엘 백성은 노골적으로 야훼 하나님을 버리고 바알을 섬겼다(삿 2:13, 3:7, 삼상 12:10, 왕상 18:18, 왕하 17:16). 또한 표면적으로는 야훼 하나님을 신앙하면서도 동시에 산당(山堂)에서 만연하게 제사를 지내는 것으로 이방 종교와의 혼합주의를 드러내었다(왕상 22:43, 왕하 17:29, 18:22, 대하 32:12, 33:17, 겔 20:27-32). 오늘날 그리스도인도 마찬가지다. 우리는 표면적으로 야훼 하나님을 전적으로 버리지는 않는다. 그러나 동시에 세상 사람들처럼 바알의 신전과 산당을 우리 마음 여기저기에 세워놓고 자기 나름대로 하나님을 섬기는 혼합주의를 저지르고 있다.

필자는 한때 "하나님과 재물을 겸하여 섬길 수 없다"(마 6:24, 눅 16:13)는 예수님의 말씀을 매우 의아해한 적이 있다. "하나님은 재물(mammon)에 대해 왜 이토록 라이벌 의식을 갖는 것일까?" 그러나 이 말씀이 얼마나 정확한 것인지 깨달았다. 가나안 신들을 포함해서 모든 신은 사실 한마디로 요약하면 물신(物神), 즉 맘몬이다. 그것은 풍요와 다산의 신이며 현세적인 물질 신이다.

타락한 인간에게 생존 문제는 심각하다. 그래서 사람들은 "생존경쟁"이라고 말한다. 사실 타락한 우주 전체가 생존경쟁에 놓여 있고, 강자(强者), 적자(適者)만 생존할 수 있다. 따라서 인간 행동의 동기를 여러 종교나 문화 요인에서 찾기보다 경제 요인에서 찾는 경제결정론자의 생각이 전적으로 잘못된 것은 아니다. 타락한 이 세상에서는 일반적으로 생존 동기가 종교나 문화적 동기보다 강하다고 보아야 한다.

도표 17. 고통_ 생존과 안전의 문제

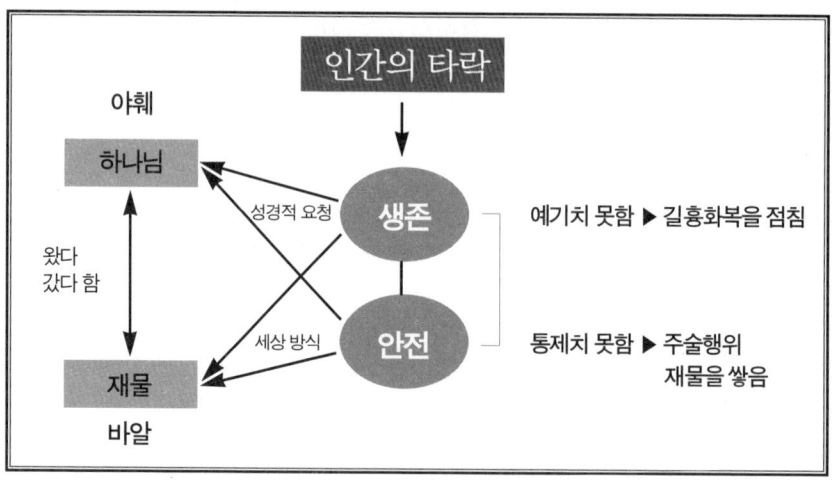

생존과 안전의 문제는 타락한 인간의 실존적 긴급성이 달린 문제다. 이 세상을 살아가는 한 아무도 이 문제에서 자유롭지 못하다. 목회자, 선교사와 같은 영적 지도자도 예외는 아니다. 우리는 선교사의 기도제목에서 생존과 안전에 관련된 기도 요청을 얼마나 많이 보는가! 스스로 생존과 안전의 문제를 졸업한 것처럼 생각하는 사람이 있다면 이 성경말씀을 기억해야 한다. "선 줄로 생각하는 자는 넘어질까 조심하라"(고전 10:12).

예수님은 광야에서 40일간 계시면서 세 가지 시험을 받으셨다. 사실 예수님은 온전하신 분이기 때문에 이런 시험을 받으실 필요가 전혀 없다. 그런데도 예수님은 그리스도인이 평생 겪어야 할 중요하고도 전형적인 세 가지 시험을 받으셨다. 첫 번째는 떡의 시험이요, 두 번째는 하나님을 조종하려는 종교적 교만의 시험이요, 세 번째는 명예와 권력욕의 시험이다.

종종 교회 지도자들 중에 자신은 마치 생존의 시험, 즉 떡의 시험을 졸업한 사람인 양 스스로 고고한 척하면서 생활 전선에서 생존 문제에 허덕이는 평신도를 높은 곳에서 내려다보며 교만한 태도로 책망하는 사람이 있다. 그러나 우리는 누구나 하나님 앞에 설 때까지 생존 문제, 즉 일용할 양식의 문제를 놓고 겸손하게 하나님의 은혜를 구해야 하는(마 6:11, 눅 11:3) 동료 피조물일 뿐이다. 또 반대로 어떤 지도자들은 타락한 인간이 집착하기 쉬운 생존과 안전의 문제에 축복과 번영의 메시지를 선포하면서 이를 넘어 하나님께 나아가는 것을 방해하기도 한다. 타락한 인간에게 생존과 안전의 문제에 대해서 축복과 번영의 메시지를 선포하면 일단 잘 먹혀들 가능성이 높기 때문에 거기에 재미를 붙인다.[1] 그러나 생존과 안전의 문제에 머물러서 결국 하나님께로 나아가지 못하게 하는 것은 바알 선지자이며 바알 숭배일 뿐이다.

타락한 인간에게 생존과 안전은 체감적 필요(felt need)이고 하나님을 만나는 것은 진정한 필요(real need)다. 이 지구상에는 생존과 안전이 심각하게 위협받는 곳이 매우 많다. 그러므로 기독교 사역은 두 가지 필요를 모두 채워주는 통전적 사역(wholistic ministry)이어야 한다. 복음서를 살펴보면 예수님이 사람들의 체감적 필요를 채워주시고, 더 나아가 하나님과 그분의 나라를 경험하는 진정한 필요로 인도해 가셨음을 알 수 있다.

---

1. 인간의 타락 이후, 힘(권력)과 물질(재물)은 이 세상 원리가 되었다. 문화와 시대, 인종을 넘어 타락한 인간은 이 세상에서 부(재물)와 귀(권력)를 추구하고 그것을 갖는 것을 영광롭게 생각한다. 신(神)의 복을 받아서 부귀영화(富貴榮華)를 누리자는 것은 모든 바알적 종교의 핵심 메시지다. 오늘날 기독교 안에도 다른 복음, 바알적 복음이 성행한다. 예수 믿고 복 받아서 부귀영화를 누리자는 메시지가 각광받고 있으며 예수 그리스도의 고난에 동참하자는 메시지는 인기를 잃어가고 있다. 간증집회도 마찬가지다. 실패와 비난, 거절과 핍박의 두려움에도 어떻게 하나님 나라와 의를 먼저 구했는지를 강조하기보다는 하나님을 믿어서 어떻게 잘 먹고 잘 입고 잘 마시게 되었는지를 강조하는 복불복(福不福) 간증이 성행한다.

고통의 기원과 본질은 무엇인가?

고통에 대한 또 다른 문제는 고통의 기원과 본질에 관한 것이다. 고통의 기원과 본질에 대한 극명한 관점 차이는 불교와 기독교의 고통관에 잘 나타난다. 우선 불교는 고통의 문제를 해결해야 할 핵심 문제로 간주한다. 어떤 고통이든 고통을 느끼는 주체는 인간의 자아다. 그러므로 고통의 해결을 궁극적인 문제의식으로 삼는 불교가 자아에 대한 관찰과 탐구에서 출발하는 것은 당연하다. 불교는 기본적으로 고통의 원인이 무지에 있다고 본다. 이 무지를 불교에서는 '무명'(無明)이라고 부르는데, 이는 산스크리트어 '아비댜'(avidya)를 번역한 말이다. 불교에 따르면 인식적 무지, 관념적 무지, 의식적 무지가 고통을 불러일으킨다. 불교는 기본적으로 인간 마음을 탐구하는 데 집중하며, 내관법(內觀法, introspection)을 사용하는 등 심리학적 요소가 많다.

불교는 마음 상태를 거슬러 올라가면서 살피는 역관법(逆觀法)을 사용하여 고통의 근원을 캐내려고 했다. 불교에서는 인간이 고통스러워하는 이유를 알기 위해 먼저 마음을 관찰하였다. 그 결과 욕구의 좌절이 고통을 불러일으킨다는 것을 알았다. 욕구의 좌절이 고통을 가져온다는 것은 심리 관찰을 통해 우리가 일반적으로 발견할 수 있는 사실이다. 그리고 여기서 다시 한 단계 한 단계 거슬러 올라가면서 추론을 시도한다. 그렇다면 욕구는 왜 좌절되는가? 욕구가 있기 때문이다. 그렇다면 욕구는 왜 있는가? 사물에 집착하기 때문이다. 그렇다면 왜 사물에 집착하는가? 사물에 집착하게 만드는 감각기관이 있기 때문이다. 그렇다면 감각기관이 있다고 해서 사물에 집착하게 되는 것은 어떤 이유 때문인가? 사물은 과연 우리의 감각기관이 인식하는 대로 존재하는가? 그리하여 궁극적으로 사물을 인식하는 주체로서의 자아와 인식의 문제를 다루는 것이다.

일반적으로 상식적인 관점에서 사람들은 A, B, C, D, E라는 사물이 각각 불변하는 고유 속성과 본질을 지녔으며, 따라서 이들을 고유의 개체성 또는 정체성을 지닌 독립적인 존재로 파악한다. 이렇게 현상계의 사물을 인식하는 것을 '실체(實體, substance)로 인식한다'고 말한다. 그런데 불교에 따르면 어떤 사물도 고유의 속성과 본질, 정체성과 개체성을 가지고 독립적으로 존재하는 실체가 아니다. 인식 주체인 '나' 또한 고유한 속성과 본질이 있고 정체성과 개체성을 가진 존재가 아니라, 끊임없는 인과율의 흐름 속에서 잠시 이런 모습을 취하고 있을 뿐이다.

그러므로 불교의 핵심 교리인 삼법인(三法印)에서는 '제법무아'(諸法無我), 즉 모든 존재는 고유의 자아가 없다고 말한다. 불변하는 개체로서 '나'는 원래 없는데 있다고 착각하기 때문에 나에 대해 집착하고 고통스러워한다는 것이다. 그래서 "나를 어떻게 보고……", "나를 우습게 봐?", "내가 누군 줄 알고……"라는 생각에 속이 부글부글 끓는다. 존경받고, 존중받고, 주목받고자 하는 욕구가 좌절되면서 고통이 발생한다.

삼법인 가운데 또 하나는 '제행무상'(諸行無常)으로, 모든 존재는 '항상성'(恒常性)이 없고 끊임없이 변화하는 과정 중에 있다는 뜻이다. 예를 들어 어떤 사람이 주먹만 한 물방울 다이아몬드를 보았다고 가정해 보자. 너무 갖고 싶지만 돈이 없기 때문에 갖고 싶은 욕구가 좌절될 수밖에 없으며, 욕구가 좌절되니 고통스럽다. 그런데 불교에 따르면 물방울 다이아몬드는 끊임없는 인과율의 흐름 속에서 잠시 그러한 모습을 취하고 있는 탄소 덩어리일 뿐이다. 그러므로 그것에 집착해서 욕구를 불러일으키고 번뇌를 일으킬 아무런 가치가 없다. 불교에 따르면 이처럼 우주의 본래 모습은 무상(無常)이고 무아(無我)인데 인식적 무지에 따라 그것을 유상(有常)과 유아(有我)로 착각하기 때문에 집착이 발생하고, 욕구가 발생하며, 그 욕구가 좌절되어 모든 것이 고통이 되어버린다. 이것이 삼법인의 세 번째인 '일체개고'(一切皆苦)다.

도표 18. 불교의 관점에서 본 고통의 원인

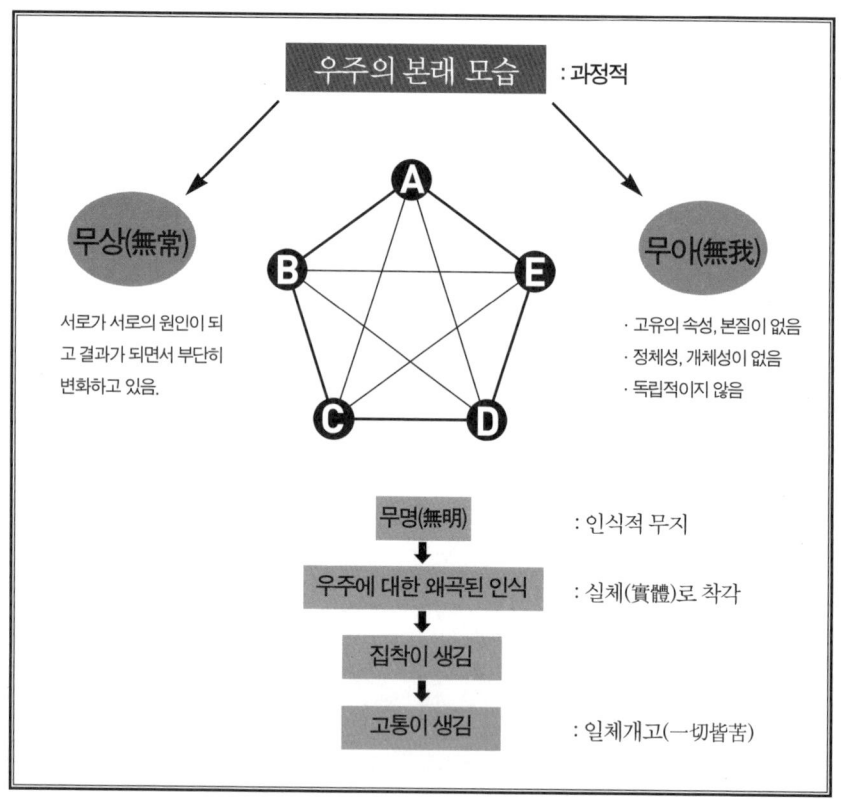

불교에서 고통의 원인을 인식적 무지, 관념적 무지, 의식적 무지로 간주한다면 어떻게 고통의 문제를 해결할 수 있겠는가? 인식의 전환, 관념의 해방, 의식의 혁명이 필요하다. 그것이 바로 '깨달음'(覺)이다. 깨달음은 전혀 새로운 차원으로 전환된 인식이고, 관념이며, 의식이다. 이렇게 우주의 본래 모습을 깨달으면 고통이 없는 상태가 된다. 바로 '열반'(涅槃), 즉 '니르바나'(nirvana)다. 이것은 번뇌의 불꽃이 꺼진 상태를 의미한다.

기독교에서 고통의 문제는 우선적으로 해결해야 할 가장 핵심적인 문제가 아니다. 그렇지만 기독교도 고통의 문제를 깊게 다루며 이에 대한 신학적 설명체계를 가지고 있다. 그렇다면 기독교는 고통이 언제 어떻게 생겨났다고 보는가? 성경은 고통이 원죄에서 왔다고 말한다. 인간이 타락했을 때 크게 세 가지 문제가 발생했다. 바로 인식 능력의 전락, 도덕적 능력의 전락, 자연계의 전락이다.

우선 인식 능력의 전락은 고통과 어떻게 관련되는가? 인식 능력의 전락은 하나님과의 소통(疏通)을 단절시키고 인간의 상호 소통에도 상당한 어려움을 만들어냈다. 즉 인간이 하나님과 의사소통하고 하나님을 알아가는 데 문제가 생겼을 뿐 아니라 인간의 상호 의사소통에도 많은 장애가 생겨났다. 더군다나 바벨탑 사건 이후 언어가 갈라지면서 의사소통은 더욱 심각한 문제가 되었다(창 11:1-9).

인간관계의 갈등에서 오는 '마음고생'에 대해 생각해 보자. 대부분 인간관계 갈등의 핵심에는 자기중심성, 이기심, 교만으로 요약되는 타락한 인간의 죄성과 의사소통의 어려움이 있다. 인간이 사용하는 언어는 애매하고 모호하다. 같은 한국인끼리 의사소통한다고 해도 사용하는 개념에 대한 정의와 범위가 다르다. 남녀 사이의 의사소통도 마찬가지다. 똑같이 한국말을 해도 사랑을 표현하고 느끼는 방식이 다르다. 갈등 가운데 있는 당사자들을 만나보면 각각은 모두 좋은 사람인 경우가 많다. 그런데도 서로를 원수처럼 생각하고 상대방을 형편없이 평가한다. 그러한 감정적 앙금은 대개 의사소통의 결핍이나 불완전함에 기초한다. 많은 경우 우리는 상대방의 의도를 알지 못하면서도 자신이 느끼는 바를 상대방의 의도로 단정해버릴 때가 많다. 물론 인간관계의 고통은 타락한 인간이 지닌 죄성, 즉 자기중심적으로 생각하고 자기만 이롭게 하려는 성향이 충돌하여 나타나는 경우도 많다. 그러나 또 한편으로 인간관계 갈등에서 오는 마음의 고통은 대부분 오해, 즉 의사소통의 실패에 기초한다.

오순절 성령 강림이 지닌 가장 중요한 의미는 의사소통의 회복이다. 성령이 오셔서 우리에게는 하나님과 더욱 친밀한 의사소통의 길이 열렸다. 동시에 바벨탑 이후 언어 분열로 야기된 인간 상호간의 의사소통 단절이 (창 11:1-9) 오순절 성령 강림을 통한 방언 사건으로 인해 상징적으로 회복되었다(행 2:1-13).

인간의 타락이 불러온 도덕적 능력의 전락도 고통의 원인이다. 즉 타락한 인간에게 죄성으로 말미암아 부당한 욕구가 생겨난 것이다. 과학이 아무리 발달하고 물질이 아무리 풍부해도 결코 채워질 수 없는 부당한 욕구가 생겨났다. 예를 들어, 어떤 총각이 옆집에 사는 유부녀를 짝사랑한다고 가정해 보자. 이런 욕구는 부당하다. 부당하지만 어쨌든 욕구가 좌절되기 때문에 고통스럽다. 그러나 부당한 욕구가 실현된다면 더 큰 고통이 발생할 것이다. 유부녀는 남편과 갈등할 것이고, 결국 유부녀가 이혼이라도 한다면 그 자녀들도 큰 고통을 겪을 것이다. 과학주의에 심취한 어떤 사람은 이러한 문제도 과학이 해결할 수 있다고 주장할지 모른다. 즉 복제인간을 만들면 남녀 간의 삼각관계 문제를 해결할 수 있다고 말이다. 그러나 이와 같은 부당한 욕구의 문제는 과학도 해결할 수 없다. 사람들은 끝내 원본 인간을 가질 것이냐, 복제 인간을 가질 것이냐를 놓고 싸울지도 모른다.

인간의 타락사건이 불러온 세 번째 문제는 자연계의 전락이다. 자연계의 전락으로 인간은 정당한 욕구도 좌절될 수밖에 없는 열악한 환경에 놓이게 되었다. 예를 들어서, 현재 기아 상태에 놓인 사람들을 생각해 보자. 먹고자 하는 욕구 자체는 부당하지 않다. 그런데 먹고자 하는 사람은 열 명이고 빵은 하나밖에 되지 않는다고 가정해 보라. 다툼이 일어나고, 결국 힘이 센 자가 그 빵을 차지해서 먹게 될 것이다. 약육강식과 적자생존의 질서를 가져온 자연계의 전락으로 약자는 고통 받을 수밖에 없다. 자연계의 전락으로 말미암아 인간은 생존과 안전을 위협하는 재해, 질병, 사고에 노출되고 고통 받게 된 것이다.

이처럼 기독교 세계관은 고통의 기원이 인간의 타락사건과 원죄(原罪)에 있다고 본다. 그렇다면 기독교 세계관에서는 고통의 문제를 어떻게 처리해야 하는가? 먼저 원죄의 문제를 해결해야 한다. 즉 회개해야 한다. 회개하면 고통이 없는 상태가 도래한다. 바로 천국이다. 천국은 아픔도, 슬픔도, 눈물도, 사망도 없는 곳이며(계 21:4), 해됨이나 상함이 없는 곳(사 11:9, 65:25), 즉 고통이 없는 곳이다.

도표 19. 고통의 원인과 해결에 대한 불교와 기독교 세계관의 비교

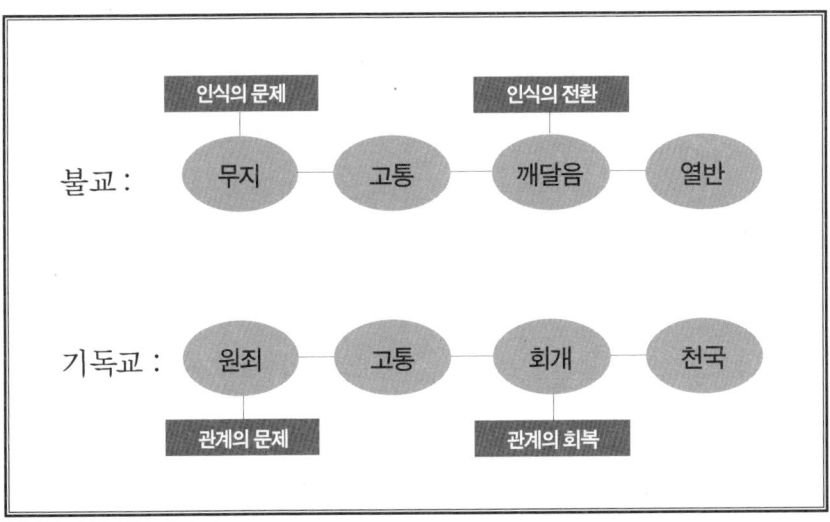

고통에 관한 불교 세계관과 기독교 세계관을 아주 단순화하면 이렇게 도식화할 수 있다. 불교는 깨닫기만 하면 열반(涅槃)이요, 성불(成佛)이라고 말한다. 기독교는 "회개하라. 천국이 가까왔느니라"고 말한다. 세례 요한도, 예수님도 가장 단순화된 복음을 이렇게 선포했다(마 3:2, 4:17). 고통의 원인과 본질에 대한 설명체계로서 두 세계관 모두 나름대로 설득력 있지 않은가? 그러나 두 세계관 사이에는 매우 명확한 차이가 있다. 불교에서는 죄 대신 무지, 회개 대신 깨달음이라는 개념을 제시한다. 이것은 세계관 차원에서 인간의 죄성과 반역성이 어떻게 반영되며 사탄의 역사와 영향력이 어떻게 나타나는지를 보여준다.

타락한 인간이 맨 처음 행한 일은 무화과나무 잎으로 옷을 얼기설기 해 입고(창 3:7) 하나님의 낯을 피하여 동산 나무 사이에 숨어서(창 3:8) 자기 스스로의 노력으로 죄와 허물을 은폐하려 한 것이다. 그러나 하나님은 인간이 스스로 만든 옷을 벗기시고 손수 가죽옷을 지어 입히신다(창 3:21). 가죽옷은 피 흘림을 요구한다. 피 흘림이 없으면 죄 사함이 없기 때문이다(히 9:22).

타락한 인간은 본능적으로 죄를 은폐한다. 이러한 인간의 죄성과 반역성은 세계관 차원에서 죄라는 개념을 아예 제거해버리는 것으로 나타날 수도 있다. 죄라는 개념이 없으면 회개도 필요 없고, 대속(代贖)도 필요 없으며, 하나님의 성육신(成肉身)도 필요 없다. 사실 죄를 은폐하지 않고 서로 고백할 수 있는(약 5:16) 유일한 공동체는 '성령 충만한' 교회 공동체다. 그리고 죄의 자백은 참된 영적 부흥과 뗄 수 없는 관계에 있다(요일 1:5-10). 인간의 문제는 과연 '무지'(無知)의 문제인가, 아니면 '반역'(叛逆)의 문제인가 하는 질문이 불교 세계관과 기독교 세계관 사이에 놓여 있다.[2]

고통은 관념상에서 발생한 것인가? 역사적으로 발생한 것인가?

불교 세계관과 기독교 세계관에서 가장 두드러진 차이는, 불교는 고통이 관념상으로 일어난다고 간주하는 반면 기독교는 역사적으로 발생한다고 보는 점이다. 일반적으로 불교나 힌두교 등 범신론적 세계관은 궁극자의 초월성만 강조하는 경향이 있다. 궁극자의 초월성은 의식의 초월을 통한 궁극자와의 합일을 요구한다. 그러나 기독교 세계관은 초월성과 역사성을 동시에 강조한다. 일반적으로 유신론적 세계관은 역사성을 강조하며, 역사 배후에서 신이 섭리한다고 생각한다. 예를 들어, 고대 중국은 유신론적 신관(神觀)이 주를 이루었다. 주대(周代)에는 최고신인 '천'이 땅에 대리자를 두어 인간을 다스린다고 생각했고, 그 대리자를 '천자', 곧 '신의 아들'이라고 불렀다. 그리고 대리자인 황제가 잘못 다스릴 때에는 자연 현상을 통해 경고를 준다고 생각했다. 그래서 중국이나 우리나라는 자연 재해가 있거나 흉년, 기근이 심하면 황제가 천제(天祭)를 올리고 천에 대해서 석고대죄(席藁待罪)를 하는 종교적 의식을 거행했다.

이처럼 신이 역사의 배후에서 섭리한다는 생각은 유신론적 세계관에서 매우 보편적인 관념이다. 그런데 기독교 세계관의 독특성은 신이 역사의 배후에서만 섭리하는 것이 아니라 인간의 역사에 스스로 뛰어들어 인간의

---

2. 성경은 인간의 타락사건이 곧 반역사건임을 보여준다. 조선시대와 같은 왕정(王政)에 비유하자면, 그것은 주군인 왕의 권위와 주권에 도전한 역모죄(逆謀罪)이자 반란죄다. 하나님과 인간, 자연에 세워진 질서에 대한 도전이기도 하다. 그러므로 성경적 관점에서는 하나님을 믿지 않는 죄가 가장 큰 죄다. 비그리스도인은 이런 주장을 잘 이해하지 못한다. 어느 역모자가 쫓겨 다니면서 여러 가지 선행을 많이 하지만 여전히 왕의 권위와 질서에 도전한 것을 뉘우치지 않는다고 가정해 보라. 과연 그의 많은 선행으로 역모죄를 용서받을 수 있을까? 역모죄는 죄인이 진정으로 뉘우치고 항복할 때 주군이 일방적으로 용서해야 사면받을 수 있는 죄다. 사면받을 때 역모자는 그를 진정 주군으로 인정하지 않을 수 없다. 그러므로 회개란 스스로 참람히 주장한 주재권을 철회하고 하나님의 주재권을 인정하는 항복사건이다.

문제를 해결하고자 한다는 것이다. 기독교의 성육신 교리는 매우 혁명적인 역사성(radical historicity)을 가지고 있으며, 따라서 다른 유신론적 종교에서는 찾아보기 힘든 매우 독특한 사상이다.

물론 어떤 사람은 힌두교에 아바타(avatar), 즉 화신(化身) 사상이 있고 불교에도 화신불(化身佛) 또는 응신불(應身佛) 사상이 있다고 반박할지 모른다. 그러나 힌두교나 불교는 기본적으로 역사성을 강조하지 않으며 궁극적으로 범신론에 귀착하는 종교라고 보아야 한다. 뿐만 아니라 기독교의 성육신은 힌두교의 아바타, 불교의 화신불과 비교해서 현격히 다르다. 우선 기독교의 성육신은 유일회적이지만, 힌두교 비쉬누 신의 화신은 열 개나 된다. 불교의 경우도 석가모니(釋迦牟尼)가 유일한 화신불은 아니다. 과거에 석가모니불을 포함한 일곱 화신불이 있었고, 미래에도 미륵불(彌勒佛)이라는 화신불이 출현할 것이라고 주장한다. 힌두교 비쉬누 신의 화신은 크리쉬나(Krishna)나 라마(Rama) 등과 같이 인간으로 출현할 뿐 아니라 물고기, 거북이, 멧돼지, 사자와 같은 동물로 출현하기도 한다.

성육신과 화신은 목적도 서로 다르다. 기본적으로 힌두교나 불교의 화신은 진리를 깨우치고 공의를 세우며 악을 물리치기 위해서 출현한다. 그러나 기독교의 성육신은 대속을 위해 출현한 것이다. 기독교의 독특성은 기본적으로 가르침과 교훈, 깨달음을 위한 종교가 아니라는 데 있다.[3] 예수님은 우리에게 많은 아름다운 가르침과 교훈, 깨우침을 주셨지만, 그분이 이 땅에 오신 첫 번째 목적은 대속이다. 성경은 "인자가 온 것은 섬김을 받으려 함이 아니라 도리어 섬기려 하고 자기 목숨을 많은 사람의 대속물로 주려 함이니라"(마 20:28)라고 말한다. 그러므로 예수님이 설령 아무런 가르침도 베풀지 않고 단지 대속만 하고 가셨다 할지라도 그 효력에는 아무 문제가 없을 것이다. 다만 인간이 예수께서 대속을 위해 이 땅에 오셨다는 사실조차 모르기 때문에 그 효력을 자신의 구원에 적용하는 데 문제가 되는 것이다.

헤럴드 네틀란드(Harold Netland)는 폴 틸리히(Paul Tillich)와 불교학자의 대화를 인용하면서 기독교의 역사성을 강조한다(Netland, 2001, 339-340).[4] 일본 교토를 방문한 폴 틸리히는 불교학자에게 조심스럽게 이런 질문을 던졌다. "만일 고타마 싯다르타가 역사적 실존 인물이 아니라면 불교는 어떻게 되는 겁니까?" 사실 기독교에서는 19세기 후반 이후 예수 그리스도의 역사성이 중요한 문제였고, 이를 부정하는 많은 신학자가 자유주의 신학의 길을 걸어갔다. 심지어 슈바이처(Albert Schweitzer)도 그의 신학논문에 예수 그리스도의 역사성 문제를 다룰 정도였다.[5]

기독교는 기본적으로 예수 그리스도의 역사적 성육신과 역사적 부활, 역사적 재림을 믿는 종교다. 예수 그리스도의 역사성을 제거해버리면 기독교의 기본 전제는 붕괴될 것이다. 그래서 사도 바울이 고린도 교회에 보내는 서신에 "그리스도께서 만일 다시 살지 못하셨으면 우리의 전파하는 것도

---

3. 성육신과 화신에는 종교다원주의의 문제가 걸려 있다. 종교다원주의의 핵심 질문은 베드로의 신앙고백을 이끌어낸 예수의 질문 "너희는 나를 누구라 하느냐?"(마 16:15), 바로 이것과 동일하다. 오늘날 다원주의 사회는 예수를 누구로 볼 것인지를 다원적으로 이해한다. 모범적 도덕교사, 깨달음을 얻은 자, 신의 여러 화신 가운데 하나, 하나님의 유일한 성육신 등이다. 그러나 예수가 하나님이 아니라면 사람들은 2천 년 동안 우상을 숭배한 셈이다. 그가 비록 아무리 뛰어난 인간이었다 할지라도 여전히 그것은 우상숭배다. 어떻게 그 많은 사람이 우상숭배로 삶이 바뀌고, 우상의 이름으로 그 많은 기도를 응답받았겠는가? 그러므로 그는 단순히 훌륭한 도덕교사일 수는 없다. 또한 만일 예수가 하나님의 유일한 성육신이 아니라면 그의 화신 목적은 다른 화신들처럼 가르침, 교훈, 깨달음, 공의를 세우는 것일 수밖에 없으며, 따라서 예수의 역사성은 그다지 큰 의미가 없게 된다. 예수의 역사성은 성육신의 목적이 유일회적인 대속과 부활일 때에만 의미가 있다.
4. 헤럴드 네틀란드는 로버트 우드(Robert E. Wood)의 논문 "Tillich Encounters Japan"(Japanese Religion 2, May 1962, 48-50)에 언급된 에피소드를 인용하였다.
5. 슈바이처는 1906년에 "Von Reimarus zu Wrede: Eine Geschichte der Leben-Jesu-Forschung"(Tübingen: J.C.B. Mohr[Paul Siebeck], 영역판 제목은 The Quest of the Historical Jesus: A Critical Study of Its Progress from Reimarus to Wrede)을 출간하였다.

헛것이요 또 너희 믿음도 헛것"(고전 15:14)이라고 말한 것이다. 또 그렇기 때문에 예수님도 "내가 길을 보여주고, 진리를 가르쳐주고, 생명의 비밀을 알려주러 왔다"고 말씀하지 않고, "내가 곧 길이요, 진리요, 생명"(요 14:6)이라고 말씀하신다. 기독교는 예수 그리스도의 가르침과 교훈이 아닌 예수 그리스도 '그 자체'에 기초하며, 예수 그리스도의 역사적 성육신, 역사적 대속, 역사적 부활에 기초한다.

폴 틸리히의 질문에 불교학자는 "우리에게는 석가모니의 역사성은 문제가 된 적이 전혀 없습니다"라고 대답했다. 불교는 석가모니의 가르침에 기초하기 때문이다. 불법(佛法)만 존재한다면 석가모니 자체는 역사적으로 존재하지 않았다 해도 문제가 되지 않는다. 이슬람교도 마찬가지다. 무함마드가 역사적으로 존재하지 않았어도 이슬람 율법인 샤리아만 있으면 이슬람은 성립될 수 있다. 알라는 다른 선지자를 통해서도 얼마든지 샤리아를 전달할 수 있었을 것이다.

세계관들은 고통에 대해서 어떤 스펙트럼을 보여주는가?

고통의 본질에 대한 관점의 스펙트럼을 살펴보는 것은 매우 중요한 통찰을 제공한다. 스펙트럼 왼쪽 끝에는 불교와 힌두교 같은 세계관이 있다. 불교나 힌두교는 고통을 인식, 관념, 의식 차원의 문제로 본다. 이에 반해 스펙트럼 오른쪽 끝에는 유교와 마르크시즘과 같은 세계관이 있다. 이 세계관들은 고통의 본질을 통치의 문제이자 사회구조의 문제로 본다.

도표 20. 고통의 본질에 관한 세계관의 스펙트럼

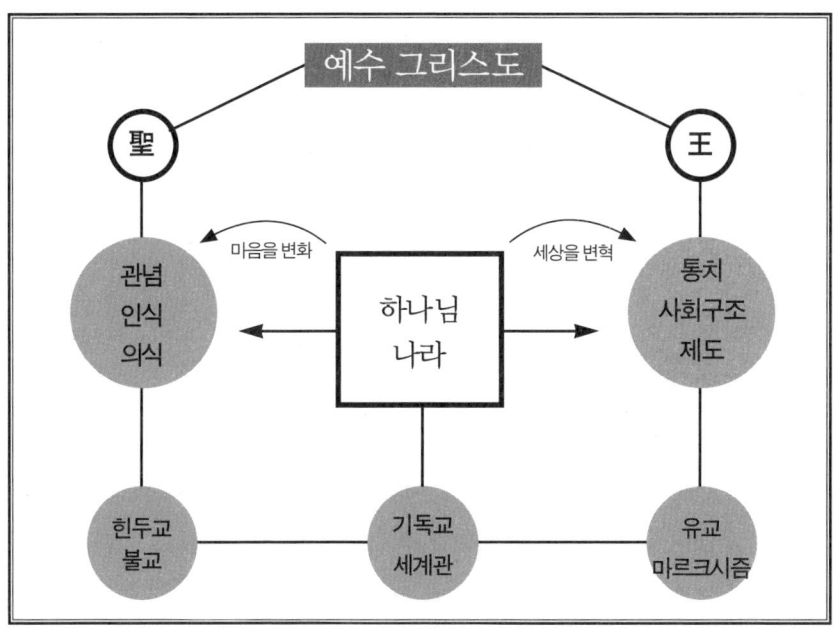

유교는 성인과 철인이 예(禮)와 덕(德)으로 다스리는 것을 이 세상 문제를 해결할 실마리로 본다. 즉 인격이 탁월하고 통찰력이 출중한 사람이 지도자가 되어 잘 다스리면 고통의 문제를 많이 해결할 수 있다는 것이다. 유교에서 말하는 수신(修身), 제가(齊家), 치국(治國), 평천하(平天下)는 다스림 영역의 확대이자, 예와 덕이 실현되는 영역의 확대를 뜻한다. 얼마나 많은 사람이 잘못된 통치자 때문에 고통을 받았는지 생각해 보면 통치와 고통의 밀접한 관계를 이해할 수 있다. 역사적으로 얼마나 많은 전제군주가 자신의 욕구를 채우기 위해 힘으로 백성을 폭압하고 부역을 시키며 전쟁에 동원했는지 생각해 보라. 얼마나 많은 독재자가 자신의 야망을 위해서 국민을 탄압했는지 생각해 보라.

다스림, 즉 통치는 하나님이 인간에게 주신 사명이다. 인간은 누구든지 범위의 차이는 있을지언정 다스림의 영역이 있다(창 1:28). 가정, 직장, 정부 등에서 자신이 다스려야 하는 범위가 있다. 다스리는 자에게 하나님이 권위를 위임하신다. 그런데 타락한 인간이 자신의 욕망을 따라 권위를 남용하거나 포기하면 잘못된 통치가 만연하고, 그 결과 다스림의 영역에 속한 사람들이 고통을 받는다. 가정의 가장(家長)이 본분을 다하지 못하고 가정을 잘못 다스리면 가족 전체가 고통을 받는다. 타락한 인간이 자연을 잘못 다스리면 생태계가 파괴되고 동물이 잔혹한 학대를 받는다.

마르크시즘, 공산주의는 고통의 원인을 계급갈등으로 이해한다. 곧 부르주아 계급이 프롤레타리아 계급을 억압하기 때문에 고통이 발생한다고 본다. 그러므로 프롤레타리아는 계급투쟁과 혁명을 통해 프롤레타리아 독재를 실현할 때 착취와 억압이라는 잘못된 통치가 종식되고 고통이 사라진다고 생각한다. 즉 선한 통치자에 의존하여 지속적으로 고통의 문제를 해결하려는 것은 구조적으로 실현 불가능하며, 따라서 사회구조의 혁명적 변화를 통한 통치구조의 변화만이 유일한 해결책이라는 것이다. 사실 많은 고통이 구조적으로 발생하는 것임을 고려해 볼 때 마르크시즘의 주장이 모두 잘못된 것만은 아니다.

기독교 세계관은 중용적이어서 고통에 대한 세계관의 스펙트럼 양극단 사이에 위치한다. 기독교 세계관의 큰 그림은 고통의 원인에 대해 치우치지 않은 견해를 제공한다. 하나님 형상의 왜곡은 인식, 의식, 관념 차원에서 고통을 불러왔고, 하나님이 부여하신 사명의 왜곡은 사회구조와 제도의 차원에서 고통을 가져왔다. 그러나 양자 모두 통치권의 문제이며 하나님 나라와 연관되어 있다.[6]

하나님 나라는 먼저 마음속에서 주재권의 변화로 시작되며 "마음을 새롭게 함으로 변화를 받아"(롬 12:2) 하나님의 뜻을 분별하려는 것으로 나타난다. 그러므로 "하나님 나라는 …… 성령 안에서 의와 평강과 희락"(롬 14:17)이다.[7] 그것은 인식, 관념, 의식의 전환과 혁명을 요구한다. 그러나 동시에 성경에서 하나님 나라는 그리스도인들이 이 세대를 본받지 않고(롬 12:2) 세상에 빛들로 나타남으로써(빌 2:15) 사회변혁적이고 문화변혁적으로 이루어진다. 하나님 나라의 통치 기초는 의와 공평이다(시 97:2). 하나님 나라는 개인적 차원에만 임하는 것이 아니라 사회적 차원, 인류 전체 차원에 임해야 한다. 그러므로 예수님은 하나님 형상을 온전히 이루신 성자(聖者)이자 하나님 나라를 온전하게 통치하시는 왕(王)이다. 인류의 또 다른 대표자이신 예수님은 하나님 형상을 완성하고 하나님이 주신 다스림의 사명을 완수하시는 분이다.

---

[6]. 대부분의 고등종교는 자유, 평안, 기쁨, 해방 등을 추구한다. 이것은 인간이 타락하지 않았다면 에덴동산에서 누렸을 고통 없는 지복(至福)의 상태이자 새 하늘, 새 땅, 새 예루살렘에서 누리게 될 상태다. 억압과 고통의 한 가지 측면은 인간 내면에서 일어나며 또 다른 측면은 인간이 만든 사회구조 안에서 일어난다. 인간의 타락사건은 하나님의 형상을 어그러뜨리고 내면의 문제를 만들었다. 인간은 육신(flesh), 또는 옛 사람, 옛 자아의 감옥에 사로잡혔다. 이것은 실제적으로 죄와 사망의 법(롬8:2)에 다스림 받는 억압된 존재로 인간을 전락시켰다. 죄와 사망의 법은 인간을 억압하는 실제적인 힘이며 권위다. 인간 존재의 전락은 그가 사명을 온전히 수행할 수 없는 존재가 되었다는 뜻이다. 문화명령의 수행이라는 사명은 왜곡되었다. 여기에 자연계의 전락이 더해졌다. 인간이 만들어낸 사회와 문화 역시 죄와 사망의 법에 놓이게 되었다. 죄로 인하여 왜곡된 다스림, 즉 통치구조가 발생했다. 그러므로 어떤 종교와 세계관은 인간의 내면, 즉 인식, 의식, 관념 차원에서 자유와 해방을 추구한다. 힌두교나 불교가 대표적인 경우다. 반면에 어떤 종교나 세계관은 사회구조나 통치의 문제를 제기한다. 마르크시즘이나 유교, 해방신학이 여기에 속한다. 그러므로 인간의 내면구조와 사회구조 안에 어떻게 죄와 사망의 법이 실제적으로 힘과 권위를 가지고 역사하는지 통찰할 수 있어야 한다.

[7]. 의와 평강과 희락은 단순히 관념과 의식의 상태가 아니라 하나님 나라, 즉 하나님 통치의 결과다. 이것은 '내' 안, 즉 '옛 사람', '옛 자아', '육신' 안이 아니라 성령 안에 있다. 자기부인과 성령 충만은 동시적 사건이며 하나님 나라는 자아의 죽음을 요구한다. 옛 자아의 죽음은 단순히 의식의 전환상태가 아니라 관계의 전환상태다. 이것은 주재권의 전환상태며 권위와 질서의 재정립이다. 내 옛 자아가 마음의 보좌에서 내려오고 그리스도가 보좌에 앉아 나를 다스리는 것이다. 진정한 의와 희락과 평강은 마음 안에서 일어나는 주재권의 문제다.

고통에 대한 설명은 인간의 삶에서 얼마나 중요한가?

인간은 고통에 대한 설명체계를 요구한다. 그래서 고통의 문제를 잘 설명하면 영혼을 얻을 수 있지만 잘못 설명하면 잃을 수도 있다. 2004년 12월 26일, 인도네시아 수마트라 섬 앞바다에서 해저 지진으로 발생한 쓰나미는 인도양 연안 지역에 엄청난 재난을 일으켜 16만 명에 달하는 인명이 희생되었다. 영국 BBC 인터넷판은 2005년 1월 4일 세계 주요 종교 지도자들이 쓰나미를 어떻게 생각하는지 보여준다. 발표된 기고문을 보면 각 종교가 고통에 대해 지닌 관점과 설명체계를 잘 알 수 있다.

어느 시대, 어느 문화에서나 고통에 대한 설명체계를 요구한다. 예수님과 제자들이 길을 가다가 날 때부터 소경인 사람을 보고 제자들이 질문하는 장면이 성경에 나온다. "이 사람이 소경으로 난 것이 뉘 죄로 인함이오니이까? 자기오니이까? 그 부모오니이까?"(요 9:2) 예수님께 고통의 원인에 대한 설명을 요구하고 있다. "이 사람의 죄 때문입니까?"라는 관점은 인과업보 사상에서 비롯된 것이다. 날 때부터 소경인 사람에게 죄가 있다면 전생의 죄 말고 무슨 죄가 있겠는가? 인과업보와 같은 설명체계는 인도와 페르시아, 중근동, 헬라에 걸친 영지주의 지역에 널리 퍼져 있던 것 같다.[8] 그러나 어떤 면에서 인과업보는 타락한 인간이 고통에 대해 생각해낼 수 있는 가장 합리적인 설명체계다. 욥의 친구들도 결국은 욥의 고난을 인과업보식으로 접근하였다. 욥의 친구들은 죄가 투입(input)된 만큼 고통이 산출(output)된다는 논리를 펴면서 욥의 고난을 설명하려고 했다(욥 4:7-9, 8:3-

---

8. 홍창표 교수는 힌두교의 영지주의적 이원론이 페르시아, 중동 메소포타미아 지역까지 팽창되고 알렉산더의 동방점령으로 헬라의 이원론과 접촉하면서 혼합되어 영지주의 이원론이 생겨났다고 본다. 그리고 이 영지주의가 초대 교회 당시에도 영향을 끼쳐 기독교 영지주의 이단이 생겨났다고 여긴다(홍창표, 1995, 156-158).

4, 22:5-11). 결국 '주고받기'(Give & Take)라는 상업주의적 관념에서 벗어나지 못한 것이다. 그 결과 욥의 친구들은 하나님에게 책망을 받고 회개의 제사를 드려야 했다(욥 42:7-9).

날 때부터 소경인 사람의 처지에서 생각해 보자. 얼마나 억울하고 답답하겠는가! 그런데 어떻게 보면 힌두교나 불교식 설명은 매우 단순하고 합리적이어서 쉽게 납득이 된다. "당신이 왜 날 때부터 소경인지 설명해 주지요. 당신은 열 번째 전 전생에서 동생의 오른쪽 눈을 때려서 실명시킨 적이 있습니다. 그리고 다섯 번째 전 전생에서는 괜히 집에서 기르는 원숭이의 왼쪽 눈을 찔러서 실명시킨 적이 있고요. 그 업보 때문에 당신이 날 때부터 소경인 것입니다." 만약 이런 설명을 듣는다면 소경은 억울한 마음이 훨씬 덜할 것이다. "아! 백 원 주고 백 원 받은 것이구나! 결국 내 잘못으로 이렇게 된 거였어! 이번 생애는 어쩔 수 없이 이렇게 살아갈 수밖에 없다. 다음 생애를 기대하면서 참고 견딜 수밖에……." 이렇게 고통에 대한 인과업보적 설명체계를 받아들인다면 고통 받는 자는 현실을 체념하고 고통을 받아들일 것이다.

"부모의 죄 때문입니까?"라는 질문은 이른바 '가계에 흐르는 저주'와 같은 애니미즘적 설명체계다. 물론 성경도 부모의 죄에 대한 하나님의 보응이 삼사 대(代) 후손까지 끼칠 수 있다고 경고한다(출 20:5). 그러나 성경적 세계관은 애니미즘 세계관과 달리 모든 고통을 저주의 결과로 보지는 않는다. 가계에 흐르는 저주가 왜 문제인가?

가계저주론의 첫 번째 문제는 애니미즘처럼 잡다한 초자연적인 영에게 저주의 실효적 능력이 있다고 보는 것이다. 물론 지정의(知情意)를 가진 인격적 존재라면 누구나 축복이나 저주의 말을 할 수 있다. 그러나 그 축복이나 저주가 유효하도록 하실 수 있는 분은 오직 하나님뿐이다(민 23:8, 잠

26:2, 신 28:15). 그런 점에서 축복권과 저주권은 하나님만이 행할 수 있는 고유한 권한이다. 그러므로 '마귀의 공격' 이라든지 '마귀의 영향력' 과 같은 말은 가능하지만, 실효적이라는 의미에서 '마귀의 저주' 와 같은 말은 마귀의 능력을 과대평가한 것이다. 그 결과 가계저주론을 받아들인 사람들은 예수 그리스도의 구속 효력과 은총(갈 3:13)을 과소평가하고, 애니미즘 지역 사람들처럼 그리스도 안에 있으면서도 마귀에게 저주를 받지 않을까 두려워한다.

가계저주론의 두 번째 문제는 기계적이라는 것이다. 애니미즘은 기계적인 공식(formula)을 강조한다. 따라서 저주의 말, 즉 소리 자체가 마치 주문처럼 효력을 가진다고 생각한다. 가계저주론도 애니미즘처럼 저주의 말 자체가 기계적으로 어떤 효력을 가지고 있다고 생각한다. 애니미즘 세계관이 기계적이라는 말은 기본적으로 무도덕적(amoral)이라는 뜻이다. 즉 도덕적 차원과 상관없이 저주의 소리 자체가 영향력을 끼친다고 본다. 그러나 하나님은 인격적이어서 인간 행위에 따라 저주를 실효 있게 하기도 하고 무효하게 하기도 한다. 그러므로 하나님이 판단했을 때 근거가 없는 저주는 어떤 효력도 없으며(잠 26:2), 저주의 말 자체에 어떤 저주의 힘도 없다.

가계저주론의 세 번째 문제는 애니미즘처럼 질병, 사고, 재난 등을 포함하여 인간사에 일어나는 모든 불행과 고통을 초자연적인 영들의 소행으로 본다는 것이다. 그래서 실제로 자연적인 원인인 것도 초자연에서 그 원인을 찾으려고 한다. 예컨대 가계저주론은 가계의 유전적 결함조차도 마귀의 저주 때문이라고 여긴다. 그러나 성경적으로 유전적 결함을 인간의 타락에 따르는 일반적이고 포괄적인 저주의 결과로 볼 수는 있을지라도 특정 가계에 대한 구체적인 저주의 결과라고는 말할 수 없다. 가계저주론은 모든 질병과 신체장애를 저주로 본다는 면에서도 애니미즘적이다. 그러나 성경적 세계관의 관점에서는 모든 질병과 장애가 저주의 결과는 아니다.

마지막으로 가계저주론은 가계에 나타나는 오염도 초자연적 저주로 본다. 예컨대 알코올 중독자의 자녀는 알코올 중독자가 될 가능성이 훨씬 높다. 이것은 마귀의 저주라기보다는 인간의 죄성이 지닌 영향력이다. 즉 교육 원리로 볼 때, 인간에게는 듣고 배우는 것보다 보고 배우는 것이 더 결정적이다. 그런데 가계저주론은 이처럼 자연적인 원인도 초자연적인 원인으로 돌려버린다.

예수님은 "이 사람이나 그 부모가 죄를 범한 것이 아니라 그에게서 하나님의 하시는 일을 나타내고자 하심이니라"(요 9:3)라고 말씀하신다. 성경은 고난에 대해 세 가지 경우를 이야기한다(벧전 2:19-21). 첫 번째는 하나님의 영광을 위해서 받는 고난이다. 하나님의 신실한 종들 가운데 하나님의 영광을 위해 기꺼이 고난과 고통의 자리를 자처해서 들어간 믿음의 사람들이 있다. 두 번째는 자신이 잘못해서 받는 고난이다. 하나님의 창조원리를 어기고 죄를 지어 받는 고통이다. 세 번째는 애매한 고난, 즉 부당한 고난을 말한다. 인과업보의 설명체계에서 모든 고난은 정당하다. 부당한 고난은 있을 수 없다. 그런데 내가 아무 잘못도 하지 않았는데 고난을 받는다면, 내 마음은 마치 욥처럼 고난의 원인을 몰라 방황할 것이다. 그러므로 여기서 '애매한 고난'은 제한된 인간의 인식으로는 그 원인을 다 추적할 수 없는 고난을 의미한다. 아마 욥기에서도 결국 하나님이 나타나 말씀하셔야 한 것처럼(욥 38:1) 우리도 천국에서 하나님의 존전에 섰을 때에야 그 원인을 알게 될지도 모른다. 그러므로 하나님의 선하신 의도를 믿고 "하나님을 생각함으로 슬픔을 참으면 이는 아름다[운]" 것이다(벧전 2:19).

예를 들면 장애인 중에는 애매한 고난을 겪고 있는 사람들이 있다. 모든 장애가 저주의 결과라는 주장은 기독교 세계관에서 수용할 수 없는 것이다. 인간의 타락으로 말미암아 세상이 저주를 받아 질병이나 재난과 같은 것이 생겨났다는 원초적 의미에서, 저주 아래 인간이 놓여 있는 것은 사실이다. 그렇지만 질병이나 재난, 그 결과인 장애 등이 모두 개별적이고 구체적인 행위에 대한 저주의 결과는 아니다.

미국의 교육자이자 저술가인 헬렌 켈러(Helen Keller)를 생각해 보라. 그는 아기였을 때 뇌척수막염을 앓아서 보지도 듣지도 말하지도 못하게 되었다. 그러나 그는 이 모든 삼중고(三重苦)를 이겨내고 많은 사람에게 희망을 주었으며 결국 위인의 반열에 올랐다. 스웨덴의 복음성가 가수 레나 마리아(Lena Maria)를 본 적이 있는가? 그는 두 팔이 없고 한 쪽 다리마저 짧은 선천적 장애인이다. 그러나 그의 얼굴에서는 아무런 구김살이나 열등감, 자기연민을 찾아볼 수 없다. 그는 하나님이 자신을 독특하게 만드셨다고 고백한다. 그의 부모도 대단한 사람들이다. 그들은 자기연민이나 잘못된 정죄감에 빠지지 않았다. 청지기 정신을 따라, 극심한 장애인으로 태어난 자녀를 하나님이 주신 선물로 받았으며 당당하고 독립적인 사람으로 길렀다. 오늘날 레나 마리아를 통해 용기를 얻고 삶에 대한 진지한 태도와 고난을 이기는 적극적 신앙을 배우는 사람이 얼마나 많은가? 그의 장애는 애매한 고난이지만 그리스도의 고난과 접목하여 하나님의 큰일, 하나님의 영광을 드러내고 있다. 힌두교나 불교, 애니미즘 토양에서는 레나 마리아나 헬렌 켈러가 나오기 어렵다. 그 세계관들은 고통을 단지 인과업보나 저주의 결과로 설명해 버리기 때문이다. 예수님은 "나무는 각각 그 열매로 안다" (마 7:20, 눅 6:43-44)고 말씀하신다. 그것은 세계관의 나무에도 적용되는 말씀이다. 기독교 세계관의 탁월성은 바로 이것, 열매에 있다.

기독교 세계관의 큰 그림 속에서 고통의 의미는 무엇인가?

고통의 성경적 의미를 더 분명히 알고 싶다면 기독교 세계관의 큰 그림을 다시 그려봐야 한다. 기독교 세계관의 큰 그림은 창세기 1장 26-28절에 나타난 '문화명령'에 있다. 하나님은 인간을 하나님의 형상대로 만드시고 피조세계에 대한 관리자라는 사명을 주셨다. 만약 하나님의 계획대로 인간이 자신 안에 있는 하나님의 형상을 잘 드러내고, 또 하나님이 주신 사명대로 이 피조세계를 잘 다스려서 죄 없는 문화를 창조적으로 건설했다면 하나님께 큰 영광이 되었을 것이다. 그런데 하나님이 영광 받으시는 것을 질투하는 사탄이 끼어들었다. 하나님의 형상을 어그러뜨려서 죄를 짓게 하고, 사명을 어그러뜨려서 사명을 위한 노동이 아닌 생존에 급급한 노동으로 전락시켜버렸다. 사명 수행 대신 인간은 먹고 마시고 입는 일에 모든 것을 거는 존재가 되어버렸다.

예수님은 오셔서 무슨 일을 하시는가? 먼저 하나님의 형상을 회복시키신다. 그리스도의 형상(갈 4:19), 하나님의 아들의 형상을 본받게 하시며(롬 8:29), 예수 그리스도의 장성한 분량까지(엡 4:13) 자라게 하신다. 예수님은 또 사명을 회복시키신다. 마태복음 6장 31-33절은 먼저 하나님의 나라와 의를 구하면 먹고 마시고 입는 것, 즉 생존을 책임지신다고 말한다. 요한복음 6장 27절은 "썩는 양식을 위하여 일하지 말고 영생하도록 있는 양식을 위하여 하라"라고 말한다.

예수님이 재림하시면 어떤 일이 일어나는가? 우리 안에 있는 하나님의 형상이 완성된다. 바로 영화(榮化, glorification)다. 우리 몸이 예수 그리스도와 같이 "영광의 몸"으로 변할 때(빌 3:21), 우리는 "신의 성품에 참예하는 자"가 되고(벧후 1:4), "신령한 몸"(고전 15:44)으로 말미암아 지금과 다른 능력을 갖게 될 것이다. 또한 사명이 완성된다. "새 하늘과 새 땅"(벧후

3:13, 계 21:1)에서 예수 그리스도와 함께 "세세토록 왕 노릇"할 것이다(계 22:5). 왕 노릇한다는 것은 '왕권'(kingship), 통치권을 뜻한다. 창세기 1장 28절에서 말하는 '다스림'의 명령이 성취되는 것이다. 아담에게 주어진 문화명령의 축복은 아담의 완성자요(고전 15:45), 둘째 아담이요(고전 15:47), 인류의 또 다른 대표자인(롬 5:12-19) 예수님이 재림하심으로 궁극적으로 성취될 것이다.

우리는 흔히 기독교 세계관을 '창조-타락-구속'의 틀로 이해한다. 그런데 오늘날 구속을 단지 "예수 믿고 천당에 간다"라는 내세적인 차원으로 이해하는 사람이 많기 때문에 '창조-타락-구속-완성'이라는 틀이 기독교 세계관의 메시지를 더욱 분명하게 보여준다고 할 수 있다. '구원받는다'는 것은 분명 "예수 믿고 천국에 간다"는 의미가 들어 있다. 이것은 핵심적이고 분명한 진리다. 그러나 구원은 기본적으로 인간의 타락으로 말미암아 상실한 것을 회복하고 하나님이 본래 계획하신 것을 성취하는 것이다. 형상의 회복으로 인간성이 완성되고 다스림의 회복으로 사회, 문화가 완성되는 것이 애당초 하나님이 가지고 계신 계획이다.[9]

도표 21. 기독교 세계관의 큰 그림

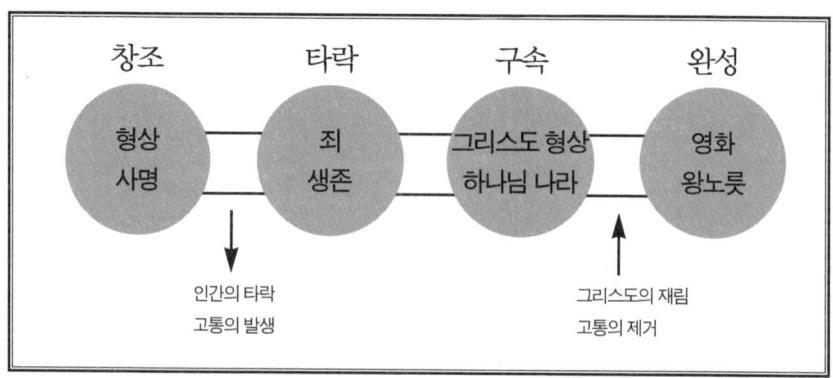

인간이 타락했을 때 고통이 이 세상에 들어왔다. 그리고 예수님의 재림 이후에야 고통은 완전히 사라질 것이다(계 21:4). 따라서 인간의 타락 이후와 예수님의 재림 사이에는 고통이 있을 수밖에 없다. 그리스도인 가정에도 장애인이 태어나고, 사고가 생기며, 불치병에 걸리는 가족이 있다. 반드시 무슨 구체적 저주를 받아서 그런 것이 아니다. 타락으로 말미암아 포괄적이고 원초적으로 저주받은 땅에서 살고 있기 때문이다(창 3:17). 그러므로 누군가가 받는 고난에 대해 자의적으로 그 원인을 말해서는 안 된다. 예수님 당시, 실로암에서 망대가 무너지는 사건이 있었다. 사람들은 자기 임의대로 사고당한 사람들을 도덕적으로 평가했다. 그러나 예수님은 이 사고로 치어 죽은 열여덟 사람이 예루살렘에 사는 모든 사람보다 죄가 더 많아서 사고를 당한 것이 아니라고 말씀하신다(눅 13:4).

타락한 세상을 살아가는 사람들의 현주소를 요약해서 말하자면 "고통 가운데 죄 지으면서 먹고 살기에 급급하다"는 것이다. 심지어 많은 그리스도인이 그렇게 살아간다. 그러나 그리스도인은 본질적으로 그렇게 부르심을 받은 자가 아니다. 그리스도인은 고통이 있지만 죄를 짓지 않고 그리스도의 형상을 이루도록 부르심을 받았다. 생존 문제가 심각하지만 생존에 급급히 매여 있지 않고 하나님의 나라와 의를 먼저 구하도록 부름 받은 자다. 그런데 이것은 결코 쉬운 일이 아니다. 타락한 인간은 본능적으로 고통

---

9. 데이비드 보쉬(David Bosch)는 하나님 나라의 소망이 어떻게 저세상적(other-worldly)이고 내세적인(next-worldly)이며 개인주의적인 '하늘 소망'의 개념으로 탈바꿈했는지를 지적한다. 즉 로마제국의 통치 아래 황제에 대한 충성심을 의심받은 그리스도인들은 자신들이 추구하는 나라가 이 땅의 왕국이 아니라 하늘나라라고 변호하기에 급급했다. 또한 헬라철학의 영향으로 하나님의 통치를 강조하는 하나님 나라 대신 불변하는 영원한 나라의 관념이 강해졌으며, 그 결과 저세상적이고 내세적인 장소로서의 '하늘나라'의 관념이 더 우세해졌다는 것이다(Bosch, 2000, 309-314, 316-319, 337-339).

이 가중되면 더 많이 죄를 짓고 생존을 위해 더욱 아등바등하는 법이다. 한국에 IMF 위기가 닥쳐 고통이 가중되자 범죄율이 올라가고 생존경쟁은 더욱 치열해졌다. 고통 가운데서 죄를 짓지 않고 생존 문제에 급급해하지 않는 것은 사실 타락한 인간의 본성으로는 해낼 수 없을 정도로 굉장히 어려운 일이다. 그렇기 때문에 하나님은 성령을 보내주셔서(요 14:16) 우리를 일깨우고 격려하며 우리의 연약함을 도우신다(롬 8:26).

애매한 고난은 물론 어떤 고난도 그리스도의 십자가에 접목되면 하나님의 일을 드러내고(요 9:3) 하나님의 영광을 드러낸다. 당신은 초대 교회 성도들이 핍박받는 영화를 본 적이 있는가? 성도들이 원형 경기장으로 끌려 나오고, 화형대가 세워지고, 사자가 풀려나온다. 관중은 그리스도인들이 고통 속에서 얼마나 추악해지는지 기대하는 마음으로 야유와 욕설을 퍼붓는다. 그리스도인들이 하나님을 원망하고, 조금이라도 더 살기 위해서 서로 밀치고, 관중을 향해 욕설을 퍼붓고 저주할 것이라고 기대한다. 그러나 그리스도인들의 태도에 아무런 동요가 없다. 하나님을 찬송하는 목소리는 더욱 커지고, 의연하게 화형대에 불타 죽고, 차례대로 사자의 밥이 된다. 관중은 욕설과 저주를 멈추고 침묵한다. 그들 사이에 충격과 함께 숙연함이 감돌기 시작한다. 왜 그런가? 고통을 대하는 태도가 세상 사람과 너무 다르기 때문이다.

〈브레이브 하트〉(Brave Heart)라는 영화를 본 적이 있는가? 스코틀랜드의 독립을 위해 싸운 영웅, 윌리엄 월리스(William Wallace)에 관한 이야기다. 계략에 빠진 윌리엄은 잉글랜드 군사에게 사로잡혀 처형대에 오른다. 잉글랜드 사람들은 그에게 욕설을 퍼붓고 저주를 하고 계란을 던진다. 도저히 감당할 수 없는 잔혹한 고문에도 윌리엄은 잉글랜드 사람들이나 왕을 향해 욕설을 하거나 저주하지 않는다. 회유에 굴복하지도 않고 묵묵히 고통을 참는다. 이를 바라보는 잉글랜드 사람들 사이에 숙연함이 감돈다. 그들은 이전과 정반대로 윌리엄을 응원하기 시작한다. 윌리엄은 마지막으로 혼신의 힘을 다해 "자유"(freedom)를 외치고 죽는다. 무엇이 잉글랜드 사람들을 숙연하게 만들었는가? 윌리엄이 고통 가운데도 죄를 짓거나 비진리에 굴복하지 않고 진리를 외쳤기 때문이다.

예수님의 십자가는 어떤가? 예수님은 십자가형이라는 극심한 고통 속에서도 누구를 저주하거나 욕설을 퍼붓지 않으셨다. 오히려 자신을 못 박은 자들의 죄를 용서해 달라고 하나님께 부탁하셨다. "아버지여 저희를 사하여 주옵소서. 자기의 하는 것을 알지 못함이니이다"(눅 23:34). 예수님은 온갖 조롱과 야유에도 악하게 반응하지 않고 묵묵히 받아들이셨다. 십자가 아래에서 많은 사람이 숙연해졌다. 예수님이 뭔가 확실히 다른 분이라는 사실을 느끼기 시작했다. 그 사람들 속에 한 백부장이 있었다. 그는 이미 예수님께 마음 깊이 감동하고 있었고, 예수님이 운명하실 때 일어난 일을 보며 예수님이 구주임을 확증하였다. 백부장은 예수님에 대해 이렇게 고백했다. "이 사람은 진실로 하나님의 아들이었도다"(마 27:54, 막 15:39). 아마 십자가 아래에서 많은 사람이 예수님을 믿고 구원받았을 것이다. 예수님이 고난을 대하시는 모습이 이 세상 방식과 너무나 달랐기 때문이다.

사람들은 고난 받는 사람을 주목한다. 그리스도인이 고난 받을 때 더욱 주목한다. 하나님의 영광을 위해 자초한 고난뿐 아니라 애매한 고난조차도 십자가의 고난과 접목되면 하나님의 영광을 드러낸다. 고난의 현장에서 그리스도인은 이 세상 사람과 뭔가 다르다는 것을 보여야 한다. 고난의 자리는 그리스도인의 행동양식과 가치체계가 세상 사람과 다르다는 것을 보여줄 수 있는 절호의 기회다.

9

세계관과 영적 전쟁

세계관은 영적 전쟁과 어떤 관계가 있는가?

세계관과 영적 전쟁의 관계를 생각해 보자. 하나님은 진리이시다(시 31:5, 사 65:16). 사탄의 대표이름은 거짓말쟁이, 거짓의 아비다(요 8:44). 진리란 실재를 오류 없이 정확하게 말하는 것이다. 거짓은 실재가 아닌 것을 실재인 것처럼, 사실이 아닌 것을 사실인 것처럼 말하는 것이다. 유신론이 진리라면 무신론은 거짓말일 수밖에 없다. 창조론이 참이라면 진화론은 거짓일 수밖에 없다. 유신론과 무신론, 창조론과 진화론 양쪽 모두 진리주장을 할 수 있지만 양쪽 모두 사실일 수는 없다. 그래서 세계관의 대결은 진리 대결이다.

인간은 어떻게 타락했는가? 사탄의 거짓말에 속아 넘어가 타락했다(창 3:4-5). 사탄이 사실이 아닌 것을 사실인 것처럼 거짓으로 말하면서 유혹했기 때문이다. 거짓은 실재에 대한 잘못된 묘사, 즉 비성경적 세계관을 말하는 것이다. 따라서 비성경적 세계관을 다르게 표현하면 바로 '거짓말' 인 것이다. 사탄은 거짓말, 즉 비성경적 세계관을 유포하여 인간을 타락시켰다. 하나님 말씀은 우주 만물을 붙드는 능력이므로(히 1:3) 그분의 말씀은 우주의 실재와 부합하며 그분의 말씀이 곧 진리다. 여기에는 성경이 세계에 대해 말하는 바, 즉 성경이 제시하는 세계에 대한 이해와 해석의 틀이야말로 사실에 부합하는 진리라는 기독교 신앙고백이 함축되어 있다.

비성경적 세계관은 반드시 비성경적 가치체계와 비성경적 행동양식을 유발하는데, 바로 비성경적 가치체계와 행동양식은 다름 아닌 '죄'다. 그러므로 사탄은 인간을 타락시킬 때 먼저 하나님 말씀을 왜곡하고 하나님 말씀의 진실성에 의문을 품게 만들었다. "하나님이 참으로 너희더러 동산 모든 나무의 실과를 먹지 말라 하시더냐?"(창 3:1). 그리고 실재에 대한 네 가지 거짓말, 즉 비성경적 세계관을 제안했다. "너희가 결코 죽지 아니하리라. 너희가 그것을 먹는 날에는 너희 눈이 밝아, 하나님과 같이 되어, 선악을 알 줄을 하나님이 아심이니라"(창 3:4-5). 죽지 않음, 눈이 밝아짐, 하나님과 같이 됨, 선악을 알게 됨, 이 네 가지 거짓말은 비성경적 세계관의 기본 유형이다. 그리고 이러한 거짓말은 하나님의 성품을 왜곡하여 먹혀들 수 있었다. 거짓의 아비 사탄은 오히려 하나님을 거짓말쟁이로 모함하고 인간에게 좋은 것을 내어주기 싫어하는 분으로 왜곡하였다. 그렇다면 하나님은 무엇에 대해 진리를 말씀하시고 사탄은 무엇에 대해서 거짓말을 하는가?

도표 22. 세계관과 영적 전쟁

		하나님 = 진리	사탄 = 거짓
세계	하나님		그리스-로마 신화, 이단
	인간		진화론, 카스트 제도, 남존여비
	자연		이신론, 애니미즘
	죽음		도교(신선), 탄트리즘(금강신)
	고통		인과업보

하나님은 세계와 관련해서 진리를 말씀하시고, 사탄은 세계와 관련해서 거짓을 말한다. 하나님은 그분 자신에 관해서, 인간에 관해서, 자연에 관해서, 죽음에 관해서, 고통에 관해서 사실을 말씀하시는 반면, 사탄은 거짓을 말한다. 예를 들어, 하나님의 속성과 성품에 관해서 사탄은 그리스-로마 신화를 통해서, 이단을 통해서 거짓말을 할 수 있다. 인간에 관해서는 진화론을 통해 인간이 원숭이에서 좀 더 진화한 동물일 뿐이라고 거짓말을 할 수 있다. 힌두교의 카스트 제도를 통해 인간은 전생의 업보에 따라 날 때부터 계급이 정해진다고 거짓말을 할 수 있다. 유교를 통해서는 남존여비(男尊女卑)라고 거짓말을 할 수도 있다. 범신론을 통해 자연이 곧 신이라고 거짓말을 할 수 있고, 이신론이나 무신론을 통해서는 자연이 기계적이라고 거짓말을 할 수도 있다. 죽음에 관해서는 도교나 탄트리즘을 통해 어떤 물질을 복용하거나 수행을 하면 불사의 경지에 도달할 수 있다고 거짓말을 할 수도 있다. 또한 불교나 힌두교를 통해 죽음 다음에 윤회한다고 거짓말을 할 수도 있고, 세속주의를 통해서는 죽음 다음에 아무것도 없으며 소멸될 뿐이라고 거짓말을 할 수도 있다. 고통에 관해서 힌두교나 불교를 통해 모든 고

통은 인과업보라고 거짓말을 할 수도 있다.

이러한 거짓말에 속으면 어떻게 될까? 미성숙하고 비생산적이며 비참한 삶을 살게 된다. 지도자가 거짓말에 속으면 더욱 심각한 결과를 낳는다. 지도자는 공동체 운명에 직접 영향을 끼치기 때문이다. 만일 교회 담임목사가 이단이 된다면 담임목사 개인의 미성숙 문제에서 끝나지 않는다. 온 교인이 함께 이단이 되어버릴 수 있기 때문이다. 한 집안의 가장이 남존여비와 같은 생각에 찌들어 있으면 부인과 그 집안 딸들이 고통 받을 것이다. 아돌프 히틀러처럼 국가 지도자가 거짓에 속으면 그 결과는 더욱 심각하다. 히틀러는 신비주의와 진화론에 따른 형질인류학적 견지에서 게르만족의 우월성을 확신했다. 그 결과 2차 세계대전을 일으켜 유대인을 학살하고 많은 사람에게 고통을 가져다주었다.

사탄의 거짓말이 카스트 제도처럼 사회구조가 되고, 이슬람처럼 문화가 되고, 공산주의처럼 정치제도가 되고 진화론처럼 학문이 되어버리면, 개인적 차원에서 거부하고 거스르기가 쉽지 않다. 이것이 바로 사탄의 "견고한 진"(strong hold)이다(고후 10:4). 따라서 사탄을 "정사와 권세와 이 어두움의 세상 주관자"(엡 6:12)라고 부르는 것이다.

목적론적 세계관이 왜 회복되어야 하는가?

거짓말에 속은 개인은 하나님이 원래 목적하고 계획한 인생을 살 수 없기 때문에 미성숙하게 살아간다. 거짓에 속는다는 것은 원래 계획되고 목적된 삶에서 벗어나는 것이기 때문에 비생산적이고 비효율적이며 비참한 삶을 살게 된다는 뜻이다. 예를 들어 당신이 지금 마이크를 들고 매우 큰 강당에서 청중 5천 명을 앞에 두고 이야기를 한다고 가정해 보라. 당신은 어제 아프리카에서 온 부시맨이고 마이크라는 물건을 처음 보았다. 그런데 어떤 사람이 거짓말로 마이크를 안마기라고 가르쳐주었다. 당신은 지금 마이크로 어깨를 안마하면서 5천 명 앞에서 고래고래 소리를 지르며 이야기한다. 스위치만 살짝 올리면 그러지 않아도 되는데 말이다. 이 얼마나 비효율적이고 비생산적이며 비참한 모습인가!

예전 초신자 시절에 잘 이해되지 않은 성경구절이 있었다. 바로 요한복음 10장 10절이다. "내가 온 것은 양으로 생명을 얻게 하고 더 풍성히 얻게 하려는 것이라." 앞부분은 이해할 수 있었다. "생명을 얻게 하고"라는 말은 구원받아 영생을 얻는다는 뜻으로 이해했다. 그런데 뒷부분은 잘 이해되지 않았다. 도대체 무엇이 더 풍성해진다는 것인가! 예수를 믿으면 사업이 더 잘되고, 사고도 안 나고, 병에도 안 걸린다는 말인가? 그것은 사실과 부합하지 않는 주장이 아닌가? 나중에 가서야 이 말씀이 얼마나 참된가를 깨달을 수 있었다.

다시 마이크를 생각해 보자. 마이크에 금칠을 하고 다이아몬드를 박아놓았다 할지라도 마이크를 안마기로 사용하거나 진열장에 곱게 모셔둔다면 그것은 살아도 산 것이 아니다. 기능적으로 죽었을 뿐 아니라 마이크를 만든 자의 의도를 벗어났기 때문에 관계적으로도 죽은 것이다. 성경에서 말하는 영적 죽음이란 실체적 죽음이라기보다는 기능적, 관계적 죽음이다. 마이크가 안마기로 쓰이기 위해서 이렇게 복잡한 형태를 취할 필요가 있겠는가! 인간도 마찬가지다. 인간에게 먹고, 마시고, 입는 것이 전부라면 인간이 이렇게 복잡할 필요가 있겠는가! 개나 소 정도면 충분하지 않겠는가!

그런데 드디어 마이크가 안마기가 아닌 본래 목적대로 사용되기 시작했다. 이제야 진정한 생명을 얻은 것이다. 그렇다고 이 마이크의 생애에 고통스러운 일이 일어나지 않는 것은 아니다. 강사가 떨어뜨려서 찌그러질 수도 있고, 고장이 나서 수리하러 갔다 오기도 하고, 칠이 벗겨지기도 한다.

그렇지만 안마기가 아닌 마이크로 제대로 끝까지 쓰임 받다가 자연사(自然死) 또는 돌연사(突然死)했다고 가정해 보라. 그 마이크는 생명을 얻고 풍성하게 살다 간 것이다. "풍성한 삶"이란 아무런 고통이 없는 삶, 질병이나 사고, 실패가 없는 삶을 뜻하는 것이 아니다. 바알적 신앙은 이런 고통 없는 삶을 풍성한 삶이라고 생각하지만 야훼 신앙은 전혀 그렇지 않다. 필자가 이 말씀을 이해하지 못한 것은 바알적 신앙 토양에서 성장하면서 거기에 깊이 젖어 있었기 때문이다.

성경에서 말하는 풍성한 삶이란 원래 하나님이 의도하고 계획한 삶을 살아가는 것, 즉 합목적적 삶을 사는 것이다. 세속주의 세계관의 출발점은 이신론이다. 뉴턴과 데카르트 이후에 발생한 이신론적 세계관이 불러온 가장 큰 재앙은 자연과 역사에서 목적론을 제거할 뿐 아니라 목적론을 주장하는 사람들을 조롱거리로 만들어버렸다는 것이다. 초자연에서 독립한 자연은 더 이상 목적을 가질 수 없게 되어버렸다. 진화론이 출현한 이래 자연의 일부분일 뿐인 인간도 더 이상 그 존재의 목적을 가질 수 없게 되었다. 모든 인간 존재는 우연한 현상일 뿐이며, 하이데거(Martin Heidegger)의 말대로 "세계 내에 던져진"(被投性, Geworfenheit) 우연한 존재가 되어버렸다. 왜 오늘날 많은 사람이 삶의 목적을 상실하고 공허한 삶을 살아가고 있는가? 그것은 목적론적 세계관을 추방시킨 인간에게 돌아온 부메랑과 같다.

영적 전쟁에서의 진정한 승리란 무엇인가?

영적 전쟁에서 승리한다는 것은 무엇을 의미하는가? 원래 하나님이 계획하고 의도하신 것을 성취하는 것이다. 원래 하나님은 무엇을 계획하고 의도하셨는가? 바로 앞에서도 언급한 창세기 1장 26-28절에 나타난 기독교 세계관의 큰 그림이다. 하나님은 인간에게 하나님 형상과 하나님 나라의 사명을 주셨다. 이것을 이루는 것이 영적 승리다. 사탄은 필사적으로 이것을 방해한다. 이것이 성취되는 것은 하나님께 큰 영광이 되기 때문이다. 티모시 워너(Timothy Warner)가 말한 대로 영적 전쟁은 하나님의 영광이 걸린 싸움이다(Warner, 1995, 13-26). 동시에 인간에게는 평화, 즉 샬롬(shalom)이 걸린 싸움이다(Hiebert, 1997, 276-281). 그러므로 예수님이 이 땅에 오셨을 때 "지극히 높은 곳에서는 하나님께 영광이요 땅에서는 기뻐하심을 입은 사람들 중에 평화로다"(눅 2:14)라는 천사들의 찬송과 선포가 있었다.

예를 들어 당신이 법정 증언을 위해 서울에서 부산으로 내려가야 할 일이 있다고 가정해 보자. 그런데 방해꾼이 나타나 당신이 부산으로 가는 것을 방해한다. 당신의 증언이 너무나 결정적이어서 재판 결과를 뒤집어놓을 수 있기 때문이다. 당신이 방해꾼과 엉겨 붙어서 싸우느라 결국 부산에 가지 못했다면 당신은 이긴 것인가, 진 것인가? 진정으로 이기기 위해서는 어떻게 해야 하는가? 방해꾼을 뿌리치고, 때로는 한 방 날려버리고 빨리 부산을 향해 가야 한다.

많은 사람이 영적 전쟁을 오해한다. 인도-유럽적 세계관에 나타나는 영적 전쟁에 대한 관점을 자신도 모르게 받아들이는 사람이 많다. 인도-유럽 신화에서는 조로아스터교에 일반적으로 나타나는 것처럼 선신(善神)과 악신(惡神)이 영원히 대립하며 싸운다. 신들 사이의 전쟁을 기본으로 하여 인간 사이의 전쟁, 심지어 동물 사이의 전쟁으로 확장된다. 고래 싸움에 새우 등 터진다는 식으로 인간은 신들의 전쟁 사이에 끼인 희생자로 간주된다. 물론 영적 전쟁에 관한 이러한 관점에서도 '죄 사함'이라는 주제가 언급되지만, 악의 세력에서 '해방'된다는 측면이 더욱 강조되는 경향이 있다. 그리고 인도-유럽적 영적 전쟁관은 '승리'(victory)보다는 '전투'(battle) 자체를 더 강조하기 때문에 의식적, 무의식적으로 이러한 관점을 받아들인 사람은 매우 전투적인 태도를 갖게 된다.

도표 23. 성경적 영적 전쟁관과 인도-유럽적 영적 전쟁관

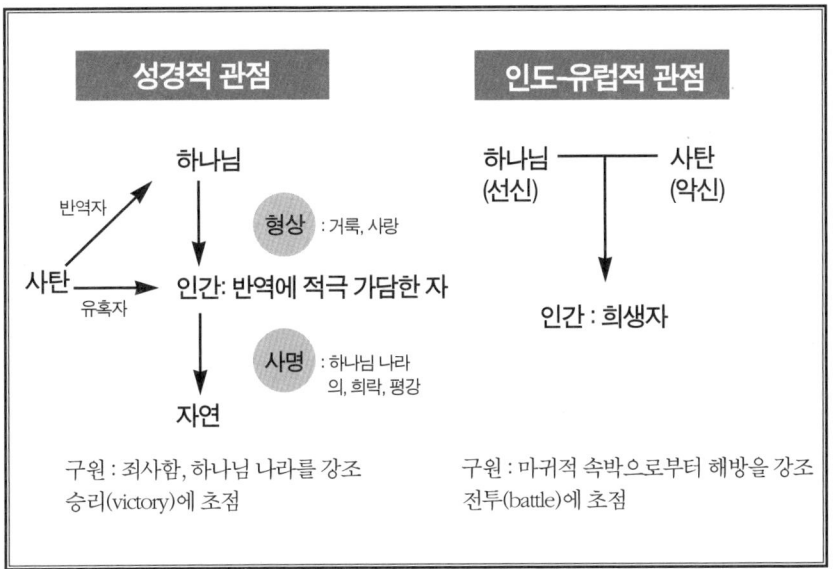

인도-유럽 신화는 힘의 원리가 지배하는 우주를 전제로 한다. 이는 인간의 타락 이후 전락된 자연계 원리와 일맥상통하며 진화론의 주장과도 통한다. 인도-유럽 신화는 〈스타워즈〉와 같은 영화에 잘 나타난다. 미국은 역사가 짧기 때문에 미래에 투영한 신화를 만들어낼 수밖에 없다. 〈스타워즈〉에는 우주적 '힘'(force)의 개념이 나온다. 그리고 이러한 힘에는 '어두운 면'(dark side)과 '밝은 면'(bright side)이 있고, 두 측면이 균형을 이룰 때 평화가 온다고 생각한다. 이러한 관점은 기(氣)의 양 측면으로서의 '음'(陰)과 '양'(陽), 그리고 양자의 영원한 균형으로서 '태극'(太極)이라는 중국 고유의 음양 사상과도 통한다. 인도-유럽 신화에 나타나는 선과 악의 이

분법에 기초한 선과 악의 영원한 투쟁은 할리우드 영화의 단골 주제다. 〈슈퍼맨〉, 〈스파이더맨〉, 〈배트맨〉의 주제이자 〈007〉시리즈의 주제다. 이러한 영화에서는 사람들이 실제로 살아가는 현실과 달리 선인(善人)과 악인(惡人)이 확연히 구분된다. 선인에게서는 악한 구석을 조금도 찾아볼 수 없고, 악당에게서는 선한 구석을 조금도 찾아볼 수가 없다. 선인이 악당을 쳐부수기 위한 폭력은 허용되고 정당한 폭력으로 간주될 뿐 아니라 통쾌하고 후련하기까지 하다. 끝내 선인이 악당을 물리치지만, 그것으로 영원한 평화가 도래하는 것은 아니다. 영화가 끝날 무렵, 악당은 어떻게든 살아남아 탈출해서 슈퍼맨 2탄, 3탄, 스파이더맨 2탄, 3탄이 계속해서 나온다. 이렇게 해서 선과 악의 투쟁은 영원히 지속된다.

　이러한 인도-유럽적 세계관에 따른 영적 전쟁관은 그리스도인 안에도 무의식적으로 많이 침투해 있다. 외적으로 매우 경건해 보이는 그리스도인 가운데 이러한 세계관에 따라 단순하게 선과 악을 이분법적으로 나누고, 모든 것을 선인과 악인, 선의 축과 악의 축, 선한 나라와 악한 나라로 나누어 버리는 이들이 있다. 그리고 선한 나라가 악한 나라를 물리치기 위해서는 일방주의적인 선제공격도 정당하게 여긴다. 선한 나라 국민 몇 사람이 죽은 것에는 매우 민감하지만, 악한 나라 국민 수천 명이 무차별 폭격으로 죽어나가는 일은 별로 개의치 않는다.[1]

　그러나 타락한 인간 세상에서는 적어도 국제관계상 선한 나라가 존재하지 않는다. 타락한 이 세상을 지배하는 원리는 '힘'과 '물질'이다. 힘 있는 자가 지배하고 군림하며 물질을 차지한다. 타락한 인간이 힘을 가지고 있

---

1. 인도-유럽 신화적 관점에서 본 영적 전쟁관에 대해서는 폴 히버트(Paul Hiebert)의 저서에 잘 설명되어 있다 (Hiebert, 1997, 267-284, Hiebert, 2006, 378-391).

다면, 분명 자기 이익을 위해 힘을 사용할 것이다. 마찬가지로 모든 힘 있는 나라는 힘을 휘두르기 마련이다. 그것이 바로 패권주의다. 어떤 나라가 다른 나라를 위해 희생하고 봉사한다는 것은 타락한 인간의 본질을 무시한 단순한 사고방식의 발로일 뿐이다. 모든 나라는 동서고금을 막론하고 자국의 이익을 위해 움직여왔다.

성경은 영적 전쟁을 어떻게 보는가?

성경적 세계관에서 보는 영적 전쟁은 다르다. 하나님은 사탄과 능력의 대결(power encounter)을 하지 않는다. 하나님이 사탄과 능력 싸움을 한다는 주장은 하나님을 모독하는 것이다. 만약 누군가가 당신이 세 살짜리 아이와 능력 싸움을 한다고 말하면 당신은 모욕감을 느낄 것이다. 그렇다면 창조주가 어떻게 피조물과, 더군다나 타락한 천사 같은 존재와 능력 싸움을 하겠는가? 하나님은 진리의 대결(truth encounter)을 하신다. 하나님의 옳으심, 즉 의로우심을 드러내는 방식으로 타락한 천사와 인간이 자행한 반역 사건을 처리하신다.

성경적 세계관에서 인간은 하나님과 사탄이 벌인 영적 전쟁의 희생자가 아니다. 인간은 반역사건의 적극 가담자이자 마귀의 자식(요 8:44, 요일 3:10, 행 13:10)이 되어버렸다. 성경적 관점에서 영적 전쟁은 영원한 싸움이 아니다. 그리스도는 이미 승리하셨고 온전하고 영원한 승리를 구현하실 것이다(골 2:15, 요일 3:8, 계 5:5). 하나님의 옳으심이 명백히 드러나고, 하나님이 원래 계획하고 목적하신 의도가 성취될 것이다. 반역사건으로 뒤죽박죽된 질서가 온전히 회복되고, 죄 때문에 만신창이가 된 인간 존재와 피조 세계 또한 회복될 것이다.[2]

하나님 나라, 새 하늘과 새 땅, 새 예루살렘 성은 하나님의 계획과 의도가 성취되고 만물이 회복되는 곳이다. 그곳에는 하나님의 형상을 온전히 이룬 사람들로 충만할 것이다. 하나님의 형상이라는 말에는 신학적 의미가 많이 함축되어 있지만 단순화하여 속성의 관점에서 말한다면 '거룩' 과 '사랑' 이라고 할 수 있다. 하나님의 본체라는 차원에서 하나님의 대표 속성은 거룩이다(레 19:2, 삼상 2:2, 시 99:9). 그러므로 하나님 보좌 주위에서 천사들이 밤낮으로 "거룩하다, 거룩하다, 거룩하다" 라고 높이며 하나님을 찬양하는 것이다(사 6:3, 계 4:8). 피조물과 관련한 하나님의 대표 속성은 사랑이다. 하나님은 사랑이시다(요일 4:8). 야고보서에서도 참된 경건에 대해 이 두 가지를 언급한다. "하나님 아버지 앞에서 정결하고 더러움이 없는 경건은" "자기를 지켜 세속에 물들지 아니하는" 거룩함과, "고아와 과부를 그 환난 중에 돌아보[는]" 이웃에 대한 사랑이다(약 1:27). 구약과 신약을 꿰뚫어서 성경이 말하려는 것도 바로 이것이다. 구약 율법을 요약하면, "제발 죄 짓지 말고 거룩하게 살라" 는 것이다. 또한 "제발 이웃과 잘 지내고 사랑하라" 는 것이다. 거룩은 경건의 수직적 차원이고, 사랑은 수평적 차원이다.

성경에서 말하는 영적 승리의 두 번째 측면은 하나님이 주신 사명을 완수하는 것이다. 즉 이 땅에 하나님 나라를 건설하는 것이다. 주기도문에서 말하는 것처럼 하나님 나라가 땅에 임하고 하나님 뜻이 하늘에서 이룬 것같이 땅에서도 이루어지게 하는 것이다(마 6:10). 하나님 나라는 요한계시록에서 묘사한 것처럼, 각 나라와 족속과 방언에서 나온 거룩과 사랑으로 충만한 사람들이 큰 무리를 이루고 하나님을 예배하는 장엄한 천국 예배 장면에(계 7:9-12) 상징적으로 나타난다. 만일 인간이 타락하지 않고 문화

---

2. 하나님이 원래 의도하신 권위의 질서는 연합과 순종을 기초로 하는 화목(和睦)하고 신령한 질서, 곧 샬롬이다. 반역사건은 권위의 질서에 대한 도전사건으로, 그 결과 영의 원리가 아닌 힘의 원리가 세상에 들어왔다. 결국 화목은 깨지고 분리와 반항, 다툼이 지배하는 반목(反目)과 불화(不和)의 무질서 상태로 전락했다.

명령을 수행했다면, 이 땅에 거룩과 사랑으로 충만한 사람들로만 가득해서 땅 위 모든 사람이 하나님을 예배했을 것이다. 그러므로 하나님의 본래 계획이 성취되려면 새 예루살렘 성은 이 땅으로 내려와야 하고(계 21:2) 지금의 하늘과 땅은 새 하늘과 새 땅으로 회복되어야 한다(계 21:1).

하나님 나라는 "성령 안에서 의와 평강과 희락"(롬 14:17)이라고 성경은 말한다. 하나님 나라는 평강, 즉 샬롬이 실현되는 곳이다. 성경적 의미에서 샬롬은 하나님과 올바른 관계를 맺는 것에서 출발한다. 하나님과 올바른 관계에 있으면 나 자신과 올바른 관계에 있게 되고, 나 자신과 올바른 관계에 있는 사람은 타인과 올바른 관계에 있게 되며, 나아가서 다른 피조물과도 올바른 관계에 있게 된다.

성경에서 말하는 축복은 기본적으로 하나님과 올바른 관계에 거하는 것에서 비롯된다. 시편 1편은 하나님과 영적, 도덕적으로 올바른 관계에 있는 사람이 복이 있다고 말한다. 즉 "복 있는 사람은 악인의 꾀를 좇지 아니하며, 죄인의 길에 서지 아니하며 오만한 자의 자리에 앉지 아니하고, 오직 여호와의 율법을 즐거워하여 그 율법을 주야로 묵상하는 자"(시 1:1-2)다. 시편 32편 역시 하나님과 영적, 도덕적으로 올바른 관계에 있는 사람이 복이 있다고 말한다. "허물의 사함을 얻고 그 죄의 가리움을 받은 자는 복이 있도다. 마음에 간사가 없고 여호와께 정죄를 당치 않은 자는 복이 있도다"(시 32:1-2). 마태복음 5장에 나오는 산상수훈도 하나님과 올바른 관계에 있는 것을 복이 있다고 말한다. "심령이 가난한 자," "애통하는 자," "온유한 자," "의에 주리고 목마른 자," "긍휼히 여기는 자," "마음이 청결한 자," "화평케 하는 자," "의를 위하여 핍박을 받은 자"는 복이 있는 사람이다(마 5:3-10).

물론 성경에서 말하는 축복은 건강과 물질 영역의 형통을 배제하지 않는다. 샬롬은 건강과 물질도 포함한다. 사실 건강이 너무 나쁘고 물질이 너무 부족하면 샬롬이 없는 것이다. 샬롬은 전인적이며 전체적이다. 그러므로 사탄은 죄를 짓도록 유혹해서 하나님과의 관계를 깨뜨리고, 나 자신과의 관계, 타인과의 관계를 깨뜨리는 이간질을 통해 역사한다. 그리고 하나님이 허용하시는 시간적, 공간적 범위 내에서 건강과 물질을 빼앗기도 한다. 그러나 모든 질병과 가난이 마귀의 소행이라고 말할 수는 없다.

성경에서 말하는 영적 전쟁의 주류는 거룩, 사랑, 성화, 영적 성숙, 하나님 나라, 성령 충만, 의, 희락, 평강과 같은 것이다. 요한일서에서 "하나님의 아들이 나타나신 것은 마귀의 일을 멸하려 하심이라"(요일 3:8)라고 했다. 마귀의 일은 무엇인가? 바로 하나님의 영광을 가로채고 하나님이 원래 의도하고 계획하신 것을 방해하는 것이다. 그러나 하나님은 창조주시고 그분의 의도와 계획의 실현을 막을 자는 아무도 없다.

> 성령 충만한 사람의 내적 특징은
> 지정의를 성령의 다스림에 복종시키는 것이며
> 외적 특징은 하나님과 인간, 자연과
> 올바른 관계를 맺는 것이다.

III 문화의 토양과 문화변혁

10
문화의 토양과 한국인의 의식구조

타당성 구조란 무엇을 말하는가?

인간은 진공 상태에서 태어나 성장하는 것이 아니다. 반드시 어떤 문화 안에서 태어나 성장하면서 사회화(socialization)와 문화화(enculturation) 과정을 거친다. 의식하든 의식하지 못하든 우리가 태어나 자란 문화적 토양에서 자양분을 흡수하고 성장해간다. 여기서 "문화적 토양"이라는 개념은 피터 버거(Peter L. Berger)가 제시한 종교사회학적 용어로, 말하자면 "타당성 구조"(plausibility structure)를 뜻한다.[1] "plausible"은 한국어로 "그럴듯한"이라고 번역한다. 당신이 배가 아프다고 가정해 보라. 옆에 있는 친구가 "혹시 장염 아니야?"라고 한다면 당신은 대수롭지 않게 여길지도 모른다. 그러나 그 친구가 의사라면 좀 더 심각하게 받아들일 것이다. 의사가 하

---

[1] 타당성 구조는 특정한 사회 안에서 더 타당하게 간주되는 신념이나 실천이 사회구조적으로 형성되어 있는 것을 뜻한다. 타당성 구조 말고도 개연성 구조, 설득력 구조, 유효 구조 등으로 번역하기도 한다.

는 말은 더 '그럴듯해서' 개연성과 타당성이 높기 때문이다.

어떤 종교와 그에 따른 세계관, 가치체계, 행동양식이 어떤 문화에 토양이 되면 타당성 구조를 형성한다. 결과적으로 그 문화는 특정한 행동이나 가치를 전제로 받아들이고 더 그럴듯한 것으로 간주한다. 한국에서 제사를 지내는 것은 그럴듯한 행동이다. 따라서 증명이 필요 없는 전제로서 당연시된다. 그러나 제사를 지내지 않으려면 납득할 만한 이유를 설명해야 한다. 제사를 지내지 않는 것은 그럴듯하지 않고 당연시될 수 없는 행동이기 때문이다.

한 가지 예를 들어보자. 우리나라에서 대중적 인기가 높은 동양철학자가 EBS, KBS와 같은 공영방송에 나와서 노자 도덕경(道德經), 불교 금강경(金剛經), 논어 등을 강의했다. 강의의 세부 내용에 대해서 불만족스럽게 생각하거나 방송 그 자체에 반발심을 느끼는 사람도 있을 것이다. 그러나 한국인 가운데, 심지어 그리스도인이라 할지라도 공영방송이 도덕경, 금강경, 논어 등을 방영했다는 사실 자체에 거부감을 느끼는 사람은 많지 않을 것이다. 그런데 만일 공영방송에 복음주의 기독교 진영의 어떤 사람이 나와서 성경을 강의한다면 상황이 많이 달라진다. 많은 한국인이 방송 그 자체에 반발심을 느낄 것이다. 왜 특정한 종교를 광고하느냐는 시청자의 항의 전화가 빗발치는 등 큰 물의를 일으킬 것이다.

왜 그런가? 한국의 문화 토양은 샤머니즘, 불교, 유교, 세속주의로 이루어져 있기 때문이다. 어릴 때부터 학교에서 국어 시간, 국사 시간에 배운 내용은 불교나 유교 등과 깊이 관련되어 있다. 당신은 고등학교 국어시간에 '용비어천가'(龍飛御天歌)를 배운 적이 있을 것이다. 거기에는 유교 세계관의 핵심적 개념과 전제가 포함되어 있다. 수학여행을 가서 보는 문화재들은 거의 유교 아니면 불교 유적지다. 텔레비전에서 사극을 방영한다. 불교 사찰을 배경으로 고려시대 이야기가 전개된다. 고승이 나와서 한마디씩 툭툭 던지는 말에는 불교 세계관의 핵심이 담겨 있다. 조선시대를 배경으로 한 사극에서 임금과 신하가 대화를 주고받는다. 신하가 엎드려서 "전하, 전하는 만백성의 어버이십니다. 통촉하여 주시옵소서!"라고 말하는 대사가 나온다. 여기에는 내성외왕이라는 유교 세계관의 핵심이 들어 있다. 우리는 의식적이고 의도적으로 불교적, 유교적 가치체계와 세계관을 한국 문화로 배우는 것이 아니라 무의식적이고 비의도적으로 이러한 가치체계와 세계관을 한국 문화로 흡수하고 내면화한다.

한국에서는 연예인이나 스포츠 스타가 공영방송 토크쇼에 나와서 하나님에 대해 이야기하거나 성경 구절을 언급한다면 방송 사고로 처리할 것이다. 녹화방송이라면 편집될지도 모른다. 그러나 문화 토양이 다른 미국은 그렇지 않다. 그리스도인이 아니면서도 토크쇼에 대담자로 나온 사람이 하나님을 이야기하고 성경을 인용한다. 그래도 사회자는 그의 말을 저지하지 않을 뿐 아니라 맞장구를 치면서 이야기를 끌어간다. 프로듀서도 이 부분을 편집하지 않는다. 시청자에게 항의 전화가 걸려오지도 않는다. 왜 그런가? 미국의 문화 토양은 기독교와 세속주의로 되어 있기 때문이다.

유교나 불교도 외부에서 한국으로 유입된 종교다. 그런데도 불교나 유교는 매우 한국적인 것으로 인식한다. 이들 종교가 한국 문화를 형성하는 데 오랫동안 기여했기 때문이다. 기독교가 한국의 문화 토양을 형성하는 데 기여한 부분이 거의 없기 때문에 한국에서는 여전히 기독교를 외래적이고 생소하게 생각한다. 이는 기독교 역사가 짧아서이기도 하지만, 기독교가 토착화되어서 여러 가지 문화적 콘텐츠를 생산하는 데 성공하지 못했다는 뜻이기도 하다.

한국의 그리스도인 비율이 전 국민의 20퍼센트 정도인데 비해, 미국으로 이민 간 한국인이 교회에 출석하는 비율은 그보다 훨씬 높다. 그러나 똑같은 한국인인데도 중국에 가면 교회에 출석하는 사람이 10퍼센트 미만이라고 한다. 왜 그런가? 미국의 문화 토양에서는 교회에 출석하는 것이 사회적 유익이 될 수 있지만, 중국의 문화 토양에서는 아무런 도움이 되지 않기 때문일 것이다. 이것이 바로 문화 토양, 타당성 구조다.

한국의 문화적 토양이 어떻게 영향을 끼치는가?

인간이 어떤 문화 속에서 태어나 자란다는 것은 그 문화의 토양, 즉 주류 문화에 영향을 받는다는 뜻이다. 그리스도인도 마찬가지다. 비록 내가 기독교 가정에서 태어나 자란다 해도 태어난 곳이 한국이기 때문에 한국의 주류 문화에 영향을 받게 된다. 그런 면에서 한국 그리스도인은 분명 유교적 그리스도인이고 샤머니즘적 그리스도인이다.

조선왕조 오백여 년 동안 유교는 국가 이데올로기로서 국가의 이념적 근간이 되어왔다. 조선이 멸망한 지 백 년이 지난 오늘날 유교가 지닌 공식 종교로서의 외적 형태, 이를테면 교육기관, 교육체계, 종교적 의식, 사제 양성과 같은 것은 와해되었다. 그렇지만 여전히 유교는 한국의 문화 토양을 이루고 있으며 한국인의 행동양식과 가치체계 형성에 결정적인 영향을 주고 있다.

예를 들어서 생각해 보자. 당신은 처음 만난 사람에게 무엇이 가장 궁금한가? 아마 대부분 나이가 가장 궁금할 것이다. 왜 나이가 궁금한가? 바로 유교적 서열 의식이 한국인의 가치체계와 행동양식에 깊이 뿌리내리고 있기 때문이다. 한국 사회에서는 사람들이 거의 수직적 관계를 형성한다. 수평적으로 관계를 맺는 것에 익숙하지 않다. 우리는 인간관계를 형성할 때 늘 위아래 개념으로 생각한다. 그리고 위아래 서열에서 가장 중요한 기준은 나이일 때가 많다. 처음 만났을 때에는 나이를 몰라도 그냥 넘어갈 수 있지만 두 번, 세 번 계속 만나는데 나이를 모르면 너무 궁금하다. 직접 대놓고 "몇 살이에요?"라고 묻는 것은 당돌해 보이기 때문에 두세 단계에 걸쳐서 간접적으로나마 나이를 알아낸다. "결혼하신 지 얼마나 되셨나요?" "예, 17년 되었습니다." "몇 살에 결혼하셨는데요?" "예, 서른 살에 했습니다." 그리고 나서는 머릿속으로 계산한다. '아하, 이 사람은 47살쯤 되는구나!' 그래서 자기보다 나이가 아래면 말을 좀 놓아본다. 상대방이 잘 받아들이면 말을 놓는 빈도를 늘리고, 좀 언짢아하는 기색이 보이면 다시 말을 좀 높였다가 하면서 조절한다. 외국인은 도저히 감을 잡을 수 없다. 한국인은 상대방에게 호감을 느껴 가까이 잘 지내고 싶어도 위아래 서열이 결정되지 않으면 더 이상 깊은 인간관계를 맺지 못하고 오히려 묘한 긴장을 형성할 때가 많다.

　기성세대만 유교적 서열 의식이 강한 것은 아니다. 문화 토양은 세대마다 영향력이 조금씩 다를 수 있지만, 신세대에게도 유교적 토양은 강한 영향을 끼친다. 십 대 청소년들도 중학교만 가면 학교는 물론 교회에서도 일 년 선배에게 깍듯이 존댓말을 한다. 반말을 했다가는 가혹한 결과가 돌아온다. 존댓말과 반말의 형태가 명확한 한국어 특성은 서열 의식을 반영한다. 내부자적 관점에서 사람들은 한국의 50, 60대와 10, 20대가 매우 다르다고 생각할 것이다. 사실 매우 다른 부분도 있다. 그러나 또 다른 관점에서 보면 한국인이라는 연속성도 강하다. 서너 살짜리 아이들이 놀이터에서 노는 모습에서도 서열 의식이 나타난다. 네 살짜리 아이가 한두 살 많은 아이에게 "친구야, 같이 놀자"라고 말하면 놀아주겠는가? 바로 교정에 들어간다. "아니야, 친구 아니야, 언니야!"라는 대답이 돌아온다. 이런 위계질서를 받아들여야 놀아주지, 계속해서 "친구야, 야! 야!" 하면 결코 놀아주지 않는다. 이런 유아들의 세계에서도 한두 살 차이로 위계질서가 세워진다. 이처럼 한국은 지극히 수직적이고 권위주의적인 문화다.

유교적 서열의식은 한국 교회 안에서 어떤 식으로 권위주의로 나타나는가?

한국 교회와 한국 그리스도인에게 깊게 뿌리내린 비기독교적 세계관 중에 가장 치명적인 것은 권위주의다. 한국 사회에 만연한 권위주의의 뿌리는 유교와 샤머니즘으로 거슬러 올라가며, 근래에 와서는 군사문화에 의해 더욱 강화되었다.

그리스도인도 문화 토양의 영향에서 자유롭지 못하다. 한국 그리스도인은 거의 유교적 그리스도인이라고 해도 지나치지 않다. 그리스도인끼리도 서로 말이 통하지 않으면 결국 "너, 몇 살이야! 네 집에는 형님도 없니?"로 귀착된다.

교회도 나이에 따라 남전도회와 여전도회가 위계적으로 나뉘어져 있다. 이것이 세계 보편적인 현상은 아닐 것이다. 물론 비슷한 연령대로 묶어서 조직하는 것이 반드시 나쁘다는 것은 아니다. 연령대가 비슷한 사람끼리는 비슷한 역사적 체험과 속문화(屬文化, subculture)를 공유했기 때문에 서로 말이 잘 통한다. 그래서 다른 것은 몰라도 노래방만큼은 연령대가 비슷한 사람들과 가야 재미가 있지, 연령대가 다른 사람들과 가면 서로 상대방이 부르는 노래를 잘 모르기 때문에 재미가 없다.

유교적 서열 의식은 단지 연령대에 따라 조직했다는 데서 바로 드러나지는 않는다. 교회 여전도회 조직 가운데 나이가 많은 분들이 모인 곳을 마리아 전도회, 젊은 여성들이 모인 곳을 한나 전도회라고 가정해 보자. 교회 행사를 준비하는 마리아 여전도회에서 나이 많은 분들이 투덜거린다. "이런 일을 아직도 우리 마리아 전도회에서 해야 하나? 요즘 젊은 것들은 뭘 하는지!" 여기에는 특정한 전제가 깔려 있다. 궂은 일, 힘든 일은 젊은 사람이 해야 하며, 젊은 사람은 나이 많은 사람을 섬겨야 한다는 것이다. 물론 젊은 사람이 나이 든 사람을 섬기는 것은 한국의 미풍양속이다. 그러나 이것이 반드시 성경적 가치체계와 일치하는 것은 아니다. 아름다운 풍속도 규칙으로 변질되어 섬김 받는 쪽에서 당연히 여기고 당당히 섬김을 요구한다면 더 이상 아름답지 않다. 성경적 가치체계에서 교회란 영적으로 성숙한 사람이 미성숙한 사람을 섬기는 곳이다. 단지 나이 어린 사람이 나이 많은 사람을 섬겨야 하는 곳이 아니다.

유교에서는 피라미드식 수직적 위계 구조를 정당화시켜왔는데, 이러한 가부장적인 위계 의식은 교회 안에도 그대로 팽배해 있다. 한국의 유교적 토양에서 성장한 한국 그리스도인은 위계(hierarchy)와 질서(order), 신분(身分)과 직분(職分)을 잘 구분하지 못한다. 목사 밑에 장로, 안수집사, 집사, 평신도 순서로 서열이 매겨져 있다고 생각하는 사람이 많다. 그래서 안수집사에서 장로로 피택된 사람에게 "승진을 축하합니다"라고 인사한다. 장로가 된 지 얼마 되지 않은 사람에게 실수로 집사라고 부른다든지, 목사가 된지도 모르고 전도사라고 불렀다가는 매우 언짢아할 것이다.

신분은 나면서부터 획득하는 것이지만 직분은 후천적으로 받는 것이다. 옛날에 반상(班常) 차별이 있을 때, 양반집 자식은 태어날 때부터 양반이고 상민의 자식은 태어날 때부터 상민이다. 상민의 자식은 아무리 똑똑하고 나이가 많아도 어리석고 나이 어린 양반집 자식에게 꼬박꼬박 존댓말을 하면서 모셔야 했다. 신분은 위계적 서열을 나타내지만, 직분은 위계를 나타내는 말이 아니다. 교회 직분은 은사에 따른 수평적 질서이지 수직적 위계가 아니다.

위계가 수직적이라면 질서는 수평적이다. 목사는 교회 조직 위계상 가장 정점에 있는 어른이 아니라 질서상 동심원 중심에 있는 지도자다. 우리는 목사를 '모시고' 신앙생활을 하는 것이 아니라 목사를 '중심으로' 신앙생활을 하는 것이다. 중심에서 바깥쪽으로 가면서 장로, 안수집사, 집사, 평신도가 있다. 성숙한 사람이 중심으로 들어오고 교회 지도자가 되는 것이다.

가정과 마찬가지로 교회는 신적 권위에 기초한 기관이자 성숙과 성장을 위한 공동체다. 교회는 미성숙한 어린아이를 품어 성숙한 어른으로 키워가는 가정과 같다. 교회에는 반드시 미성숙한 사람이 있기 마련인데, 그들을 품고 성숙케 하는 것이 교회가 할 일이다. 그러나 미성숙한 사람이 교회 질서상 중심에 들어오게 해서는 안 된다. 중심에 있는 지도자는 영향력이 크기 때문이다. 미성숙한 사람이 동심원 바깥쪽에 있을 때에는 영향력이 없기 때문에 별 문제가 없지만, 중심에 있는 사람이 미성숙하면 공동체가 매우 어려워질 수 있다. 그런데 한국 교회에서는 많은 사람들이 직분을 신분이나 감투로 생각하기 때문에 성경에서 규정하는 자질(딤전 3:1-13, 딛 1:5-9)이 없는 사람에게 직분을 맡기기도 한다. 한국은 체면 문화이기 때문에 직분을 감투로 씌우면 더 잘할 것이라고 생각한다. 특히 한 사람의 교회 일꾼이 아쉬운 개척 교회일수록 직분을 남발하는 경향이 있다. 그러나 자질이 없는 사람이 감투로 직분을 받았을 때 부담감 때문에 분발해서 더 잘할 사람은 열 명 중에 두세 명뿐이다. 나머지는 결국 교회에 문제를 일으키는 경우가 더 많다.

체면 문화와 감투 의식, 서열 의식이 만나면 웃지 못 할 일이 생기기도 한다. 고향 교회에서 같이 신앙생활 하던 친구들끼리 만났는데 한 사람은 장로고 또 다른 사람은 집사라면, 집사인 친구는 열등감을 느낀다. "나는 이번에 장로가 되었는데 자네는 어떤가?" "나는 안수집사네." "자네는 아직까지

집사인가?" "우리 교단은 장로직이 없네. 목사 다음에 안수집사지." "그래도 집사는 집사지 뭐." 이런 말까지 들으면 자존심이 상한다. 그래서 한국 교회에서는 원래 장로 직분이 없는 교파에서도 장로 직분을 만들어낸다.

도표 24. 교회 직분의 피라미드형 구조와 동심원형 구조

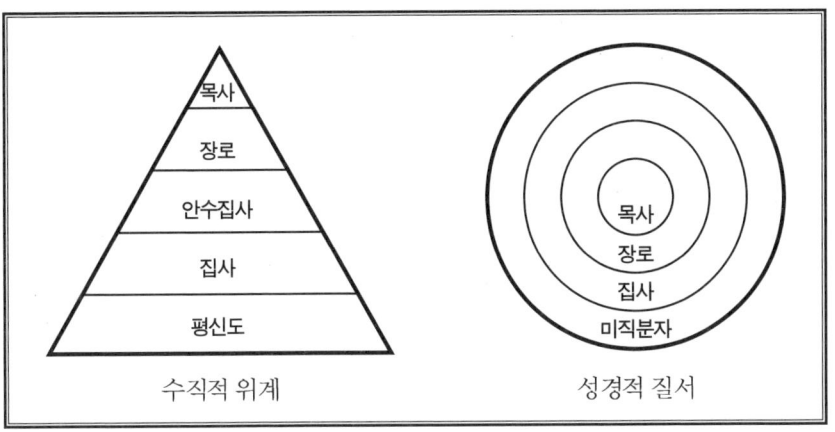

 목사는 신앙생활의 중심인 하나님 말씀을 전하는 자로서 교회 질서상 중심에 있는 것이 사실이지만 피라미드식 수직 구조의 최정점에 있는 자는 아니다. 교회를 수직적인 위계 구조로 볼 때 많은 문제가 나타난다. 우선 피라미드식 위계의 정점에 있는 담임목회자는 서로 교제하고 공급할 수 있는 상대가 없기 때문에 탈진하기(burnout) 쉽다. 특히 체면 문화인 한국에서 목사는 서열상 최고 어른이라는 생각에 다른 사람에게 자기 연약함이나 어려움을 드러내고 상의하지 못한다. 그러나 수평적 질서에서는 리더십을 공유하는 장로들에게 자신의 연약함이나 어려움을 노출하고, 도움을 받으며, 기도를 부탁할 수도 있다.
 위계적 서열 구조에서 목사는 특별한 존재이자 구약적, 천주교적 제사장

이며, 신분상 평신도와 구분된다. 이것은 만인제사장이라는 성경적 세계관과 배치된다. 이렇게 목사가 제사장이 되면, 체면 문화인 한국 상황에서는 바리새인적인 위선이 나오기 마련이다. 즉 목사이기 때문에, 장로이기 때문에 거룩한 '척' 하는 것이다. 종교적으로 특별한 사람이기 때문에 신령한 목소리(holy voice)를 내고 자신을 은폐한다. 한국처럼 약점 은폐형 문화에서는 약점 노출형 문화보다 훨씬 위선적이 되기 쉽다. 한국 그리스도인이 교회의 삶과 직장의 삶이 확연히 다른 이중적인 삶을 사는 것도 바로 체면 문화와 약점 은폐형 문화의 성향을 반영하기 때문이다.

이러한 위계적 서열 구조는 목회자 자녀에게도 문제를 일으킨다. 목회자 자녀는 부모의 체면을 깎지 말아야 한다는 강박관념으로 살아가기 때문이다. "그리스도인으로서 그렇게 하지 말라"는 논리가 아니라 "목사 자녀로서 그렇게 하면 부모 체면이 뭐가 되겠는가"라는 논리를 사용하는 것은 권위주의와 체면 의식이 결합되었기 때문이다.

'주의 종'이라는 말도 위계 구조와 제사장주의를 강화한다. '주의 종'이라는 말이 목사로서의 소명을 마음에 다지기 위한 것이라면 나쁘지 않다. 그러나 이 말은 한국에서 권위주의를 나타내는 대표적인 표현이다. 예수를 주(主)로 고백하는 그리스도인이라면 모두 주의 종이다. '주'라고 고백한 사람이 자신을 종이 아니라고 말할 수는 없다. 목사도 주의 종이고, 집사도 주의 종이다. 집사가 교회에서 세운 직분이듯 목사도 교회에서 세운 직분이다. 만일 목사를 하나님이 세웠다고 한다면 집사도 하나님이 세운 것이다.

또 강단 대신 제단, 교회 대신 성전이라는 구약적 표현을 선호하는 것도 한국 그리스도인이 제사장주의적 권위주의에 물들어 있음을 반영한다. 한국 교회에 팽배한 권위주의의 책임은 목회자뿐 아니라 신자에게도 있다.

목회자와 신자 모두 샤머니즘과 유교에 영향을 받고 있기 때문이다.

권위주의는 신분 자체로 권위를 주장하는 것이다. 가부장적인 권위란 단지 "아버지"라는 신분 때문에 주장하는 권위다. 한국 교회 안에 팽배한 가부장적 권위주의에 물든 목회자는 자신을 아버지와 동일시하여, 목사라는 '신분' 자체로 권위를 갖는다고 착각한다. 물론 이 점에 대해서는 서로 견해가 다를 수 있다. 우리는 직분만으로도 지도자들을 존중할 수 있어야 한다. 모든 권위의 원천은 하나님이며 모든 인간의 권위는 위임받은 권위이므로, 인간은 하나님을 떠나 독립적으로는 어떤 권위도 가질 수 없다. 그렇지만 위임받은 권위자일지라도 그에게 권위를 부여한 분이 하나님이기 때문에 존중하고 순복해야 한다. 위임받은 권위자가 자질과 인격을 갖추었든 갖추지 못했든 하나님이 그 권위를 철회하실 때까지 존중해야 한다. 위임받은 권위자가 명백히 하나님의 뜻에 배치될 때에 우리는 신앙의 양심을 따라 순복할 수는 없지만 그때에도 존중해야 한다. 다윗은 하나님이 버리신 사울 왕도 하나님이 기름 부어 세운 지도자며 여전히 합법적인 왕의 자리에 있다는 사실로 그를 존중했다(삼상 26:9). 그러나 목회자는 자신의 직분만으로 권위를 세우려 해서는 안 된다. 성경적 권위는 직분에서 저절로 나오는 것이 아니라 충성스럽게 그 직분을 감당할 때에 합법성을 갖는다.

가부장적 권위주의는 한마디로 "아비의 권위를 행사하려고 하는 것"이다. 권위주의적인 사람들 가운데 아비의 마음을 가졌기 때문에 아비의 권위를 행사하려는 사람이 있는데, 이 또한 많은 폐해를 끼치기는 하지만 그래도 봐줄 만하다. 가장 심각한 권위주의는 아비의 마음도 없이 아비의 권위만 행사하려는 유형이다. 성경적 세계관에 따른 태도는 아비의 마음을 품되 형제로서 섬기는 것이다(살전 2:6-12).

권위주의는 많은 폐해를 끼친다. 우선 권위주의적인 목회자는 이 세상의 원리를 본받아 군림하고 지배하려는 태도를 보인다. 수직적인 위계 구조 속에서는 목회자간 동역관계가 힘들어진다. 이웃 교회와도 동역관계가 아니라 경쟁관계가 되어버린다. 이웃 교회는 또 다른 정점을 가진 또 다른 피라미드 구조의 왕국이기 때문이다. 그러므로 권위주의는 교회의 일치와 연합을 어렵게 한다. 위계 구조에서 직분은 신분, 즉 기득권이 되고, 사람들은 이 세상 구조와 가치에 굴복하여 자기 기득권을 포기하지 않으려고 하기 때문이다. 그래서 한국에서는 신학적으로 아무런 차이가 없어도 기득권 때문에 교단이 우후죽순으로 생겨났다.

피라미드형 권위주의 구조에서 교회는 개교회주의로 가거나 하나의 왕국이 되기 쉽다. 개교회주의는 자기 왕국을 무한히 확대하려는 대교회주의를 지향한다. 이웃에 있는 교회는 지역 복음화를 위한 동역자가 아니라 자기 왕국 확장의 경쟁자가 되어버린다. 샤머니즘적 권위주의가 능력지향적이라면 유교적 권위주의는 권력지향적이다. 이 둘의 공통점은 힘(power)을 추구한다는 것이며, 그 목적은 사람들을 조종하고 통제하며 지배하는 데 있다. 권위주의는 반드시 무한 팽창적인 성장주의, 대교회주의, 개교회주의를 가져온다. 위계 구조에서는 교회가 클수록 권력을 크게 행사할 수 있기 때문이다.

교회 성장학의 창시자라고 할 수 있는 도널드 맥가브란(Donald McGavran)만 해도 교회 성장 이론을 대체로 민족 또는 종족 전체의 복음화 전략으로 이해하였다. 교회 성장은 개교회 성장보다는 교회 개체 수의 증가에 초점이 맞추어져 있었다(McGavran, 1987, 5-9). 그러나 오늘날에는 개교회 성장 이론만 난무한다. 현재 한국 교회 전체를 놓고 보면 그리스도인의 비율은 정체 내지 감소 현상을 보이는데, 오히려 초대형 교회는 증가하는, 결코 건강하지 못한 현상이 나타나고 있다. 그것은 마치 대형 할인 매장이 나타나면서 군소 지역 상권은 심각하게 약화하는 것과 비슷하다. 경제적으로도 이것은 건강한 현상이 아니다. 유럽처럼 대형 할인 매장을 교외 지역에 두어 도심으로 진입하지 못하게 하는 것이 옳다. 대형 교회가 지역 군소 교회를 압박하고, 마치 프랜차이즈 매장처럼 이른바 '지(支)성전'을 지역에 두는 것은 결코 건강한 모델이 아니다.

자유주의는 종교개혁 이후 해석의 자유에서 출발하여 선택의 자유를 거쳐 신자유주의에 이르러 경쟁의 자유로 나아간다. 신자유주의의 세계관적 전제는 힘의 경쟁에서 철저하게 자유를 보장하는 정글법칙에 따른다. 이것은 진화론의 전제인 약육강식, 강자생존, 적자생존 원칙과 통한다. 오늘날에는 자본이 곧 힘이다. 신자유주의는 맘몬숭배자의 비인도적 패권주의의 발로다. 미국 사회를 지배하는 주류 문화의 세계관 가운데 하나가 바로 신자유주의이며, 미국의 복음주의 교회도 그 영향에서 자유롭지 못하다. 그리고 미국 교회에 영향을 강하게 받고 있는 한국 교회에도 신자유주의라는 맘몬주의 세계관이 똬리를 틀고 있다.

권력을 지향한다면 진정한 교회 개척 모델을 세울 수 없다. 정상적이고 성경적인 교회 개척 모델은 교회가 교회를 개척하는 것이다. 교회가 성숙해져서 장로나 집사 직분을 감당할 만한 영적 성숙도를 지닌 사람이 많아지면, 교회 질서의 동심원형 구조도 중심 부분이 두터워질 것이다. 이쯤 되면 피자를 자르듯이 동심원 일부를 분립해서 교회를 개척하여 더욱 전도와 양육에 힘쓸 수 있도록 해야 한다. 그러나 권위주의적인 위계 구조에서는 지성전을 세우거나, 부교역자 혼자 나가서 람보식 개척을 할 수밖에 없다. 이런 경우, 개척해 나가는 부교역자에게 자금을 지원하는 경우는 더러 있지만 사람까지 함께 보내주면서 교회가 교회를 개척하는 형태로 가기는 어렵다.

사실 한국 교회만큼 목회자 선교사와 평신도 선교사를 차별하는 경우는 많지 않을 것이다. 선교지에서 평신도 선교사는 권위주의 때문에 낙심하고 선교지를 떠나기도 한다. 피라미드형 위계 구조에 익숙한 목회자 선교사는 선교지에서도 평신도 선교사를 마치 아랫사람 부리듯 하며 그 위에 군림하려 든다. 상처 입은 평신도 선교사는 사역상 꼭 필요하지 않은데도 단지 목사가 되기 위해서 신학교에 들어간다. 하나님 나라 차원에서 막대한 시간적, 재정적 손실이 아닐 수 없다. 물론 모든 선교사에게 신학적 훈련이 필요하지만, 반드시 신학교라는 공식교육을 통해서만 신학 훈련을 할 수 있는 것은 아니다. 권위주의는 선교지에 많은 갈등을 만들어낼 뿐 아니라 평신도 선교사가 선교 사역을 위해 모금할 때에도 어려움을 겪게 한다. 하나님 나라 차원에서 지금 세계 선교를 위해 평신도 선교사가 얼마나 많이 필요한지를 생각한다면, 권위주의 때문에 지불하는 금전적, 시간적 손실은 정말 막대하다. 그러므로 목회자 선교사는 평신도 선교사를 동료 선교사로서 깍듯이 대하고 존중해 주어야 한다.

한국 교회의 권위주의는 원로목사 문제와 세습 문제를 야기한다. 가부장적 권위주의 위계 구조에서는 교회를 개척하거나 성장시킨 원로목사가 자신이 구축해 놓은 왕국의 기득권을 내려놓기가 쉽지 않다. 그래서 담임목사 직분을 물려주고 난 다음에도 계속해서 간섭하고 지배하려고 해서 신임 담임목사와 갈등을 겪기도 한다. 이 때문에 자기 자식에게 세습하는 것이 가장 안전한 리더십 이양 방식이라고 생각한다.

목회 세습을 옹호하는 사람들 가운데 흔히 미국 교회의 목회 세습을 예로 들면서 정당화하려는 사람들이 있다. 그러나 한국과 미국은 문화 토양이 전혀 다르다. 한국은 미국과 달리 세습제의 봉건왕조를 거친 나라다. 그리고 아직도 가부장적, 혈연적 유교 사회의 영향력이 남아 있다. 한국인은 세습제에 대해서 여전히 저항감을 가지고 있다. 그러므로 자기 아들이 아무리 영적으로 훌륭하고 탁월해도 한국 상황에서 세습은 덕이 되지 않는다. 개교회로서는 교인들이 동의하고 지지해서 목회 세습이 문제가 되지 않는다 해도 여전히 기득권 이양으로 간주될 수 있다. 대형 교회일 경우에는 그 영향력이 단지 개교회에 머무르지 않고 모델과 선례로서 작용한다는 것을 인식해야 한다. 목회 세습이 목회의 '고난'을 물려주는 것이라는 말은 궤변일 뿐이다. 그렇게도 자기 자녀에게 고난을 물려주고 싶단 말인가! 굳이 물려주지 않아도 참된 주의 종이라면 고난 받기 마련이다. 그러므로 자기 자식이 목회자로서 고난을 적게 받을까 봐 고난을 세습할 필요는 없다. 그리고 자기 자식이 그렇게 영적으로 훌륭하고 능력이 탁월하다면 굳이 세습하지 않아도 훌륭한 목회자가 될 것이다. 세습은 본질적으로 기득권, 즉 부귀영화를 물려주려는 것이지 고난을 물려주려는 것이 아니다. 세습의 가장 깊은 곳에는 교회가 목회자의 사유물이라는 비성경적 인식이 무의식적으로 도사리고 있다.

위계적 사고방식은 한국 그리스도인 가정에서도 잘 나타난다. 남편과 아내는 수직적, 위계적인 관계가 아니다. 물론 성경은 수평적 질서상 남편이 가정 중심에 있어야 한다고 말한다. 남편이 가정의 지도자라는 것이다. 이 말은 여성이 사회에서 지도자가 될 수 없다는 뜻이 아니다. 마가렛 대처(Margaret Thatcher)와 같은 여수상일지라도 그 가정에서는 남편이 지도자라는 뜻이다. 그런데 이것이 남존여비(男尊女卑)라는 유교적인 수직적 사고방식으로 왜곡되어 그리스도인 가정에 작용한다.

남편과 아내의 관계는 신분 차이가 아니다. 날 때부터 우리는 누구 남편이나 누구 아내로 결정되어 태어나지 않는다. 후천적으로 누구 남편, 누구 아내가 되는 것이다. 그러므로 남편과 아내는 리더(leader)와 스태프(staff)

의 관계이지, 사장(boss)과 비서(secretary)의 관계가 아니다. 사장과 비서의 관계는 수직적이고 위계적이며 비서는 사장을 위해서 존재한다. 그러나 리더와 스태프는 기본적으로 수평적 질서이며, 고용관계가 아니라 동일한 목표를 위해 같이 성장해가는 관계다. 스태프는 리더 개인을 위해서가 아닌 조직의 공동 목표를 위해 존재한다. 그러므로 만일 리더만 성장하고 스태프는 성장하지 못한다면 그 리더는 잘못된 리더다. 그러나 사장은 비서의 성장을 책임지지 않아도 된다. 노동력을 고용했을 뿐이기 때문이다. 유교적 토양에서 성장해 온 많은 그리스도인 남성이 가정에서 아내에게 위계적인 권위주의를 드러내고 아내의 성장과 자아실현에 관심이 없으며 남편 혼자만 성장한다. 아내를 마치 소모품처럼 사용하고 착취하는 것이다.

도표 25. 가정의 피라미드형 구조와 동심원형 구조

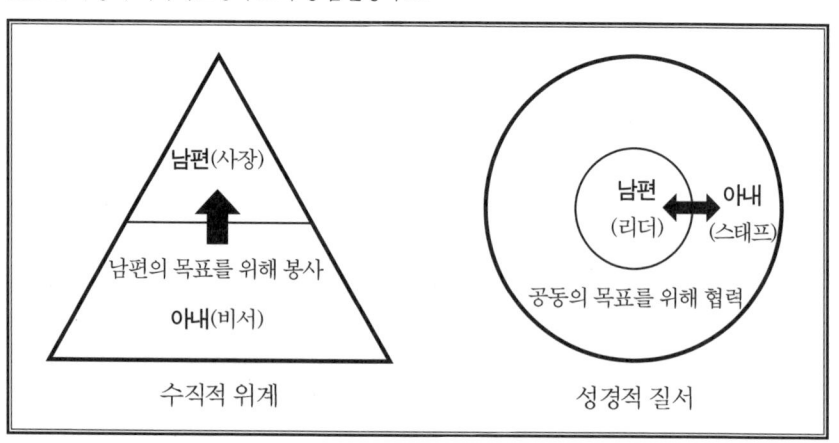

샤머니즘은 한국 교회 안에서 어떤 식으로 권위주의로 나타나는가?

샤머니즘에서 샤먼의 권위는 주술적 능력에 기초한다. 샤먼은 주술 행위를 통해서 사람들의 현세적 욕구를 충족시켜주는 기복신앙의 중심에 있는 자다. 샤먼은 신들의 능력을 조종하여 인간의 현세적 유익, 이를테면 치병, 부귀, 장수 등을 가져올 수 있는 메커니즘적인 기술을 터득한 자로 간주된다. 한국 기독교에는 이러한 샤머니즘의 영향으로 '능력'에 대한 숭배와 능력에 따른 권위주의가 만연한다. 한국 교회만큼 "능력의 종"이라는 말을 애호하는 교회는 지구상에 없을 것이다. 그리고 능력에 따라 '큰 종'과 '작은 종'으로 구별한다. 어떤 사람이 신학교에 가게 되면 나이 지긋한 '기도 많이 하는' 권사님으로부터 '능력을 받고 목회를 하라'고 권면받는 경우가 종종 있다. 그런데 이런 권면은 사도행전 1장 8절에서 말하는 '성령의 권능을 받는 것'을 연상시키기보다는 왠지 샤머니즘에서 무당의 능력을 연상케 하는 경우가 많다.

 샤머니즘의 특징은 진리보다는 능력에 초점을 맞춘다는 것이다. 한국 그리스도인들은 진리에 서 있느냐보다는 능력이 있느냐 없느냐로 사람을 평가한다. "꿩 잡는 것이 매"라고, 어떤 방식으로 했든지 능력을 입증해 보일 수 있는 사람이 최고라는 것이다. 그리고 종종 한국 교회에서는 그 능력을 '사람을 얼마나 모았느냐'나, 병자를 일으킬 수 있느냐 없느냐로 평가하기도 한다. 한국 교회는 현세적인 문제를 해결할 수 있는 능력으로 곧 능력의 종인지 아닌지를 결정한다. 능력 숭배는 책 이름에도 영향을 끼친다. '파워', '능력'이라는 단어는 왠지 모르게 매력 있어 보여서 한번 들춰보게 만든다. 능력은 성공주의와 관련되어 있다. 어찌되었든 교회가 크면 그 교회의 목회자는 능력이 많은 큰 종이요, 교회가 작으면 작은 종으로 간주된다. 샤머니즘의 '큰 무당', '작은 무당'과 전혀 다를 게 없다.

 샤머니즘적 요소는 목회자에게만 나타나는 것이 아니다. 병원에 입원한 교인은 담임목사가 심방을 와야 좋아하지, 부목사나 전도사가 오면 좋아하지 않는다. '큰 종'이 와야지, '작은 종'은 아무래도 능력이 부족하기 때문에 치병에 유익하지 않다고 생각하기 때문이다. 그러나 이단 교주도 많은 사람을 모을 수 있고 타종교에서도 병자를 고치는 능력이 나타날 수 있다. 능력이 나타나는 것보다 능력의 근원이 중요하다. 복음에는 능력이 있지만 능력이 곧 복음은 아니다. 능력은 복음의 부산물일 수는 있으나 복음의 핵심은 아니다. 복음의 핵심은 죄 사함과 자아 죽음의 은총에 있다. 그러나 한국 교회는 종종 능력을 곧 복음으로 간주한다.

한국 교회는 목회자가 평신도보다 능력이 있다고 여기고, 이 때문에 목회자에게 특별한 권위를 부여한다. 초자연적인 영과 사람 사이의 중개자로서 샤먼의 역할을 목회자에게 그대로 투영한다. 그래서 이러한 샤머니즘적 권위주의에 따라 신자를 협박하는 목회자도 있다. 예를 들어, 극소수이긴 하겠지만 "당신이 우리 교회를 나가면 저주받는다"는 말도 안 되는 협박이 한국 그리스도인에게 통하는 이유는 샤머니즘 풍토 때문이다. 샤먼처럼 목회자에게는 평신도에게 없는 특별한 초자연적 능력이 있기 때문에 그들의 저주나 축복이 특별한 효력을 갖는다고 믿는다. 그러나 기독교에서 축복권과 저주권은 하나님께만 있다. 교회의 공예배에서 목사가 축도를 하는 것은 교회의 질서상 하나님 말씀을 전하는 자가 하나님의 축복을 대행하는 것이기 때문이지 목사에게 축복권이 있기 때문이 아니다. 공예배에서 축도는 하나님의 축복을 선포하는 공식성 때문에 교회 질서를 위해 목사가 대행하는 것이다.

한국의 문화 토양은 성공주의와 어떤 연관이 있는가?

한국 교회의 또 다른 병폐는 성공주의다. 성공주의도 샤머니즘과 유교에 영향을 받았다. 통속적인 의미에서 성공이란 자신의 사회적 지위(地位)와 재력(財力)을 향상시키는 것이다. 이것은 풍요(豊饒)와 다산(多産)을 골자로 하는 현세기복적인 샤머니즘 신앙의 연장선 위에 있다. 동시에 유교의 영향이라 할 수 있는 입신양명(立身揚名)의 부담감도 모든 한국인의 의식에 뿌리 깊게 남아 있다.

    샤머니즘은 기본적으로 실용주의적이다. 효험만 있다면 관운장 신도 좋고 맥아더 신도 좋다. 국적을 불문하고 섬기는 신을 바꿀 수도 있다. 샤머니즘의 실용주의는 말초적이어서 즉각적인 효과를 추구하기 때문에 성공주의와 결과주의로 나타난다.

    한국의 문화 토양에 뿌리내린 한국 교회에서 성공주의는 무엇보다도 외형적 성장을 강조한다. 물론 건강한 교회는 수적(數的)으로도 성장한다. 그러나 외형적으로 성장한다고 해서 모두 건강한 교회는 아니다. 한국 목회자에게도 성공주의와 관련된 결과주의가 도사리고 있다. "모로 가도 서울만 가면 된다"는 식으로 어떤 과정을 거치더라도 성공하면 된다는 의식이 있다. 어떤 신학과 방법으로든 교회를 성장시키기만 하면 능력 있는 종이 되는 것이다. 이러한 성장제일주의는 60, 70년대에 외형적, 숫자적 경제지표를 강조한 경제성장 중심의 한국 사회 분위기와 잘 맞아떨어진다.

    결과주의는 마땅히 거쳐야 할 과정을 무시하고 조급하게 성과를 내려고만 하는 모습으로 나타난다. 가시적이고 조급한 성과를 요구하기 때문에 나타나는 병폐는 많다. 성수대교와 삼풍백화점 붕괴를 가져온 한국인의 의식구조는 교회에도 고스란히 드러난다. 파송 교회는 선교사에게 가시적인 성과를 조급하게 요구한다. 그런 압력을 받은 선교사는 착실하게 정도를 걸으면서 선교하는 것이 아니라 가시적인 결과를 빨리 내기 위해 물량공세를 통한 프로젝트 중심 선교를 하게 된다. 프로젝트가 전혀 필요 없다거나 무익하다는 것은 아니다. 그러나 선교사가 현지인의 세계관을 변화시키는 것을 궁극적인 목적으로 삼지 않는다면 혼합주의와 명목적인 신자를 양산할 수 있다. 나아가서 교회의 조급한 성공주의 때문에 선교사는 정직성을 잃을 수도 있다.

성공주의는 결과주의와 외형주의를 가져온다. 결과주의는 정당한 과정을 무시하고 결과적으로 외형만 그럴싸하면 모든 것이 정당화된다. 그래서 결과주의와 외형주의는 대충대충 하는 적당주의와 겉만 번지르르한 과시주의를 낳는다. 교회에서 시도하는 많은 프로젝트가 과시적이며 전략적 사고의 결핍을 드러낸다. 선교지에서도 마찬가지다. 적지 않은 한국 선교사가 전략적 사고에 기초한 사역보다는 결과를 위해 대충대충 외적인 것만 꾸민다. 모든 선교 프로젝트가 무의미한 것은 아니다. 그러나 많은 프로젝트가 세계관 변화와 재생산성(reproducibility)이라는 전략적 목표와 상관없이 진행된다. 50년, 더 나아가서 100년을 내다보면서 현지인에게 이 사역을 이양했을 때에도 과연 재생산성이 있을지는 고민하지 않는다. 그렇기 때문에 선교지의 많은 프로젝트가 선교사 당대에 끝나거나 재생산성 없는 사역이 될 공산이 크다. 조용하고 차분하게 인프라를 구축하기보다는 과시적인 결과가 빨리 나오는 프로젝트 사역에 초점을 맞춘다. 인적 인프라 구축, 즉 현지 지도자를 양성하는 것은 비가시적이고 오랜 시일이 걸리기 때문에 여기에 집중하는 사람은 많지 않다. 선교 현지에서 자생적으로 공급할 수 있는 물적 인프라를 구축하는 대신 선교사 본국에서 자금을 끌어들여 물량 공세를 취한다. 결과적으로 외형만 그럴싸하면 좋다고 생각하기 때문이다.

이것은 단순히 선교사만의 책임은 아니다. 선교사를 파송하는 한국 교회가 한국의 문화 토양 속에 파묻혀 있기 때문에 이러한 성향에서 자유롭지 못한 것이다. 파송 교회는 선교사에게 조급하게 외형적 결과를 요구한다. 파송 교회 지도자들이 지시하는 일이라면 그들이 선교에 전문적이지 않더라도 선교사는 그대로 따라야 한다. 권위주의적 위계 구조 때문이다. 선교사가 선교 훈련에서 배우고 선교지에서 경험한 것을 토대로 긴 안목을 가지고 차분하게 사역할 수 있도록 내버려두지 않는다. 현지 선교 전략을 좌지우지하는 파송 교회 지도자들에게 순응하지 않으면 선교사 파송을 철회하거나 선교비 송금을 중단해버리기 때문에 "이건 아닌데" 하면서도 굴복하는 경우가 적지 않다. 선교사에게도 책임은 있다. 선교사는 파송 교회에서 단지 기도와 물질만 지원받는 것이 아니라 파송 교회를 계몽하고 선도할 책임이 있다. 상명하복의 권위주의적 의사결정 방식과 선교비에 대한 압력 때문에 파송 교회 지도자들에게 다른 의견을 개진하기란 쉽지 않다. 그러나 끊임없이 의사소통을 시도하고 설득하려는 노력을 포기해서는 안 된다.

한국의 파송 교회나 선교사는 지도자 몇 명을 양성하는 것보다 외형적으로 화려하게 보이는 예배당 건축, 병원 건축, 학교 건축을 더 중요하게 여긴다. 교회 개척과 교회 건축을 혼동해서 예배당 건축을 교회 개척이라고 생각한다. 선교지에서는 한국보다 훨씬 적은 비용으로 교회를 건축할 수 있다. 그러다 보니 선교사를 파송한 교회에서 지원한 자금으로 선교지에 예배당을 짓는 것이 곧 선교라고 단순하게 생각한다. 그러나 그 결과 현지인의 자생력과 자립심, 독립성을 훼손시켜 장기적으로 선교에 역행하는 일을 저지른다. 어느 선교사는 3-4년 만에 교회를 30-40개 개척했노라고 자랑하지만 그 선교사가 떠나자마자 두세 명이 모이는 어리고 약한 교회들은 넘어지고 소멸했다. 결과주의, 외형주의, 과시주의, 적당주의 등은 조급성과 결합되어 있으며 외화내빈의 결과는 대형 사고를 불러온다. 한국인은 좀 느려도 내실을 기하고자 하는 의식이 부족하다. 이러한 조급성은 쉽게 가시적인 결과를 내려는 태도로 나타난다. 게다가 한국 교회와 한국 그리스도인은 선교사를 후원할 때에도 끝까지 꾸준하게 후원하지 못하는 경향이 있다.

적당주의의 조급성은 정상적인 과정을 거치지 않고 급조된 목회자를 양성하는 비정상적인 신학교를 양산한다. 정부의 인가 여부가 중요한 것이 아니라 급조하느라고 정상적인 교육 과정을 거치지 않은 것이 문제다. 성공주의의 특징은 실속보다는 외적으로 드러내 보이는 데 치중한다는 것이다. 그래서 목회자와 선교사가 '학위 병'에 빠지게 만든다. 그리고 교회의 외적인 위세를 드러내기 위해 각종 건물 건축에 치중하게 한다.

한국 교회 안에서 성공주의는 권위주의와 결합하여 자리다툼을 낳는다. 교회 직분을 섬김을 위한 부르심이 아닌, 그야말로 '자리'(position)로 여기는 것이다. 한국 사람은 '장'(長) 자리에 앉아야 직성이 풀린다. 상대방에 대해 잘 몰라도 일단 "사장님"이라고 부르고 본다. 이러한 풍조는 교회에서도 마찬가지다. 총회장, 노회장, 하다못해 당회장이라도 되어야 한다. '당회장'은 당회를 할 때에만 사용하는 용어인데, 담임목사라는 친근한 용어를 놔두고 주보에 번듯이 당회장이라고 표기한다. 한국 그리스도인이 장로 자리에 올라가기 위해서 그토록 치열한 접전을 벌이는 것도 바로 이 때문이다. '자리' 자체를 중요시하는 것은 위계적인 유교의 산물이다. 조상이 영의정을 지냈고 이조판서를 했다는 사실 자체가 자랑이 된다. 그들이 그 '자리'에 있으면서 무엇을 했느냐는 중요하지 않다. 단지 그 자리에 있었다는 사실만으로 자랑스러운 것이다. 자리는 하나인데 모두 그 자리를 차지하려고 하니 연합하여 동역할 수 없고, 비열하고 저질적인 방식으로 자리다툼이 일어난다.

성공주의와 권위주의는 은퇴의 문제를 불러온다. 한국의 목사들과 선교사들은 산뜻하고 깨끗한 은퇴를 하지 못하는 경향이 있다. 조직의 장(長)이라는 기득권을 내려놓은 것을 죽기보다 두려워하고 싫어한다. 규정을 자의적으로 해석하거나 규정을 바꾸어서라도 은퇴를 미루려고 한다. "죽기 전까지 하나님께 충성해야 한다"는 논리를 내세우지만 그것은 사역에서의 은퇴와 조직에서의 은퇴를 구분하지 못하는 어리석음일 뿐이다. 그리스도인은 죽기 전까지는 사역에서 은퇴하지 말아야 한다. 그러나 조직에서의 은퇴는 조직이 정한 규정을 따라야 한다. 체력이 다해서 조직에서 은퇴하는 것이 아니다. 조직 안에서 일어나는 새로운 패러다임과 새로운 사고를 막지 않기 위해서 은퇴하는 것이다. 산뜻하고 깨끗한 은퇴는 자기 왕국을 세우지 않았음을 입증하고 기득권이 아니라 하나님만을 의지하겠다는 믿음의 고백이다.

유교에 영향을 받은 한국인은 '대사'(大事), 즉 '큰일'이 아니면 하지 않으려고 한다. 자질구레하고 사소한 일은 지체가 낮은 사람이 하는 일로 생각한다. 많은 사람이 큰일에 대한 욕심이 없어서 안 하는 것이 아니라 능력과 환경이 안 돼서 체념할 뿐이다. 또한 자신에게 하찮은 일이 주어지면 견디지 못한다. 선교지에서도 서로 큰일을 맡으려 하며 헤게모니를 쥐고 큰 자리에 앉기 위해 싸운다. 한국 선교사들의 선교지 탈락 이유 가운데 첫 번째가 동료 선교사와의 갈등이다. 다른 나라 선교사들도 서로 다투지만 특히 한국 선교사는 더 심하게 다툰다.

성공주의와 권위주의가 만연한 사회는 사무실 크기, 월수입 등으로 성공을 가늠한다. 교회도 마찬가지다. 담임목회자와 부목회자의 사례비 차가 지나치게 크고 사무실 크기도 너무 다르다. 물론 어떤 조직이든 최고 지도자는 조직을 위한 구상도 해야 하고 사람들도 만나야 하기 때문에 상대적으로 넓은 공간이 필요하다. 그러나 한국 사회는 물론 교회에서조차 사무실 크기로 자신의 위신과 성공을 외적으로 과시한다. 교회 주보나 인터넷 웹사이트에서도 담임목사 이름과 사진은 크게 나오지만 부교역자 이름이나 사진은 아예 나오지 않는 경우가 많다. 이렇게 되면 담임목사는 물론 부교역자들도 마치 교회가 담임목사 것인 양 생각할 수 있다. 이런 풍토에서는 각자 은사에 따라 평생 부목사나 교육목사를 할 사람이 나올 수 없다. 만일 어떤 사람이 부목사나 교육목사로 평생 남는다면 그는 성공하지 못한 사람으로 간주될 것이기 때문이다. 그러므로 한국 교회에서 부교역자는 담임목사가 되기 위한 수련장이 되며, 그만큼 전문성은 약해질 수밖에 없다.

성공주의는 자신에게 주어진 독특한 소명을 생각하지 않고 혼자서 모든 것을 다하려고 하는 욕심으로도 나타난다. 한국인은 팔방미인을 존경한다. 작은 일 하나에만 전문적인 것은 좀스럽다고 생각한다. 한국인의 성공주의는 쓸데없이 간만 부풀려서 '큰 것' 만 중요시하게 만든다. 이러한 야심은 흔히 "비전"이라는 말로 정당화된다. 그래서 한국 교회에는 야심과 비전을 구분하지 못하는 사람이 많다. 대교회는 모든 것을 혼자 다 하려고 한다. 전문적 지식과 기술이 필요한 일, 예를 들면 해외선교 사역 같은 것도 전문 선교기관의 도움이나 조언 없이 독자적으로 진행하고 선교사를 파송한다. 그래서 선교지의 현지인 교회를 한국 모교회 이름을 딴 지교회로 만들어버린다. 이러한 전략 부재의 선교가 선교지에 끼치는 해악은 지대하다. 이것은 한국의 대재벌이 아이스크림에서 자동차까지 전부 취급하려는 것이나 전혀 다를 바가 없다.

성공주의는 이른바 '뜨는 것' 을 추구한다. 많은 목회자나 선교사가 뜨고 싶어한다. 선교대회나 대형집회에 가보면 서로 단상에 서려는 로비가 난무한다. 텔레비전에 자신의 설교를 내보내기 위해 온갖 노력을 아끼지 않는다. 그래서 합당한 영성과 실력을 갖추기보다는 뜨기 위한 인간적 방법을 강구한다. 그 결과 영성도 실력도 없이 뜨는 경우가 종종 있다. 이런 사람은 금방 들통이 나기 때문에 계속 자신을 포장하고, 그 결과 쉽게 탈진하고 만다.

성공주의와 신분주의는 후임자를 양성하고 사람을 키우는 일에 인색하다. 오히려 후진들이 성장하는 것을 경계하고 싹을 잘라 밟아버린다. 성장해서 성공하면 경쟁자가 되어버리고 자기 밑에 있지 않으려 하기 때문이다. 한국의 교회 지도자 중에는 카리스마적이고 유능한 지도자는 많지만 사람을 키우는 지도자는 매우 드물다. 그러니 마땅한 후임자가 없고 자기 아들 말고는 그 자리에 앉힐 사람이 없게 된다.

성공주의, 출세주의는 제일주의를 가져온다. 제일의 실력은 없으면서도 제일의 자리에 앉으려는 것이 제일주의다. 그래서 동네 한 귀퉁이에 있으면서도 중앙교회이고, 동네에서 가장 작은 교회라도 제일교회다. 한국에서는 모든 사람이 1인자를 추구하고, 2인자가 되는 것을 부끄러워한다. 그래서 한국 교회 목사들은 좀처럼 2인자가 되려고 하지 않고 궁극적으로 담임목회만 하려고 한다. 조그만 일에 이름도 없이 빛도 없이 조용히 섬기는 사람은 극히 드물다. 그래서 대체로 한국 선교단체 행정 간사들은 오래 견디지 못한다. 자신이 선교의 '큰' 비전을 받았을 때에는 '그따위' 자질구레한 일을 하려고 한 것이 아니기 때문이다. 선교사도 같은 이유로 선교지에서 많은 좌절을 경험하고 선교사의 정체성에 손상을 입는다.

성공주의, 제일주의는 작은 자로서 섬기는 것을 어렵게 만든다. 그러나 하나님 나라 차원에서는 이름 없이 빛도 없이 작은 일에 충성하는 사람이 더 많이 필요하다. 허드슨 테일러(Hudson Taylor)가 말했듯이 "작은 일은 작은 일일 뿐이다. 그러나 작은 일에 충성하는 것은 큰일이다." 작은 일에 충성할 수 있는 자야말로 자아가 철저히 죽은 하나님의 사람이기 때문이다. 예수님도 "지극히 작은 것에 충성된 자들은 큰 것에도 충성되고 지극히 작은 것에 불의한 자는 큰 것에도 불의하니라"(눅 16:10)라고 말씀하셨다.

큰일은 열심히 하지만 작은 일에는 소홀한 사람은 자기애와 자기 영광을 위해서 일하는 자다.

한국 목회자가 겪는 가정 문제도 큰일을 하려면 가정을 돌아보지 말아야 한다는 곡해된 유교적 대의명분(大義名分) 의식과 관련된다. 사실 유교도 가정을 돌아보지 말아야 한다고 주장하지 않는다. 어디까지나 수신(修身), 제가(齊家), 치국(治國), 평천하(平天下) 순이다. 가정을 돌아볼 수 있는 사람이 나라 일을 돌아볼 수 있다. 하나님을 위해 큰일을 하는 목회자가 가정을 돌아보는 것은 소심하고 충성스럽지 못한 것이라는 사고방식은 성경적이지 않다. 가정을 돌아보는 것은 결코 작은 일도, 세상적인 일도 아니다. 가정을 하나님 나라로 만들 수 없는 사람은 세상을 하나님 나라로 바꿀 수 없다. 가족에게 하나님 은혜의 통로가 될 수 없는 사람은 교회나 세상에서도 하나님 은혜의 통로가 될 수 없다. 한국 교회에는 작은 일도 충실히 감당하는 무명용사의 신학이 필요하다. 그러나 양명(揚名)을 가치로 삼는 유교적 전통에서 무명(無名) 신학이 나오기란 쉽지 않다.

어떻게든 성공해 보겠다는 한국인의 성공주의는 교회에서 이른바 "무데뽀"[2] 믿음으로 나타난다. 한국 그리스도인 중에는 무데뽀와 참된 믿음을 구분하지 못하는 사람들이 있다. 참된 믿음이 하나님이 약속하신 말씀을 믿는 것이라면(히 11:8-11), 무데뽀는 하나님이 약속하지도 않은 것을 자기 확신으로 믿는 것이다. 무데뽀와 믿음 사이에는 혼동할 만한 공통점이 있는데, 바로 둘 다 인간적인 대책이 없다는 점이다. 그러나 참된 믿음에는 하나

---

2. "무데뽀(無鐵砲)"는 원래 철포(鐵砲), 즉 조총(鳥銃)도 없이 전쟁에 나가는 무모함과 대책 없음에서 유래한 일본어다. 조총은 일본 전국 시대에 포르투갈에서 들어온 총으로서 오다 노부나가(織田信長)는 이 총을 사용한 전술로 다케다 가쯔요리(武田勝頼)를 이길 수 있었다. 그 후 "무데뽀"는 조총 없이 전쟁에 임하는 무모함과 무대책을 견주는 말로 사용되었고, 일제시대에 한국으로 들어와 이 용어가 쓰이게 되었다고 한다.

님이 약속하신 말씀이 있는 반면, 무데뽀는 하나님의 약속도 없이 자기 확신을 믿음으로 착각하는 것이다. 이러한 무데뽀의 자기 확신은 돈 한 푼 없이 교회 건축을 시작하게 만들고, 그 결과 교회가 빚더미에 앉고 하나님의 영광을 가리는 일이 생기기도 한다. 물론 하나님이 약속하신 일이라면 돈 한 푼 없이 믿음으로 시작할 수 있다. 문제는 하나님의 약속도 없는데 그렇게 한다는 것이다. 믿음은 분명 인간적인 계산과 합리성을 넘어선다. 그러나 한국 교회에서는 종종 무데뽀를 믿음으로 간주하기 때문에 그에 반대하는 사람은 믿음 없는 합리주의자로 낙인찍혀 버린다. 선교지에서도 무데뽀 믿음을 가진 선교사가 저지르는 해악은 이루 말할 수 없다.

한국인은 유교의 영향으로 상당히 정치지향적이다. 무슨 직업에 종사하든지 그 분야에서 어느 정도 성공하면 끝내 정계에 입문하여 입신양명하고자 한다. 유교에서 입신양명은 결국 치인(治人)하는 자리에 나아가는 것이기 때문이다. 이런 영향으로 한국 교회에는 정치성이 강한 목회자가 많이 생겨나고 이런 사람들이 교회의 일치와 연합을 흩뜨려 교회를 어지럽힌다.

한국 그리스도인이 교회에서, 노회에서, 총회에서 다투는 가장 큰 원인은 다원적 가치를 인정하지 않는 문화적 풍토에서 찾을 수 있다. 한국인은 단일 문화, 단일 언어, 단일 민족임을 자랑한다. 이것은 장점도 되지만 문화적 융통성과 포용력에 있어서는 걸림돌이 되기도 한다. 한국인이 지닌 단원적이고 흑백논리적 태도는 교회에서도 그대로 드러난다. 한국어에도 나타나듯이 한국인은 자신과 다른 것을 "다르다"고 말하지 않고 "틀렸다"고 말한다. 국어사전에 따르면 "틀리다"는 "셈이나 사실 따위가 그르게 되거나 어긋나다", "바라거나 하려던 일이 순조로이 되지 않다"라는 뜻이다. "다르다"를 "틀리다"라고 표현할 때 무의식적으로 전제되는 것은 다름이 주는 다양성의 긍정적인 면에 초점을 맞추지 않는 것이다. "잘못됨", "어긋

남", "순조롭지 않음" 등 부정적인 면을 강조하는 것이다. 이것은 한국 문화가 지닌 획일적 집단주의와 관련되어 있다.

이러한 극단적 의식구조가 신분주의, 성공주의, 정(情) 문화, 집단의식과 결합하면 심각한 집단적 대립을 가져온다. 한국 교회와 한국 그리스도인들도 이러한 문화적 영향에서 자유롭지 않다. 죄가 아닌 것은 다양성으로 인정하는 법을 배워야 하는데 정말 사소한 문제로 다툴 때가 많다. 물론 진리의 문제라면 싸우지 않을 수 없을 것이다. 그러나 한국 그리스도인이 쉽게 다투는 이유는 진리의 문제가 아닌데도 진리의 문제로 느끼는 편협함 때문이다.

정과 체면 문화는 한국 교회 안에서 어떻게 나타나는가?

한국의 정(情) 문화는 교회에 부정적인 영향을 끼친다. 물론 인간 사회에서 더 가깝게 지내는 사람이 있거나, 애정이 더 많이 가는 사람이 있는 것은 자연스러운 현상이다. 정은 '주고받기'(Give & Take)의 반복을 통해서 형성된 친밀감이다. 정은 무조건적인 아가페(agape)라기보다는 상호적인 필로스(philos)에 가깝다. 그래서 일방적으로 주기만 하고 돌아오는 것이 없으면 정이 떨어진다. 정 문화가 지닌 문제는 친분 관계가 없는 사람에게는 무례하고 무관심하다는 데 있다. 잘 모르는 사람에게도 친절하고 관심을 보인다면, 가까운 사람에게 더욱 그러한 것은 전혀 문제되지 않는다. 원래 정 문화로 대변되는 한국인의 관계중심성은 농경 사회와 유교의 산물이다. 유교에서 '인'(仁)은 '예'(禮)와 마찬가지로 가까운 관계에서 점점 사회적으로 확대되는 관계중심적 윤리의 성격을 가지고 있다. 그러므로 한국인은 관계가 있는 사람에게는 예의를 차리지만 길거리에서 만난 모르는 사람에게는 무례하기가 쉽다. 관계윤리는 발달한 반면 공공질서 의식과 같은 대중윤리는 미약하다. 이러한 정 문화 때문에 한국 그리스도인은 교회에서도 친한 사람끼리 모이기 쉽고, 그 결과 배타적인 소집단이 형성된다. 그래서 교회에서도 소외당하는 사람이 생기는 것이다. 또한 이처럼 정에 얽힌 파당성은 하나님 나라 원리보다는 혈연, 지연, 학연과 같은 인맥을 따르고, 결국 한국 교회를 분열시키는 요인이 된다.

한국은 수치심 문화 또는 체면 문화권이다. 체면 의식은 공동체 의식과 집단주의가 강한 사회에 공통적으로 나타난다. 그러나 한국인의 체면 의식을 더욱 강화시킨 것은 유교의 예(禮)다. 한국인에게는 체면을 세우는 것이 중요하다. 이것은 과시주의와 성공주의를 강화하는 경향이 있다. 친구들은 다 장로가 됐는데 자기만 집사로 남아 있으면 영 체면이 서지 않고 민망하다. 그래서 체면을 세우기 위해 무슨 수를 써서든 장로가 되려고 한다.

이런 체면 의식은 목회자에게서도 많이 나타난다. 친구 목사는 이른바 '큰 목회'를 하는데 자기는 '작은 목회'를 하면 영 체면이 안 선다. 그래서 순수하게 하나님 나라와 하나님 영광을 추구하는 것에 자기 체면과 자기 영광이라는 불순물이 끼게 된다. 그래서 늘 비교 의식과 열등감에 휩싸이고 타인의 평가에 예민한 체질이 되어버린다. 이러한 열등감을 이기기 위해 필요하지도 않은 학위를 따거나 아직 절실하지 않은데도 무리해서 예배당을 건축한다. 교회가 상가건물에 있으면 영 체면이 서지 않기 때문이다. 체면 의식은 항상 뭔가를 보여줘야 한다는 강박관념과 열등감에 시달리게 한다.

체면 의식은 한국 그리스도인을 바리새인처럼 만드는 위험이 있다. 체면 때문에 헌금하고, 체면 때문에 교회 행사에 얼굴 내밀고, 체면 때문에 찬양 시간이나 기도시간에도 자신의 감정을 솔직히 드러내어 자유롭게 하나님을 예배하지 못한다. 장로가 대표기도를 할 때는 더듬거리지 않고 줄줄, 좀 길게, 메모를 안 보고 해야 체면이 선다고 생각한다(안점식, 목회와 신학,

2000. 10).

권위에 대한 성경적 관점은 무엇인가?

하나님의 생각, 뜻(will)은 말씀(word)을 통해서 실재화(realization)된다. 빛을 창조하기로 뜻하신 하나님은 "빛이 있으라"라고 말씀하셔서 빛을 실재화하신다. 이처럼 하나님 말씀은 그 자체로 만물을 실재화하는 능력(power)을 수반한다. 하나님은 "그의 능력의 말씀으로 만물을 붙드시며"(히 1:3) 유지하신다. 하나님이 사용하시는 모든 능력은 정당하고 합법적이다. 하나님은 만물을 창조한 주인이시고 무한히 선하시며 지혜롭고 공의로우시기 때문이다. 권위(authority)는 능력 또는 권세(power) 사용에서의 합법성과 정당성을 뜻한다. 하나님은 만물의 주인으로서 권위와 권세가 있는 분이다. 하나님은 우주 질서의 창조자이자 유지자이므로 모든 합법성과 정당성을 가지고 계신다. 그러므로 하나님은 모든 권위의 원천이며, 하나님의 권위는 그분 자신의 전능하심과 선하심에 기초한다. 하나님 말씀은 권위가 있어 그 말씀을 실현하는 힘을 발생한다. 하나님 말씀은 하나님의 행위, 즉 성령의 사역을 통해서 실현된다.

하나님은 인간을 하나님 형상대로 창조하셨다. 즉 인간을 말하는 존재로 창조하셨다는 뜻이다. 그러나 하나님과 달리 피조물인 인간의 말은 그 자체로서는 실재화할 수 있는 능력이 없다. 인간의 말은 정당한 절차를 통해 합법성을 확보해야 권위를 갖는다. 권위는 말을 집행하는 능력을 사용하는 행위를 통해 말을 실재화한다. 예를 들어 길에서 사복을 입은 어떤 사람이 당신을 붙잡고 교통위반으로 딱지를 끊으려 한다면 당신은 그를 무시할 것이다. 그러나 그가 경찰이라면 상황이 달라진다. 경찰은 권세를 사용할 수 있는 합법성, 정당성, 즉 권위를 가지고 있기 때문이다. 대통령이나 재판관,

국회의장이 사적으로 공포하는 말은 시행되지 않는다. 그러나 국무회의나 재판정, 국회에서 공식으로 선포하는 말은 합법성과 정당성을 지닌다. 인간 사회에서도 공식화된 말은 합법적 권위가 있으며, 구체적으로 시행함으로써 말의 내용을 실현한다. 공식화된 말은 의례 공간에서 형성되며, 공식화된 시간, 장소, 의사봉과 같은 도구에 의해 합법성을 갖는다. 이러한 말은 기존 질서를 구축하고 유지하며 바꾸는 공권력으로 작용한다.

하나님의 권위는 하나님 자신을 대표하는 반면, 모든 인간의 권위는 위임받은 권위로 하나님의 권위를 대표하고 대리한다. 무엇보다도 위임받은 권위는 하나님의 성품을 대표해야 한다. 위임받은 권위는 하나님의 뜻을 준행하기 위한 것이지 자신의 뜻을 실현하기 위한 것이 아니다. 그러므로 인간이 위임받은 권위자로서 권위를 실행하려면 하나님의 뜻을 아는 것이 무엇보다 중요하다. 위임받은 권위는 지배와 군림, 자기 영광을 위한 것이 아니라 하나님의 뜻을 드러내고 하나님의 일을 이루며 하나님의 성품을 나타내기 위한 것이다. 그러므로 위임받은 권위자는 혹시나 자기 뜻을 드러내지나 않을까 두렵고 떨리는 마음으로 겸손해야 한다.

하나님의 권위에 대한 순복은 위임받은 권위에 대한 순복도 요구한다. 위임받은 권위자에게 복종하고 그를 존경하는 것은 그에게 권위를 위임한 하나님의 권위에 대한 복종과 존경을 나타내는 것이다. 그러므로 위임받은 권위자의 자질과 상관없이 하나님이 세우신 동안에는 권위를 존중해야 한다. 다윗은 위임받은 권위자인 사울이 부당하게 힘을 사용할 때에도 하나님을 경외하기 때문에 끝까지 사울을 존중함으로써 하나님께 주목을 받았다(삼상 26:6-25).

하나님의 대리자로서 권위를 위임받은 자에게는 위임된 능력이 발생한다. 그러나 대리자가 하나님에게서 독립적이고 자의적으로 능력을 발동해서는 안 된다. 대리자는 하나님의 인격과 능력, 권위의 위임에 대해서 신뢰해야 한다. 거기에 대리자는 하나님의 뜻 가운데 있어야 한다. 이러한 조건을 갖추었을 때라야 무엇이든 예수 이름으로 구하면 시행된다(요 14:13). 대리적 선포는 하나님의 지시를 받아서 선포하는 것이며, 그야말로 대리하는 것이다. 만일 하나님을 대리하는 선포가 대리자에게 위임되었다면 베드로처럼 "은과 금은 내게 없거니와 내게 있는 것으로 네게 주노니 곧 나사렛 예수 그리스도의 이름으로 걸으라"라고 선포할 수 있다. 여기서 '이름'은 누구의 권위에서 나온 능력인지를 분명히 밝히는 것이다.

위임받은 능력을 올바르게 사용하려면 절차, 권위의 원리를 따라야 한다. 상대방의 유익을 위해서, 공동체의 유익을 위해서, 양육과 세움의 목적으로 권위를 사용해야 한다. 힘으로 상대방을 누르면 파워 게임이 되어버리기 때문에 진정한 순종을 얻을 수 없다. 부모도 자녀를 힘으로 눌러 양육해서는 안 된다. 사람들이 권위자에게 굴욕감을 느끼는 것은 권위자가 힘을 부당하게 행사하기 때문이다. 많은 권위자가 굴욕감을 견디는 사람을 자기 밑에 두고 통제하고자 한다. 이것은 힘이 지배하는 이 세상 조직에 나타나는 일반 현상이다. 그러나 권위의 남용과 권위의 포기는 권위에 대한 실망과 상처를 낳으며, 그 결과 권위에 대한 도전을 가져온다.

원래 세상을 다스리는 권위를 위임받은 것은 인간이다. 그러나 인간이 타락함으로 말미암아 외형적으로는 여전히 인간이 세상을 다스리는 것처럼 보이지만 실제로는 마귀가 다스리게 되었다. 그러므로 성경은 마귀를 "이 세상 임금"(요 12:31, 16:11)이라고 지칭한다. 타락한 인간이 사탄의 가치를 받아들이고, 전락한 자연계의 원리, 즉 힘이 지배하는 세상 구조에 굴복하였기 때문에 실제로는 마귀가 인간을 종으로 삼아서 세상을 다스리게 된 것이다. 인간은 세상 임금의 자리를 마귀에게 내어주고, 마귀는 타락한 세상 원리, 즉 힘으로 억압하고 속박하여 다스리고 있다. 요더(John Howard Yoder)가 「예수의 정치학」(The Politics of Jesus, IVP 펴냄)에서 언급한 대로 인간은 타락한 세상 구조와 가치에 굴복하였다(Yoder, 2007, 251). 타락한 인간의 옛 자아와 다스림의 사명이 왜곡되게 결합했을 때 권위주의, 권력욕, 권력 남용이 나타난다.

합법성과 정당성을 잃은 힘을 사용하는 것은 불법이다. 십자가는 불법의 증거를 드러낸다. 그리고 반역사건을 주도한 타락한 천사들을 합법적으로 무장 해제시킨다. 힘(power)을 빼앗는 것이다. 그전에도 불법이 있었으나 인간이 그 법에 굴복하고 복종함으로써 부당하게 권위를 부여받았다. 권위가 권세 사용의 합법성을 의미한다면 "부당한 권위를 갖는다"는 말은 성립할 수 없다. 찬탈과 반역을 통해서는 진정한 권위가 나올 수 없다. 그것은 단지 폭압이고 폭력일 뿐이다(Yoder, 2007, 256-258).

하나님을 믿지 않는 것이 왜 가장 큰 죄인가? 인간의 타락사건은 권위에 대한 거역이자 반역, 반란사건이었다. 그것은 역모죄로, 인간 행위로는 용서받을 수 없는 죄다. 오로지 왕이 일방적으로 용서해 주어야만 구출될 수 있는 사건이다. 그러므로 구원은 권위의 질서와 주권을 바로잡는 것이다. 하나님 나라가 확장된다는 것은 하나님의 주권을 인정하지 않는 불법 영역에 올바른 합법적 질서가 회복된다는 뜻이다. 자아의 죽음은 주재권이 바뀌고 하나님의 권위에 순종한다는 최고 표현이다. 그것은 내 내면에 올바르고 합법적인 하나님 나라의 질서를 회복하는 것을 의미한다.

복음을 전하는 것은 사람들을 하나님 권위 아래로 인도하는 것이다. 권위를 만났을 때 사람들은 저항하거나 순복하거나 둘 중 하나를 선택해야 한다. 순종하려면 우주의 본래적 질서, 하나님의 성품과 능력을 알아야 한다. 하나님이 우리에게 베푸신 은혜, 창조, 구속에 나타나는 자비를 깨달아야 한다.

권위주의와 권력거리는 어떤 상관성이 있는가?

유교적 토양에서 자란 한국인은 가부장적 권위주의에 익숙하다. 가부장적 권위주의란 부모 자식 간의 관계가 아닌데도 아버지의 권위를 확대하여 적용한 것이다. 성경적으로도 아버지의 권위는 특별하다. 부모는 하나님 아버지의 대리인으로서 하나님의 성품, 보호, 공급, 방향 제시를 대리하는 위임받은 권위자다. 그러므로 유교에서 부모 자식 간의 관계를 천륜(天倫)으로 표현하는 것은 옳다. 부모와 자식의 관계는 날 때부터 결정되는 것으로 신분의 차이지 직분의 차이가 아니다. 부모와 자식의 관계는 수직적인 신분 차이다. 부모가 아무리 자식보다 못나고, 능력도 없고, 심지어 자식에게 해준 것이 별로 없다고 해도 자식은 부모를 공경해야 한다. 대통령이든 대학 총장이든 자식 된 자는 아무리 무식한 아버지일지라도 그 앞에서 머리를 숙여야 한다. 아버지의 권위는 아버지의 자질이나 역할과 상관없이 아버지라는 신분과 지위에서 비롯된다. 부모의 권위는 하나님의 권위를 대행하는 것이므로 부모가 죄짓는 행위를 요구하지 않는 한 자녀는 순종하고 공경해야 한다(엡 6:1-2).

신분에 따르는 권위는 그 신분만 있으면 발생하는 반면, 직분이 가지는 권위는 그 직분을 올바로 수행할 때 발생한다. 가부장적 권위주의는 어떤 직분을 가진 자가 그 직분을 제대로 수행하지 못하면서 오히려 아버지처럼 신분으로 권위를 주장하는 것을 뜻한다. 권위의 남용인 것이다. 타락한 인간은 권위에 대해서 세 가지 오류를 범한다. 바로 권위의 남용, 권위의 포기, 권위에 대한 도전이다. 유교적 토양에서는 권위의 남용, 즉 권위주의의 오류가 쉽게 나타난다. 한국인은 이러한 유교적 토양, 권위주의를 당연시하는 토양에서 성장했기 때문에 우리 자신이 얼마나 권위주의를 잘 용인하고, 스스로도 권위주의적인지 잘 인식하지 못한다. 그러나 타문화권 사람, 특히 권력거리가 낮은 문화의 사람들 눈에는 한국인이 매우 권위주의적인 문화 속에서 살아가고 있음이 분명하게 보인다.

권력거리란 기어트 홉스테드(Geert Hofstede)가 쓴 「세계의 문화와 조직」(Cultures and Organizations, 학지사 펴냄)에 나타나는 개념으로 문화 성향을 분류하기 위한 네 가지 틀 가운데 하나로 제시한 것이다. 권력거리가 큰 문화란 권력 차이에서 나타나는 불평등을 당연시하는 정도가 높은 문화다. 이런 문화에서는 아랫사람이 권위자에게 이견을 내놓기가 어렵다. 상사가 독단적으로 의사결정을 하고 상명하복식으로 지시사항을 내려 보낸다. 아랫사람도 상사가 결정하고 자신은 지시대로 시행하는 것을 편하게 느낀다. 권력거리가 큰 문화는 임금 격차가 크며, 전용 주차장, 전용 식당, 전용 사무실, 전용 화장실, 전용 엘리베이터 등을 당연하게 여긴다. 권력거리가 낮은 문화는 불평등을 당연시하지 않는다. 이런 문화에서는 한 나라의 수상이나 장관도 교통을 위반하면 딱지를 뗀다. 윗사람에게 이견을 개진하기 쉽고 의사결정도 대부분 민주적으로 이루어진다(Hofstede, 2001, 47-80).

한국 문화는 권력거리가 큰 문화다. 그래서 담임목사와 부교역자의 월급 격차가 매우 크다. 많은 경우 담임목사와 부교역자의 관계는 동역자라기보다는 거의 상명하복의 주종관계에 가깝다. 담임목회라는 말 대신 사용되는 이른바 '단독목회'라는 개념이 이러한 관념을 잘 보여준다. 단독목회란 무슨 의미인가? 어떤 사람 말마따나 성령 없이 혼자서 목회하는 것을 말하는가? 단독목회라는 말은 공동목회, 팀목회에 상응하는 개념이다. 그러나 지금은 담임목사의 소유권(ownership)을 지나치게 강조하는 개념이 되어버렸다. 교회의 주인, 소유자(owner)는 하나님이지 않은가? 부교역자를 동료로, 동역자로 인정할 수 없다는 뜻인가? 단독목회라는 개념은 교회를 사유화하고 자기 왕국화하는 불법적 사고방식을 무의식중에 반영하고 있지 않은가?

심지어 신학교 중에도 총장 전용 주차장, 교직원 전용 주차장, 교수 전용 식당이 있는 곳이 적지 않다. 일반 대학이 그런 식이라면, 원래 한국 문화는 권력거리가 큰 문화니까 별 문제의식을 느끼지 않을 것이다. 그러나 신학교는 한국 문화를 가르치는 곳이 아니라 천국 문화 원리를 가르치고 섬김과 희생을 가르치는 곳이지 않은가! 권력을 가진 자가 군림하고 지배하며 특권을 향유하는 것을 가르쳐서는 안 된다. 우리가 자각하지 못하는 가운데 한국의 문화 토양에 익숙해져서 성경적 원리와 천국 문화 원리에 배치되는 행동을 할 때가 많다는 것을 우리는 경계해야 한다.

특권을 누리는 세 가지 경우가 있다. 첫 번째는 권력을 가지고 있기 때문에 예우상 특별대우를 받는 것이다. 한국에서는 자신이 가진 권력 때문에 꼭 받지 않아도 될 특별대우를 누리는 고위 공직자가 많다. 두 번째는 배려 차원에서 특별대우를 받는 사회적 약자들이다. 지하철이나 버스에 있는 노약자석이나 장애인 전용 주차 공간이 이 경우에 해당한다. 세 번째는 공공의 유익을 위해 실용적 이유로 어떤 사람을 배려하는 것이다. 예를 들어 특정 매장에 상품을 배달하는 타 회사 사원은 업무상 출입이 잦을 수밖에 없다. 그래서 영업의 효율성을 위해 특별히 배달 차량에게 전용 주차장을 지정해 주는 것이다. 성경적으로 보았을 때 허용될 수 있는 것은 마지막 두 가지 경우다.

한국 교회도 권력거리가 크게 나타난다. 많은 경우 공예배 후 점심식사 시간이 되면 담임목사는 줄을 서지 않고 교인들이 차려준 밥을 먹는다. 마치 노골적인 위계 사회인 군대에서 후임병이 고참병의 밥을 타서 바치는 것처럼 말이다. 당장 식사를 하고 심방을 가야 하는 시급한 일이 없다면 같이 줄을 서서 밥을 타먹는 모습이 훨씬 보기 좋을 것이다. 교회 지도자의 그런 행동은 문화변혁의 상징성이 크다. 예배당에 장로석을 따로 두는 것도 이해하기 어렵다. 왜 장로들은 한 자리에 모여서 예배를 드려야 하는가? 한국 문화의 교회 지도자는 우리 모두 형제임을 스스로 드러내 보일 수 있어야 한다.

군사부는 정말로 하나인가?

부모의 권위가 다른 직분이나 지위로 확대된 것은 이른바 "군사부일체"(君師父一體)라는 유교적 가치체계가 끼친 영향과 관련이 있다. 사실 왕의 권위와 스승의 권위와 아버지의 권위는 하나가 아니다. 그것은 권위에 대한 성경적 관점이 아니다. 성경은 부모의 권위가 더 절대적이라고 본다. 부모와 자식의 관계는 날 때부터 결정되는 신분 차이다. 하나님은 부모를 자녀에 대한 관리자로 세우셨고 부모의 권위 아래 자녀를 맡기셨다. 부모는 자녀에 대한 주권은 없지만 관리권은 있다. 하나님은 인간에게 자연에 대한 관리권과 함께 생물의 이름을 짓는 특권도 주셨다(창 2:19-20). 마찬가지로 부모가 자녀의 이름을 짓는 것은 관리권자임을 표방하는 것이다. 부모는 하나님의 대리인으로서 하나님의 권위를 대행한다. 그러므로 부모의 권위 남용은 가장 치유하기 어려운 상처가 되며, 자녀가 하나님을 경험하는 데 큰 장애가 된다.

유교는 족보를 중요하게 여기는데, 성경에도 적지 않은 족보가 나온다. 신약성경에도 마태복음(1장 1-16절)과 누가복음(3장 23-38절)에 족보가 나온다. 마태복음 족보가 위에서 아래로 내려오는 반면, 누가복음 족보는 아래에서 위로 거슬러 올라가는데 단순히 아담에서 끝나지 않는다. 사람의 족보가 사람에서 끝나지 않고 "그 이상은 하나님이시라"라는 말로 끝을 맺는다. 무슨 뜻인가? 먼저 조상은 '권위의 라인'(line)이다. 나는 아버지의 권위 아래, 아버지는 할아버지의 권위 아래, 할아버지는 증조 할아버지의 권위 아래 태어났다. 이런 식으로 권위의 라인을 따라 올라가면 권위의 최종 원천인 하나님이 나타나신다. 또한 조상은 '생명의 라인'(line)이다. 조상을 거슬러 올라가보면 최초로 생명을 부여하신 하나님이 계시다는 뜻이다. 그래서 효의 본질은 생명존중에 있으며 효 사상은 생명존중 사상이다. 그러므로 십계명에서도 부모를 공경하는 자는 "생명이 길리라"라고 약속한다(출 20:12).

기독교는 유교 못지않게, 아니 본질적으로 말하자면 유교보다 더 효를 중요시하는 종교다. 그런데 "생명존중"이라는 효의 본질상, 기독교는 부모가 살아 계실 때 부모를 공경하고 순종하라고 강조한다(엡 6:1-2). 물론 유교도 부모가 살아 계실 때 공경할 것을 강조하지만, 부모가 죽은 다음에 공경의 예(禮)로써 제사를 잘 드리는 것도 강조한다. 그러다 보니 유교의 본래 의도와 달리 본말(本末)이 전도(顚倒)되는 폐단이 나타나기도 한다. 살아 계실 때에는 소홀히 하다가 죽은 다음에 묘를 잘 쓰고 제사를 거창하게 지내는 것이 효인 것처럼 곡해하는 경향이 있다.

기독교가 한국의 문화 토양에서 실수한 것 가운데 하나는 기독교가 마치 조상을 무시하는 종교인 양 잘못 인식시킨 것이다. 이것은 조상에 대한 올바른 신학이 없기 때문이다. 조상에 대한 제사를 우상숭배라고 여겨 거부하는 것까지는 옳았다 하더라도, 기독교가 조상을 소중히 여기지 않고 조상의 가치와 의미도 모르는 종교인 것처럼 오해를 살 필요는 없었다. 조상은 생명과 권위의 라인이자 축복의 통로다. 성경에서 부모를 공경하는 것은 약속 있는 첫 계명이다(엡 6:2). 십계명에서 넷째 계명까지는 하나님과 관련된 계명이고, 다섯째 계명부터 열째 계명은 인간에 대한 계명이다. 부모를 공경하는 것은 다섯째 계명으로서 인간과 관련된 첫 계명이며, 이 계명을 준수할 때 보상을 약속하셨다. 약속하신 보상은 무엇인가? "잘되고 땅에서 장수하는"(엡 6:3) 것이다. 왜 그런가? 생명을 존중했기 때문에 장수하고, 권위를 존중했기 때문에 잘되는 것이다. 사람들이 잘되지 못하는 것은 부모로부터 권위에 순종하는 올바른 방식을 배우지 못하고 부당하게 권위에 도전하기 때문이다. 권위에 대한 성경적 원리를 이해할 때 우리는 단순히 부귀영화의 차원이 아니라 요셉이나 다니엘과 같은 성경적 '잘됨'의 은혜를 체험한다.

스승의 권위는 부모의 권위와 다르다. 선생과 제자의 관계는 날 때부터 획득되는 관계가 아니다. 그것은 지식과 사상을 전수받는 관계 속에서 발생하는 계약적 관계다. 유교도 선생과 제자를 의리(義理)에 기초한 관계로 간주한다. 그러므로 선생이든 제자든 상대방이 유교적 대의명분(大義名分)에서 벗어나 옳지 않다고 생각하면 의절(義絶)할 수 있다. 유교적 토양에서는 선생과 제자의 관계가 피라미드식 수직적 관계로 나타난다. "전수"(傳授)라는 개념이 말해 주듯 지식이나 사상도 항상 위에서 아래로 주입식으로 내려간다. 따라서 제자가 선생에게 이견을 제시하거나 선생의 의견에 동의하지 않음을 표명하기가 쉽지 않다.

성경적 관점에서 선생과 제자의 관계는 기본적으로 동심원적 질서(order)로 보아야 한다. 선생이 배움의 중심에 있는 것은 분명하다. 그러나 모든 그리스도인은 예수 그리스도의 제자여야지 어느 개인의 제자여서는 안 된다. 모든 그리스도인은 구원받은 죄인으로서 성장하는 과정 중에 있기 때문에 전적으로 일방적인 가르침은 있을 수 없다. 동심원을 반으로 잘

라놓은 것이 일반적인 세미나실 모습이다. 선생이 여전히 중심에 있지만 학생끼리도 서로 배울 것이 있다. 심지어 선생도 학생에게 지식과 통찰력을 배우려는 겸손한 태도가 필요하다.

도표 26. 성경적 사제 관계와 교실의 모습

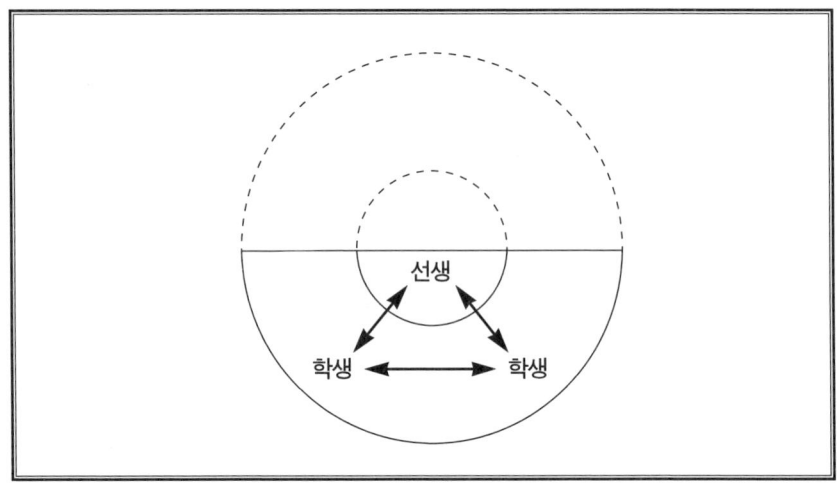

기독교는 기본적으로 정경(正經), 즉 캐논(canon)의 종교이며 말씀 중심적이다. 궁극적으로는 하나님 말씀, 성경이 스승이자 규범이 되어야 한다. 가르치고 깨닫게 하는 주체는 성령이시다. 하나님 앞에서는 누구나 완전하지 않고 부족한 자로서 교정받을 자세를 갖추어야 한다. 우리는 모두 그리스도의 제자로서 서로 배우고, "그리스도를 경외함으로 피차 복종[할]" 자세가 되어야 한다(엡 5:21). 정경성이 약하거나 아예 없어서 체험을 우선시하는 종교일수록 선생이 중요하다. 기독교에서도 체험은 중요하지만 성경적 규범에 더 우선순위가 있다. 정경과 교리가 체험을 엄밀하게 통제한다. 체험과 성경말씀이 충돌하면 체험을 포기해야 한다. 반면에 체험에 우선순위를 두는 선불교나 도교 등에서는 선생의 인도를 따라서 선생이 깨달은 체험의 경지를 추구한다. 그래서 한국의 가르침과 배움의 구조에서는 선생이 절대적으로 중요하다. 소림사 영화를 본 적이 있는가? 선생의 말은 절대적이고 선생이 시키는 대로 해야 한다. 선생이 시키는 데에는 다 이유가 있고 제자가 모르는 차원이 있다고 여기기 때문이다.

이러한 수직적인 스승과 제자의 구조는 한국 교회나 기독교 학원 선교 단체 안에서도 그대로 드러난다. 어떤 선교단체는 리더가 절대적 권위를 행사하며, '한 번 제자는 영원한 제자'가 된다. 선교사도 현지인에게 '영원한' 스승이 되려 한다. 대등한 동역자로서 파트너십을 인정하기가 결코 쉽지 않다. 그러나 영원한 존경을 표시하는 것과 영원한 가르침을 받는 것은 서로 다른 문제다. 물론 제자가 미숙할 때에는 수직적 모델이 어느 정도 도움이 된다. 그러나 제자가 성장하면 수직적 모델에서 수평적 모델로 전환되어야 한다. 즉 부모역할(parenting)에서 동역자(partnership)관계로 바뀌어야 한다. 그렇게 해야 제자의 창의력을 말살하지 않으며, 선교사 자신도 계속 성장할 수 있다. 선생이 언제나 모든 것을 아는 것처럼, 항상 올바른 판단력을 가지고 있는 것처럼 생각하고 행동하는 것은 위선과 거짓일 뿐이다.

유교에서는 왕의 권위도 스승과 마찬가지로 의리(義理)에 기초한다. 왕과 신하는 특정한 이념을 공유하는 한 주종관계를 맺기로 계약한 관계다. 왕의 생각과 행위가 더 이상 신하가 생각하는 이념과 맞지 않으면 의리관계는 깨지고, 신하는 관직을 내놓고 낙향한다. 더 나아가 왕이 신하의 이념에 역행하면 신하는 의절하고 역성혁명에 가담한다.

도표 27. 군사부에 대한 유교적 관점과 성경적 관점

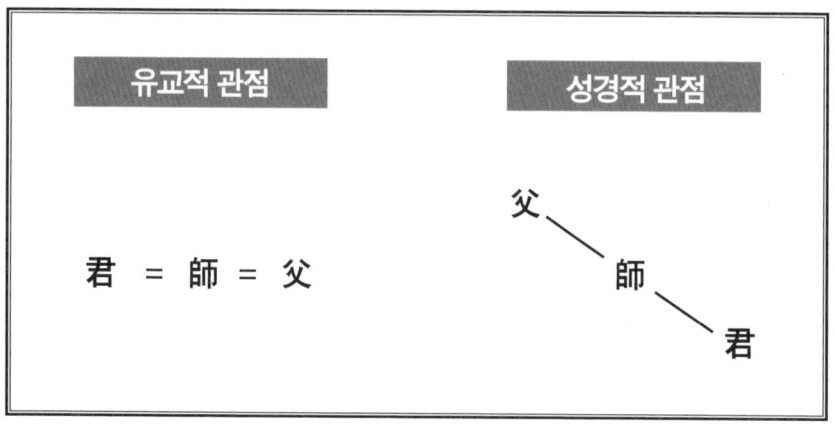

부모의 권위가 이처럼 절대적이기 때문에 왕은 자신의 권력을 정당화하고 강화하기 위해 군사부일체라는 논리를 가지고 들어온 것이다. 왕은 국가 지도자일 뿐 아니라, 때로는 국가의 스승이 된다. 그래서 신하에게 평소에는 "경"(卿)이라고 존대하다가도 때로 스승의 위치에서 "너"라고 하면서 반말을 하기도 한다. 또 왕은 종종 만백성의 '어버이'로서 스스로를 인식하며 그러한 이념을 강요당하기도 한다. 이러한 군사부일체의 유교적 이념을 수용해서 공산주의에 접목시킨 독특한 체제가 북한의 주체사상이다. 북한에서 수령은 국가의 '영도자'이자 '어버이'다. 북한 어린이들이 '어버이 수령께서 주셨다'는 사탕을 받아들고 눈물을 흘리는 영상을 본 적이 있는가! 어버이 수령은 종종 스승이 된다. 농업 현장에 시찰을 나가서도 가르치고, 산업 시찰을 나가서도 가르치며, 군부대에 시찰을 나가서도 가르친다. 수령은 모르는 것이 없는 스승이다. 그의 교시는 어록이 되어 공자의 어록처럼 암기 대상이 된다.

예수께서는 권위주의를 경고하신다. "너희는 랍비라 칭함을 받지 말라.

너희 선생은 하나이요, 너희는 다 형제니라. 땅에 있는 자를 아비라 하지 말라. 너희 아버지는 하나이시니 곧 하늘에 계신 자시니라. 또한 지도자라 칭함을 받지 말라. 너희 지도자는 하나이니 곧 그리스도니라"(마 23:8-10)라고 말씀하신다. 많은 사람이 자신의 친부모가 아닌데도 아부하기 위해서 아버지라 부르며 그 권위에 맹종한다. 인격적인 관계를 맺고 교훈하며 감화시킨 것 없이 고작 몇 시간 지식을 가르쳐놓고는 스승이라고 불리길 즐기며 스승의 권위에 맹종하기를 바란다. 지도자로서 별로 한 일이 없는데도 지도자로 인정받고 섬김 받고 싶어한다. 하나님은 권위주의를 미워하시고 가증스럽게 여기신다. 하나님 앞에서는 모두 형제이므로 스스로 아비나, 스승이나, 지도자로 자처해서는 안 된다.

11

문화의 토양과 영성

혼합주의는 왜 발생하는가?

인간이 어떤 문화 안에서 태어나 성장한다는 것은 문화의 토양, 즉 그 문화의 주류 행동양식과 가치체계, 세계관을 수용한다는 뜻이다. 그리스도인도 예외가 아니다. 그리스도인도 이러한 문화적 토양의 영향에서 자유롭지 못하다. 물론 전통 문화의 토양이 모두 다 잘못이라는 뜻은 아니다. 전통 문화의 토양은 전도와 선교의 접촉점이고 복음의 토착화 또는 상황화의 토양이기도 하다. 그러나 문화적 토양 안에 있는 비성경적 요소가 교회 안에 침투하여 그리스도인의 행동양식, 가치체계, 세계관에 영향을 끼치면 혼합주의가 된다.

선교는 기본적으로 세계관의 충돌을 일으키며, 세계관을 변화시키는 것을 궁극적인 목적으로 삼아야 한다. 그런데 세계관을 변화시키지 못하고 문화 바깥층인 가치체계와 행동양식만 변화시킨다면 혼합주의가 나타나고 명목적인 신자만 양산하게 된다. 문화를 강에 비유하자면, 가시적으로 찰

랑거리는 수면이 행동양식이고, 그 바로 밑이 가치체계며, 강 심층부가 세계관이다. 세계관은 쉽게 노출되거나 인식되지 않는다.

　세계관은 심층부이자 본질이기 때문에 평소에는 잘 드러나지 않고 위기 상황이 되어서야 드러난다. 예를 들어, 일부다처제가 성행하는 아프리카 마을에 일부일처제를 고수하는 사람이 있다. 그는 주일 예배도 꼬박꼬박 드리고 헌금도 잘 하며 심지어 십일조도 한다. 그런데 어느 주일, 예배를 드리고 집에 돌아왔는데 어린아이가 눈이 뒤집혀 경기(驚氣)를 한다. 그는 아이를 들쳐 업고 마을의 주술사(witch-doctor)에게 달려간다. 이것이 바로 혼합주의다. 이러한 혼합주의는 단지 아프리카나 인도, 라틴아메리카만의 문제가 아니다. 혼합주의는 어느 시대, 어느 지역에서나 나타난다.

　성경에 예수님과 부자 청년 이야기가 나온다(마 19:16-22, 막 10:17-22). 부자 청년이 예수님께 나아와서 "내가 무엇을 하여야 영생을 얻으리이까"라고 물어본다. 청년이 던진 질문은 근본적으로 중요한 핵심을 건드린 매우 수준 높은 질문이다. 예수께서는 이런저런 계명을 잘 지키라고 말씀하신다. 주로 십계명에 나오는 행동양식과 가치체계 차원의 계명이다. 부자 청년은 "이것은 내가 어려서부터 다 지키었나이다. 아직도 무엇이 부족하니이까?"라고 질문한다. 여기서 예수님의 지혜가 엿보인다. 예수께서 이 부자 청년을 벼랑 끝으로, 위기상황으로 몰고 가신다. "네게 오히려 한 가지 부족한 것이 있으니 가서 네 있는 것을 다 팔아 가난한 자들을 주라. 그리하면 하늘에서 보화가 네게 있으리라. 그리고 와서 나를 좇으라." 성경은 말미에 이렇게 기록한다. "그 청년이 재물이 많으므로 이 말씀을 듣고 근심하며 가니라." 행동양식과 가치체계 차원에서 본다면 부자 청년은 나무랄 것 없는 훌륭한 신앙인이다. 그런데 위기 상황에 부딪혔을 때 자기 스스로도 인식하지 못하고 있던 비성경적 세계관, 물질주의가 혼합되어 있음이 드러난다. 하나님 말씀이 임하고 성령이 조명하실 때 비로소 우리 안에 내재된 비성경적 세계관이 노출된다.

물론 순수하게 성경적 세계관으로만 충만한 사람은 없을 것이다. 예수님 외에 이 땅을 살아간 인간은 누구나 그 안에 비성경적 세계관이라는 불순물이 혼합되어 있다. 그런 면에서 혼합주의는 타락한 인간, 죄인이 반드시 만들어낼 수밖에 없는 것이다. 그런데도 좀 더 성경적 세계관을 따라 생각하고 판단하며 결정하고 행동하려는 사람이 성숙한 사람이다. 교회도 마찬가지다. 모든 교회가 동일하게 성숙하지는 않다. 신약성경에 나타나는 에베소 교회나 빌립보 교회는 고린도 교회보다 더 성숙했다. 어떤 교회는 좀 더 성경적 세계관을 따라 판단하고 결정하며 행동하는 성숙한 공동체의 모습을 보인다. 반면에 미성숙한 공동체에서는 비성경적 판단과 결정과 행동이 난무하다.

내 안에 비성경적 세계관이 혼합되어 있지 않은지 살펴보기 위해 꾸준히 하나님 말씀으로 성찰하고 성령의 조명 아래 비춰보는 일이 필요하다. 이것이 바로 성화의 성숙 과정이다. 우리는 하나님 앞에 서는 그날까지 평생 동안 이렇게 씨름하는 일을 멈추어서는 안 된다. 정말 문제가 있는 사람은 자신에게 전혀 문제가 없다고 생각하는 확신범이다. 자신의 생각과 판단, 결정이 언제나 매우 성경적이라고 확신하는 사람이다. 대체로 목회자, 선교사, 장로와 같은 지도자 가운데 이렇게 굳어져 있는 사람이 많다.

오늘날 영성 문제가 왜 대두되었는가?

특정한 문화 토양에 세워진 교회는 그 토양의 주류를 형성하는 비기독교적 세계관들이 가져오는 영성 훈련의 방향과 훈련 방식에 영향을 받기 마련이다. 즉 그리스도인인데도 의식적으로나 무의식적으로 타종교가 사용하는 수행 방식뿐 아니라 타종교가 지향하는 영성 훈련의 목표까지 수용하는 경우가 흔하다.

우선 영성이라는 개념부터 살펴보자. 오늘날 영성이라는 개념은 타종교에서도 보편화되어 있고, 기독교 안에서도 영성 훈련이나 영성신학과 같이 영성이라는 개념이 널리 보급되어 있다. 현대인이 영성이라는 개념을 선호하는 것은 영성을 종교보다 훨씬 자유롭고 비제도화된 개념으로 간주하기 때문이다. 영성이라는 개념을 종교 범주에서 벗어난 중립적인 것으로 인식하기 때문에, '무신론자의 영성', '공산주의자의 영성'이라는 말까지 있는 상황이다. 이런 면에서 영성 개념이 보편화된 것은 종교다원주의의 확산과 맥을 같이한다고 할 수 있다.

오늘날 새삼스럽게 영성을 문제로 제기하는 것은 이른바 영성의 결핍 때문이다. 달리 말하자면 앎과 삶의 분리, 지(知)와 행(行)의 분리, 이론(theoria)과 실천(praxis)의 분리 때문이다. 물론 지행의 괴리는 타락한 인간에게 어느 정도 불가피하다. 따라서 동서고금을 막론하고 종교와 철학은 지행일치 문제를 심각하게 다루어왔다. 그러나 이러한 지행 괴리의 문제를 심화시킨 것은 서구의 진리관 및 그에 기초한 서구 학문의 발달사와 깊은 관련이 있다. 서구의 문화 전통은 크게 헬레니즘과 헤브라이즘의 두 물줄기로 나뉘지만, 르네상스 이후 서구 대학의 진리관은 점차 헬라적 진리관이 장악해 갔다고 보아야 한다.

헬라인에게 진리탐구란 마음(mind) 차원에서 사물(substance)의 본질과 속성을 이해하는 것이며, 이러한 실체에 대한 지식을 축적하는 것이다. 이러한 진리관은 데카르트에 이르러 사물을 인식하는 "자아의 주체성"이라는 관념으로 나타났고, 계몽주의에 이르러서는 보편적 진리 인식의 주체인 이성에 대한 신뢰로 강화되었다. 그리하여 인식의 주체인 자아에 대하여 외부의 모든 사물은 인식 대상이며 탐구 대상으로 남게 되었다. 이러한 진리관이 서구 대학에 전통으로 자리 잡기 시작했는데, 그 영향권 안에 있는 신학부나 신학교도 예외는 아니었다. 계몽주의적 이성에 따른 진리관은 계몽주의가 극치에 달한 19세기 후반, 신학 영역에서 자유주의 신학으로 나타났다. 성경은 이성적 탐구와 비평 대상으로 전락했으며, 그 결과 이른바 '비평신학'이 등장하였다. 성경은 더 이상 하나님 말씀으로서 무조건 수용하고 순종하며 내면화하고 체득하는 대상이 아니라 탐구하고 분석하며 비평하는 대상이 되었다. 성경에 대한 지식이 많다고 해서 반드시 신앙이 좋거나 영적으로 성숙한 사람이라고 할 수 없게 되었다. 앎과 삶에 괴리가 일어난 것이다.

서구 대학의 상아탑주의는 필연적으로 지행이 괴리할 수밖에 없고 신학교 안에서도 지식과 신앙이 괴리할 수밖에 없다. 이러한 괴리를 메우기 위해 이른바 '생활 형성'(life formation), '영적 형성'(spiritual formation)과 같은 것이 생겨났다. 영성신학이라는 개념이 유행처럼 퍼져나가기 시작했으며, 한국 교회와 신학교 안에도 들어오게 되었다. 그러나 이른바 영성신학이라는 것조차 서구적 상아탑 구조 안에서는 역시 이론 영역으로 전락하고 만다.

동양적 전통 또는 한국적 전통의 진리관은 서구적 진리관과 다른 방향으로 발전했다. 동양적, 한국적 전통에서 학문은 이론과 실천의 통합을 더 지향한다. 유교에서 '학'(學)은 단순히 인지적 차원에서 지식을 축적하는 것을 넘어 사물의 원리를 통찰하고 내면화하는 것까지 포함한다.[1] 신유학 전

---

1. 논어의 주자(朱子) 주(註)에서 학(學)은 '본받는 것'(效)이고 '깨닫는 것'(覺)이다. "論語, 券之一", 四書集注: 朱熹集註(台北: 世界書局, 1982), 學而第一 참조.

통에 나타나는 '공부'(工夫)의 개념은 몸의 수련과 실천적 측면을 포함한다. 중국에서는 '도'(道)를 천도(天道)와 인도(人道)로 표현한다. 그것은 하늘과 인간이 가는(行) '길'로 실천적, 수양적 성격을 포함한다. 유교적 학자는 성인과 철인을 지향하며, 학문은 '내성외왕'에서 나타나는 것처럼 통치라는 실천성을 염두에 둔다. 유교의 이상 왕국론은 통치자의 자기 수양을 전제로 한 것이기 때문에 학문 자체에 수양론적 성격이 강하다. 학자란 단순히 지식이 많은 자가 아니라, 수양을 쌓아 고매한 인격을 겸비하며 실천적 응용력을 가진 자다.

불교의 각(覺) 역시 단순히 모르던 사실을 인지적 차원에서 깨닫는 것을 넘어 존재양식(being mode)이 변하는 체험을 수반한다. 각은 순간적으로 이루어지는 돈오(頓悟)든 점진적으로 이루어지는 점수(漸修)든 인지적 차원을 넘어 본질에 대한 통찰력을 체득하고 내면화한 상태가 뒤따른다.

성경적 진리관은 헬라보다는 오히려 동양적 진리관에 가깝다. 히브리적 전통에서 '안다'는 것은 지식으로 아는 것이 아니라 체험적으로 아는 것이다. 하나님을 안다는 것도 하나님에 대해 지식적으로 아는 것이 아니라 하나님을 체험적으로 아는 것을 뜻한다. 다른 말로 표현하자면 하나님과 인격적으로 알고 지내는 사이인 것이다.

영성이라는 개념의 사용은 타당한가?

그렇다면 영성이라는 개념을 사용하는 것이 과연 성경적으로 적절한가 하는 문제를 짚어보자. 성경에서는 '영성'(spirituality)이라는 개념을 찾아볼 수 없다. 그 대신 '영적'(spiritual)이라는 개념은 찾아볼 수 있다. 그런 면에서 영적 성숙이나 영적 훈련이라는 개념이 훨씬 구체적이고 성경적이다. 인간이라는 존재는 본질적으로 유기적 통합체로서 전인(全人)적인 존재지만, 크게 보면 영혼과 육체라는 두 측면이 있다. 한편 영혼에는 영적 기능 측면과 혼적 기능 측면이 불가분리적이고 유기적으로 통합되어 있다. 그런 면에서 통합적인 전인을 영(pneuma), 혼(psyche), 육(soma)이라는 측면에서 이해할 수도 있다. 여기서는 굳이 인간의 구성요소가 일원론이냐, 이분설(二分說)이냐, 삼분설(三分說)이냐를 논하려는 것이 아니다. 이른바 영성의 문제를 명확히 드러내려면 인간 존재의 구성요소라는 관점이 아닌 전인적 존재의 여러 측면(aspect)에서 살펴보아야 한다. 또한 인간을 전체적(wholistic)이며 통합적(integral)인 존재로 보아야만 성경이 말하는 포괄적 구원의 개념을 포착할 수 있고, 단순히 '영혼 구원'에 치우쳐 하나님 나라와 복음에 함축된 총체성을 놓치는 오류를 범하지 않는다(Hoekema, 1990, 368-374).

기독교 전통에서는 오랜 기간 동안 인간의 구성요소에 대한 이론으로서 이분설과 삼분설을 주장해 왔다.[2] 역사적으로 볼 때 삼분설을 주장한 사람들에게서 이단적인 사상이 좀 더 많이 나왔다고 본다. 그러나 그것은 삼분설 자체에서 왔다기보다는 삼분설에 묻어온 비성경적 세계관 때문이다. 이를테면 힌두교의 아트만(Atman)은 모든 인간에 내재된 대자아(大自我)로서 우주의 궁극적 실재인 브라만과 동일하다. 이것이 범아일여 사상이다. 아트만은 몰개성적으로 모든 인간에게 내재하는 순수한 자아로 죄를 짓거나 오염되지 않는다. 이러한 아트만의 관념이 불교에 들어와서 불성(佛性)이 된 것이다. 어떤 필부(匹夫)나 심지어 악인일지라도 중생은 모두 불성이

---

[2] 터툴리안, 어거스틴과 같은 교부들은 물론 칼뱅 이후 개혁주의 신학자들은 전통적으로 이분설을 취해왔다. 그러나 현대에 이르러 안토니 후크마(Anthony A. Hoekema)나 고든 스파이크만(Gordon J. Spyman)과 같은 개혁주의 신학자들은 삼분설뿐 아니라 이분설까지도 헬라철학의 영향으로 보고 이에 반대하며 일원론만을 강조한다. 삼분설은 이레니우스, 알렉산드리아의 클레멘트, 오리겐, 닛사의 그레고리 등이 주장하였다.

있다는 생각이 대승불교에서 말하는 이른바 일체중생실유불성(一切衆生悉有佛性) 사상이다. 성리학(性理學)에 들어와서 불성의 개념은 본연지성(本然之性)이 되고 범아일여의 관념은 성즉리(性卽理) 사상이 된다. 본연지성이라는 성리학적 관념은 유교권의 그리스도인에게서 찾아볼 수 있으며, 인간의 영은 타락하지 않고 혼과 육만 타락했다는 식으로 나타난다. 그러나 삼분설을 주장하는 사람도 타락으로 말미암아 영, 혼, 육 모두 문제가 생겼다는 것을 인정해야 한다.

우선 성경적 관점에서 볼 때 영이 하나님과 관계하는 기능의 측면이라고 정의한다면, 타락한 인간의 영은 죽었다. 영이 죽었다는 것은 실체적 죽음이라기보다는 관계적 죽음이자 기능적 죽음을 말한다. 즉 하나님과 관계하는 기능을 잃어버려 하나님과 인격적 관계가 끊어졌다는 뜻이다. 혼과 육의 측면은 죄성에 지배당하고, 전적 부패와 무기력 상태로 전락하였다. 혼(psyche)은 정신적 기능으로서 어떤 면에서는 육(soma)과 관련되어 있다. 따라서 심신상관적(psycho-somatic)이라는 말은 혼과 육의 상호 연관성을 뜻한다.

실체적 삼분설이 아니라 기능적 삼분설에 입각하여 전인의 세 측면이라는 관점에서 이방 종교의 수행법, 즉 영성 훈련법은 혼이나 육의 측면에서 시작하는 것으로 보인다. 도교에서 말하는 바 조심법(調心法), 조식법(調息法), 조신법(調身法)이라는 수행법 분류방식은 이방 종교의 수행법을 분석하는 데 유효하다. 우선 조심법은 마음, 즉 혼의 차원에서 출발하여 수행하는 것으로 힌두교의 라자(raja)요가나 불교의 참선(參禪)이 여기에 해당한다. 조신법은 신체, 즉 육의 차원에서 출발하여 수행하는 것으로 기공(氣功) 체조나 하타(hatha)요가와 같은 것이 해당한다. 그리고 혼과 육을 이어주는 것이 호흡, 즉 '식'(息)이다. 우리가 일반적으로 관찰할 수 있는 사실은 호흡이 심신상관성과 밀접하게 연관되어 있다는 것이다. 예를 들어 마음이 산란할 때에는 호흡이 가빠지고 흉식호흡을 하게 되지만, 반대로 심호흡이나 복식호흡을 하면 산란한 마음이 가라앉는다. 그렇기 때문에 대부분의 종교에 호흡 조절과 관련된 수행법이 있는 것은 이상한 일이 아니다. 조식법 중에 대표적인 것이 불교의 수식관(數息觀)이나 도교의 단전호흡이다.

도표 28. 전인의 세 가지 측면과 종교 수행법

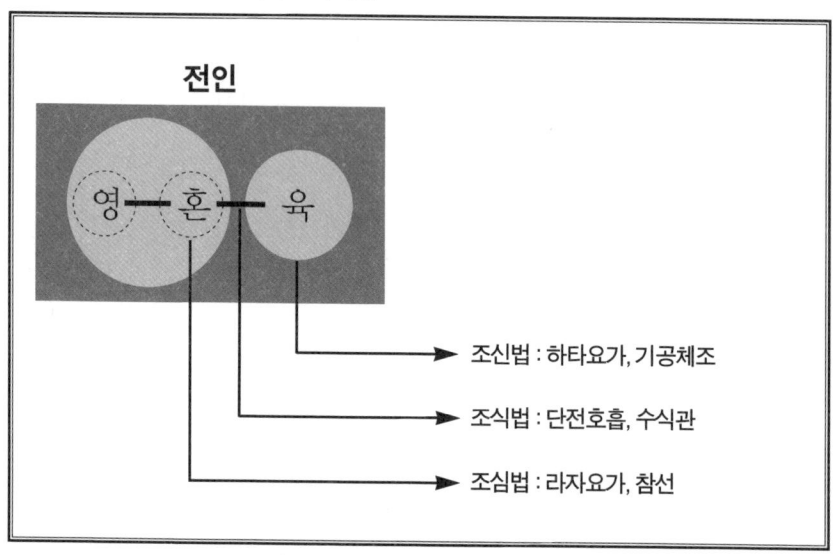

전인을 영, 혼, 육 세 측면으로 이해하는 것은 '침체'(depression)를 설명하는 데도 유효하다. 모든 비그리스도인은 영적 사망 상태에 있다. 그리스도인일지라도 지속적으로 죄를 짓고 회개하지 않는다면 영적 차원에서 침체할 것이다. 침체의 원인이 영적 차원에 있다면, 회개해야 한다. 또한 혼적, 육적 차원의 고갈로 침체할 수도 있다. 정신적, 감정적 에너지가 고갈되고 신체적 에너지가 고갈될 때, 침체할 수 있다.

열왕기상을 보면 엘리야와 바알 선지자 450명의 능력 대결이 나온다(왕상 18:20-40). 궁극적으로 엘리야가 승리하지만 그가 정신적, 감정적으로 얼마나 심각하게 소모되었는지 상상할 수 있다. 만일 당신이 450 대 1로 조폭과 싸운다면 어떻겠는가? 엘리야는 영적 전투에서 승리했지만 너무 심한 정신적 소모 때문에 급속히 침체에 빠졌다. 이세벨이라는 여인의 협박만으로도 마음이 무너져 두려움을 이길 수 없을 정도가 되었다. 엘리야는 차라리 죽여 달라고 하나님께 하소연한다. 그러나 하나님은 잠을 푹 재우고, 천사를 시켜 먹이고, 어루만져주셨다(왕상 19:1-8).

요나 선지자도 마찬가지다. 우여곡절 끝에 요나는 니느웨에 하나님 말씀을 선포했다. 그것은 마치 오늘날 이라크의 바그다드 한복판에서 복음을 외치는 것만큼이나 위험하고 가망 없는 일이다. 어디서 돌이나 칼이 날아올지 모르는 상황이었다. 궁극적으로 요나는 니느웨에서 성공적으로 사역을 감당했다. 그러나 정신적, 감정적, 신체적 에너지는 극심하게 고갈했을 것이다. 예상한 것과 전혀 다른 결과를 얻자 요나는 하나님께 화가 났고 침체에 빠져 죽음을 간청했다. 그러나 이번에도 하나님은 호박넝쿨 밑에서 푹 쉬게 하고 새로운 차원의 교훈을 얻게 하셨다(욘 4:3-6). 영의 차원에서 오는 침체는 기도원으로 가야 한다. 그러나 혼과 육의 차원에서 오는 침체는 리조트로 가야 한다. 오늘날 많은 사역자가 이것을 구분하지 못해 침체에서 벗어나지 못하는 경향이 있다.

그렇다면 왜 이방 종교의 수련법은 혼이나 육의 차원에서 출발할 수밖에 없는가? 한마디로 말하자면 영이 죽어 있기 때문이다. 그러므로 영이 다시 살아난 기독교에서만 참된 영적 훈련을 시행할 수 있다. 성경적인 의미에서 볼 때 영이 살아나지 못하고 성령을 받지 못한 사람들이 과연 영적 훈련을 하거나 진정한 영성을 가질 수 있겠는가? 그럴 수 없다. 성경은 "육체의 연습은 약간의 유익이 있으나 경건은 범사에 유익하[다]"(딤전 4:8)고 말한다. 육체의 연습, 즉 혼과 육의 차원에서 행해지는 훈련에도 약간의 유익이 있지만 영의 차원에서 출발하는 경건 훈련과는 본질적으로 다르다. 경건 훈련은 기본적으로 하나님과의 관계에서 출발하고 영적 차원에서 출발하기 때문에 본질적이다. 그러나 육체의 차원에서 행하는 훈련은 비록 약간의 유익이 있다 할지라도 결국 미봉적일 수밖에 없다. 여전히 영적 문제, 즉 하나님과의 관계 문제가 해결되지 않았기 때문이다. 이런 면에서 경건이 영성이라는 개념보다 성경적이다. 성경적 의미에서 경건은 그 자체가 관계적인 개념이기 때문이다.

인간의 타락으로 생겨난 결핍과 갈증이 어떻게 타종교 수행법에 나타나는가?

창세기 1장 26-28절은 인간 존재의 당위적 본질과 사명을 언급한다. 하나님은 인간을 창조하실 때 하나님 형상대로 만드시고 하나님의 영광을 위해 피조세계를 관리하는 임무를 맡기셨다. 그러나 인간의 타락사건은 인간 안에 있는 하나님의 형상을 훼손하였고 피조세계를 관리하는 사명을 수행할 수 없게 만들었다. 죄의 결과는 무엇보다 하나님과의 관계를 깨뜨렸고, 자기 자신과의 관계, 타인과의 관계, 자연과의 관계도 깨뜨렸다. 하나님의 형상 안에 있는 거룩, 사랑, 의, 기쁨, 평강 대신 불결, 미움, 불의, 슬픔, 불안이 인간의 내면세계를 차지하였다. 그러므로 성경적인 의미에서 기쁨과 평강, 자유 등은 기본적으로 관계적이다.

인간은 영적인 존재로 창조되었다. 전인(全人)에서 영의 차원은 하나님과 관계하는 기능의 자리다. 그러므로 인간은 하나님과 올바른 관계에 있을 때에만 영적일 수 있고 기쁨과 평강과 의로움을 누릴 수 있다(롬 14:17).

따라서 엄밀히 말하자면 하나님과의 관계가 단절되어 영이 죽은 자연인, 타종교인은 영적이라고 할 수 없다. 결국 타종교의 영성 훈련법, 수행법은 인간의 타락으로 야기된 결핍과 갈증을 반영할 뿐이다.

첫째로 범신론적 신비주의로 분류되는 타종교에서 추구하는 바, 궁극적 실재와의 합일, 우주와의 합일, 신인(神人)합일, 천인(天人)합일 등은 하나님과의 친밀한 관계가 깨어진 데서 오는 인간의 영적 결핍과 갈증을 반영한다. 이슬람의 수피즘이나 수도원주의에 나타나는 로마 가톨릭의 영성 훈련법 중에도 하나님과의 신비적인 합일을 추구하는 모습을 찾아볼 수 있다. 신비주의적 영성 훈련법은 신비적 합일의 체험을 강조한다. 이러한 체험은 종종 몰아경, 무아경, 황홀경, 삼매경과 같은 변성의식(trance) 상태로 묘사된다. 범신론적 합일 사상은 궁극적 실재와 수행자 사이의 정체성 구분을 상실한 몰아(沒我)적 상태를 추구한다. 그리고 이러한 상태에서 인간이 곧 궁극적 실재 또는 신이 되는 신인합일을 경험한다.

성경적인 '하나 됨'을 설명하기 위해서는 '합일'이라는 개념보다 '연합'이라는 개념이 더욱 적합하다. 연합은 정체성을 상실하지 않은 상태에서 성령과 연합하고(고전 6:17) 성령의 다스림 아래 하나님의 의지와 내 의지가 일치하는 것이다. 성령 충만의 온전한 연합에서 인간은 하나님이 생각하시는 방식대로 성경적 세계관에 따라 생각하고, 하나님이 느끼시는 방식대로 느끼며, 하나님이 하시고 싶은 일을 하는 방향으로 지정의(知情意)를 사용한다.

둘째, 자기 자신과의 관계가 깨어진 데서 야기된 결핍과 갈증에 초점을 맞춘다. 인간의 타락은 수치심, 두려움, 죄책감, 열등감, 욕구의 좌절과 같은 고통을 가져왔다. 이 때문에 인간은 내적 고요함과 기쁨, 평안, 의로움을 갈망한다. 타종교는 바로 인간의 마음 수양, 마음공부, 자아의 해방 등에 관심을 가져왔다. 사람들은 고통이 욕구와 관련되어 있고, 욕구의 좌절에서 고통이 발생하는 일반적인 심리 현상을 관측하였다. 모든 종교는 고통 받고 있는 자아의 문제를 처리하기 위해 나름대로 해결방식을 제시하려고 한다. 대체로 범신론적 신비주의적 종교에서는 욕구하는 자아가 저급한 물질 세계에 속해 있으므로 육체를 억압하는 금욕주의를 실천한다면 고통에서 벗어나 진정한 자아의 해방을 누릴 수 있다고 생각한다. 또는 헬라의 카포크라테스(Carpocrates)나 힌두교의 좌도파(左道派) 등 영지주의 좌파는 오히려 욕구의 실현을 통해 자아의 해방을 누릴 수 있다고 여기기도 한다.

범신론적 신비주의에서는 불교의 제법무아(諸法無我)설처럼 '나'라는 정체성 자체를 부정함으로써 욕구하는 자아가 받는 고통의 문제를 해결하고자 한다. 이러한 자기부정은 성경이 말하는 자기부인과 다르다. 성경에서 말하는 자기부인은 성령의 내주(內住)를 전제로 한다. 따라서 자기부인과 성령 충만은 동전의 양면과 같다(갈 5:16-17). 성경이 말하는 자기부인이란 자기 정체성을 부정하는 것이 아니라 자발적으로 성령의 다스림 아래 자기를 두는 것이다. 자기 스스로 자기를 다스리는 것이 아니라 궁극적으로 성령의 다스림 아래 자기를 두는 것이다. 이것이 성경적 마음 다스림이 불교나 힌두교의 마음공부와 다른 점이다. 신자에 대한 성령의 내주하심은 타종교에서는 찾아볼 수 없는 기독교만의 독특한 약속이다. 따라서 성경적 의미에서 영적인 사람은 자기를 부인하고 십자가를 지는(마 16:24) 성령 충만한 사람이다.

도표 29. 종교에 나타나는 자아와 궁극자의 관계(안점식, 목회와 신학, 2004. 3)

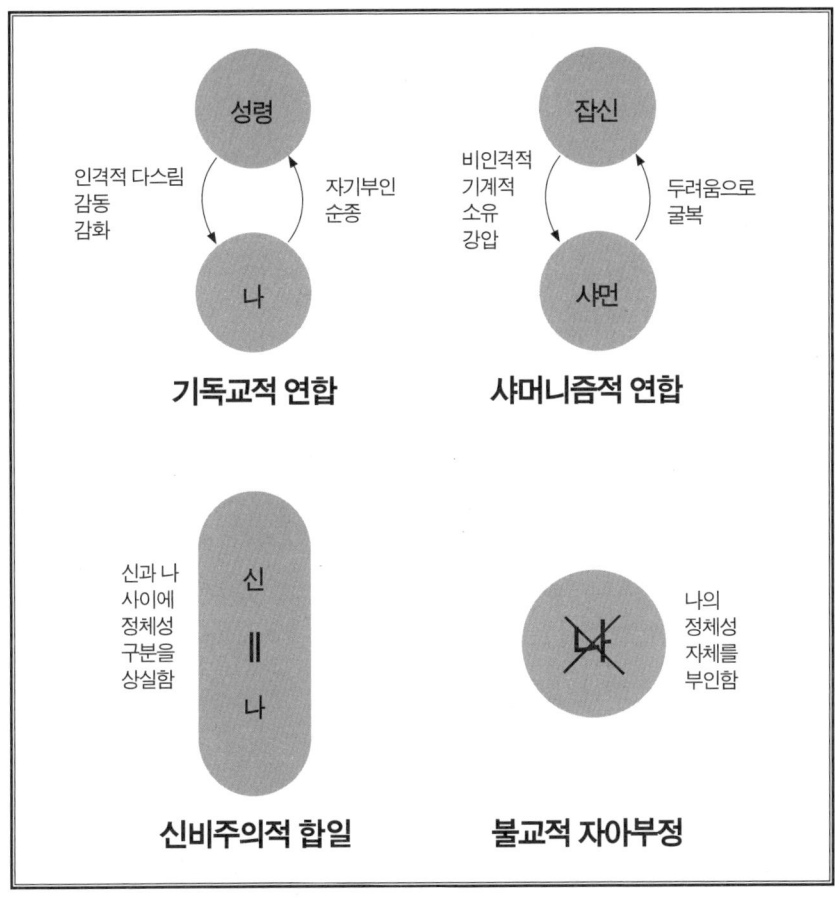

일반적으로 인간의 마음에 고통을 불러일으키는 것은 인간관계의 갈등 문제와 통제할 수 없는 환경의 문제 때문이다. 타종교에서 마음을 다스리는 방식 가운데 두드러지게 관찰되는 세 가지 방식이 있다. 하나는 자신의 내면의식과 감정 변화를 그대로 직면하여 관조하는 훈련이고, 다른 하나는 어떤 물체나 신체의 한 부분 또는 호흡에 집중하는 훈련이다. 나머지 하나는 자신이 통제할 수 없는 일을 통제하려고 한다는 것을 자각하고 집착을 끊는 훈련이다. 이 훈련들은 주로 마음의 작용을 정지하거나 조작하여 마음의 고통을 떨쳐내고 평안함을 불러일으키는 것을 목표로 한다. 이러한 훈련들은 일시적으로 효과가 있어 보인다. 그러나 성경적 마음 다스리기의 목표는 자신의 마음을 조작하고 통제하는 것이 아니라 궁극적으로 관계를 회복하는 것이다.

베트남 출신 승려 틱낫한(Thich Nhat Hanh)은 한국에서도 베스트셀러 작가로 유명하다. 사실 한국에 이분 정도의 수준에 있는 승려는 많다. 그런데 왜 틱낫한 스님은 유명한가? 그것은 불교가 현대화 또는 상황화에 그다지 성공적이지 못했음을 단적으로 말해 주는 것이다. 한국 불교는 출가자 중심의 공식종교로서의 불교와, 일반 신도 차원에서 행해지는 민간종교로서의 불교 사이에 많은 격차와 괴리가 있다. 얼마 전까지만 해도 수행법은 출가자 중심으로 되어 있고 불교 경전이나 불교 용어도 전문적인 한자 용어로 되어 있어서 일반인이 접근하기가 쉽지 않았다. 물론 오늘날에는 불교에서도 산사 체험(temple stay)과 같은 프로그램을 개발하여 일반인에게 참선과 같은 수행 기회를 주고 불교 경전이나 해설집 등도 쉽게 읽을 수 있는 형태로 제공하려고 노력하는 것 같다.

베트남에서 추방되어 프랑스에 아쉬람(ashram)을 연 틱낫한은 현대사회를 사는 서구인이 공허함과 스트레스를 해소할 수 있도록 실용적 차원에서 마음을 수련하는 법을 가르치기 시작했다. 아울러 어려운 불교 용어도 서구인이 이해할 수 있는 대중적 언어로 번역했다. 즉 서구에서 일어난 불교 운동은 한국에서 일반 신도들이 가지는 기복신앙과 달리 공식종교로서의 불교 수련법을 대중화하는 방식으로 나타났다. 이것이 역수입되어 마찬가지로 현대사회 문제를 그대로 안고 있는 한국인에게 호소하고 있는 것이다.

틱낫한의 수련법 원리는 매우 간단하다. 첫째로 통제할 수 없는 것은 통제하려고 하지 말라는 것이다. 이것은 보편적으로 수용할 수 있는 지혜로 일반은총적인 가르침이다. 사실 우리는 장래 문제나 타인의 평가와 같이 통제할 수 없는 것을 통제하려고 하기 때문에 마음의 평정을 잃는다. 둘째는 관조법이다. 의식에 일어나는 생각과 감정의 흐름을 그냥 직면하고 관조하라는 것이다. 그렇게 하면 생각과 감정이 쉴 새 없이 일어났다가 사라지는, 실체가 없는 것임을 알게 된다. 셋째는 집중법이다. 어떤 사물이나 호흡, 신체 일부에 집중하여 마음을 조종하고 비우는 훈련이다. 틱낫한은 특히 이른바 보행명상을 통해 걸음걸이에 집중하여 생각을 통제하려고 한다.

성경은 하나님이 창조하신 질서와 원리에 순종하여 마음의 고통을 극복하는 길을 제시한다. 우선 인간관계의 갈등 문제에서 성경은 의식과 관념을 단순히 통제하고 조종하는 것을 넘어 올바른 관계 회복을 촉구한다. 즉 하나님께 예물을 드리기 전에 먼저 갈등이 있는 자와 화해하는(마 5:23-24) 관계 회복 행위가 있어야 한다. 잠언과 같은 지혜서는 어떻게 인간관계를 맺어야 하는지를 잘 말해 준다. 내가 통제할 수 없는 환경이나 예기할 수 없는 미래를 염려하지 말고, 오직 하나님을 의지하고 신뢰하면 평강을 주장하신다는(빌 4:6-7) 것이다. 하나님과의 올바른 관계는 통제할 수 없는 환경과 예기치 않은 미래에 대한 염려라는 마음의 고통을 해소하는 올바른 방법이다. 성경에서 말하는 염려를 극복하는 방법은 단순히 스스로 마음을 조종하는 것을 넘어 성령께서 우리 마음에 평강을 주장하시는 것이다. 하나님과의 올바른 관계에서 가장 중요한 면이 바로 믿음이다. 믿음은 '신뢰'를 의미하는 관계적 개념이지 '신념'과 같은 의식통제적 개념이 아니다. 하나님은 믿음을 의롭게 여기시며(롬 4:5, 9), 믿음 없이는 하나님을 기쁘시게 하지 못한다(히 11:6). 믿음만이 의인이 사는 길이며(롬 1:17, 히 10:38) 하나님은 의인을 붙드시고 요동함을 허락지 아니하신다(시 55:22).

타종교의 영성 수련법은 이처럼 관계 회복보다는 고통을 느끼는 자아를 조작하는 것이 일반적이다. 물론 성경도 마음을 지키는 것이 얼마나 중요한지 말한다(잠 4:23). 그러나 성경에서 말하는 '마음지킴'은 단지 내 생각과 감정을 조종하는 차원이 아니다. 마음을 지키는 것은 이 세계의 질서와 원리에 대한 거짓말, 즉 비성경적 세계관에 마음을 빼앗기지 않는 것이다. 하나님의 지정의 관점에서 이 세계를 보고, 하나님, 인간, 자연과 올바른 관계를 맺는 것이다. 그러므로 타종교의 영성 수련법이 '마음공부'라면 기독교의 영성 수련법은 '하나님공부'다. 기독교는 마음을 탐구하여 깨닫는 것이 아니라, 오직 "하나님을 아는 지식"(골 1:10) 안에서 영적으로 성장해 가는 것이다.

도표 30. 하나님공부와 마음공부(안점식, 목회와 신학, 2003. 6)

하나님공부	마음공부
• 하나님은 누구신가?(하나님을 발견)	• 나는 누구인가?(나를 발견)
• 하나님을 알지 못하므로 망함(호 4:6)	• 마음의 진면목을 알지 못하므로 고통 받음
• 하나님을 아는 지식 안에서 자라감(골 1:10)	• 나의 마음을 아는 지식 안에서 깨달음
• 십자가 진리가 자유케 함(요 8:32)	• 나를 아는 것이 자유케 함
• 주의 영이 있는 곳에 자유함이 있음(고후 3:17)	• 무분별, 무집착, 무경계에 자유함이 있음
• 성령 충만함에 자유함이 있음	• 주객합일에 자유함이 있음
• 하나님을 경외함	• 하나님을 배제함
• 하나님을 경외하는 것이 지혜	• 무분별지(無分別智)를 갖는 것이 지혜
• 죄에 대한 깊은 자각	• 인간이 본래 착하고 청정함을 자각
• 하나님께 맡김	• 마음을 관조함

셋째로 타인과의 관계가 깨어지면서 오는 결핍과 갈증이다. 이른바 사회적 영성이 이 범주에 해당한다. 이것은 기독교와 타종교, 휴머니즘에서 모두 나타난다. 마더 테레사(Mother Teresa)처럼 구제와 희생의 사회사업 형태로 나타날 수도 있고, 해방신학처럼 사회의 구조적 악과 싸우는 저항적 영성 형태로 나타날 수도 있다. 유교의 내성외왕 또는 수기치인(修己治人)과 같이 통치 이념으로 나타날 수도 있다.

사회적 영성은 참된 '영적' 태도에서 배제될 수 없다. 사회적 영성을 배제하고는 온전한 영성을 가졌다고 말할 수 없다. 야고보서는 "하나님 아버지 앞에서 정결하고 더러움이 없는 경건"(약 1:27)을 이야기한다. 하나는 수직적이고 또 하나는 수평적이다. 수직적 경건은 "자기를 지켜서 세속에 물들지 않는" 거룩이고, 수평적 경건은 "고아와 과부를 그 환난 중에 돌아보는" 사랑이다. 거룩이 하나님의 본체적 속성이라면(사 6:3, 계 4:8), 사랑은 피조물과의 관계적 속성이다(요일 4:16). 영이신 하나님의 형상대로 지음 받은 인간도 거룩과 사랑으로 충만할 때 '영적'이라고 말할 수 있다. 거룩과 사랑은 경건의 모양을 넘어선 능력 있는 경건이다(딤후 3:5). 영성은 수직적 차원과 수평적 차원이 균형을 이루어야 한다. 수직적으로만 형성되어서는 안 되며 수평적 차원으로도 형성되어야 한다.

세상으로 보냄 받은 그리스도인은 순결과 지혜의 영성을 갖추어야 한다(마 10:16). 순결이 수직적 차원의 영성이라면 지혜는 수평적 차원의 영성이다. 샤머니즘의 영향을 받은 한국 그리스도인은 거룩보다는 초자연적 영계와의 직통계시 같은 것을 수직적 영성으로 간주하는 경향이 있다. 그래서 예언과 치병의 능력 같은 초월적 은사를 가진 사람을 영적인 사람이라고 단정한다. 그러나 샤먼도 예언이나 치병과 같은 일을 할 수 있다.

하나님과의 친밀한 관계, 하나님과의 올바른 관계, 하나님 사랑은 언제나 형제 사랑, 이웃 사랑으로 검증된다(요일 4:20, 요 15:12). 신비주의적 영성은 종종 황홀경, 무아경과 같은 체험에 초점을 맞추지만 이러한 체험이 곧 하나님과 올바른 관계에 있음을 보증해 주지 않는다. 변화산에서 겪은 놀라운 체험(막 9:1-8) 역시 안주해도 되는 최종 목적지가 아니다. 아무리 황홀한 경험이라도 그것이 영적 성숙을 의미하지는 않는다. 우리는 변화산 위에 수도원을 짓고, 날마다 그러한 황홀한 체험을 추구해야 하는 존재로 부름 받은 것이 아니다. 우리는 산 아래 현실로 돌아와서 하나님의 계명을 실천하도록 부름 받아 세상에 보내진 사람들이다.

하나님과의 올바른 관계는 예수 그리스도를 통한 구원의 믿음, 순종, 거룩함 등으로 나타나야 한다. 따라서 하나님과의 올바른 관계가 전제되지 않은 사회적 영성은 자기의나 휴머니즘일 뿐이다. 일반적으로 범신론적 신비주의는 초월성만 강조할 뿐 역사성은 중요하게 여기지 않는다. 이 세상은 해탈하여 초월해야 할 곳이기 때문에 이 세상의 사회와 역사에 대한 관심은 결핍될 수밖에 없다. 사회 변화와 역사의식 등은 오히려 해탈을 방해하는 집착거리일 뿐이다. 그러므로 범신론적 신비주의에 속한 타종교에서 사회적 영성은 잘 나타나지 않는다. 물론 대승불교의 보살 사상은 공(空)의 견지에서 정토(淨土)와 예토(穢土)를 분별하지 않음으로써 이 세상에서의 실천가능성을 열고 있다. 그러나 이러한 사회적 영성은 단순히 자비를 행하고 선업(善業)의 공덕을 쌓는 일방적인 것이지 타인과의 관계 회복이라는 상호적인 영성이 아닌 경우가 많다.

넷째로 자연과의 관계가 깨어지면서 생긴 갈증으로 말미암은 영성이다. 이것은 아시시의 성 프란체스코(Francesco of Assisi)처럼 자연과의 친밀함으로 나타날 수도 있고, 생태신학 등과 결부되어 이른바 생태적 영성의 개념으로 등장하기도 한다. 타종교도 궁극적 실재와 인간, 자연 이 삼자(三

者) 간의 관계에 특별히 초점을 맞춘다. 특별히 중국문화권에서는 천(天), 지(地), 인(人)이라는 개념으로 삼자를 설명해 왔다. 일반적으로 동북아시아의 범신론적 신비주의에서 천(궁극적 실재)은 지(대자연)를 초월한 존재가 아니다. 대자연이 궁극자다. 그러므로 천지의 개념은 거의 동반적으로 나타난다. 자연과 인간도 서로 다른 존재가 아니다. 인간은 소우주로서 대자연의 일부분이며 자연과 동화되는 삶을 살아야 한다. 인간은 대자연과의 합일을 통해 궁극적 실재와의 합일, 즉 천인합일(天人合一)을 체험한다. 장자(莊子) 등에서 나타나는 만물과의 일체감이나 '물화'(物化)의 개념이 이러한 자연과의 합일을 묘사한다. 범신론적 신비주의에서 나타나는 만물의 하나 됨은 인식주체인 인간과 인식대상인 사물이 각각 자신의 정체성을 상실하면서 일어나는 주객합일(主客合一)을 통해 이루어진다. 그러나 성경에서 말하는 '만유의 통일'은 만물이 각자의 개체성 또는 정체성을 상실하고 하나가 되는 범신론적 합일주의와 다르다. 성경적 관점에서 만유의 통일(엡 4:6)은 만물을 붙들고 계시는 하나님의 주권적 섭리를 중심으로 만물이 하나로 묶여 있음을 의미한다.

성경적 세계관에서 인간과 자연은 모두 피조물이지만, 범신론적 신비주의 종교에서와 달리 동격은 아니다. 인간은 자연 위에서 자연을 관리하는 직무를 맡았다. 물론 인간은 오직 하나님의 영광을 위해 피조세계를 관리하는 권한을 맡은 것이지, 자기 욕심을 채우기 위해 자연을 남용하도록 위임받은 것은 아니다. 그런데 서구의 세속주의는 초자연을 배제하고 오직 인간과 자연의 수직적 질서로 남겨두었다. 그리하여 인간의 욕구를 위해 마음대로 자연을 남용하게 되었다. 일부 생태신학자들이 주장하는 것처럼 환경오염과 생태계 문제는 유신론적 신관에서 필연적으로 나온 것이 아니라 세속주의에서 나온 것이다. 그리고 생태적 영성 운동 중에는 뉴에이지 생태 운동처럼 범신론적 신비주의에 기초한 것도 많다.

타종교 수행법과 기독교 영적 훈련의 본질적 차이는 무엇인가?
"경건의 연습"(딤전 4:7)은 기독교의 영적 훈련을 잘 나타내는 성경적 용어다. 경건이란 단순히 스스로 가지는 느낌이나 어떤 존재 상태를 넘어선 것이다. 경건의 진정한 차원은 하나님과의 올바른 관계 그 자체이며, 존재 상태와 느낌은 이에서 파생되는 것이다. 편의상 영성이라는 개념을 계속 쓰자면, 기독교 영성은 항상 관계적이라는 것이다. 거룩도 관계적인 것이고, 사랑도 관계적인 것이고, 평안도 관계적인 것이고, 기쁨도 관계적인 것이고, 자유도 관계적인 것이다. 이방 종교도 이러한 가치를 추구한다. 거룩, 사랑, 평안, 기쁨, 자유와 같은 것은 하나님의 성품이나 속성이며, 따라서 하나님 형상을 가진 인간이라면 문화와 인종을 넘어 본질적으로 이 가치를 추구하고 갈망한다. 그런데 영이 죽으면 이러한 갈망과 갈증을 관계, 특히 하나님과의 관계 속에서 추구하지 못한다. 그 대신 자신의 혼이나 육적 차원을 통제해서 이러한 것을 추구하려고 한다.

하나님은 한 분이시지만 관계적으로 존재하신다. 삼위일체라는 개념 자체가 하나님이 관계로, 공동체로 계신다는 뜻이다. 인간의 본질도 마찬가지다. 오늘날 서구적 개인주의의 확산으로 인간의 기본 단위가 개체, 즉 개인이라고 생각하는 경향이 강해졌다. 물론 개체로서 우리의 정체성 의식과 관련되어 있는 것은 개개인의 영혼, 몸, 기억이다. 인간은 언제나 가정이라는 공동체의 산물이며 가정과 사회라는 공동체 속에서 성장하는 존재다. 즉 인간은 태어나서부터 언제나 관계 속에 있는 관계적 존재다. 그러므로 성경적 영성 훈련은 관계를 떠나 혼이나 육적 차원에서 자신을 조종하고 통제하는 것만으로 충분하지 않다. 영의 본질은 하나님과 관계하는 것이기 때문이다.

　영적 차원에서 출발하는 성경적 영적 훈련의 요점은 성령 충만함을 받는 것이다. 성경에서 영적인 사람은 영을 좇아 행하는 사람이다(갈 5:16). 성령 충만한 사람의 내적 특징은 지정의를 성령의 다스림에 복종시키는 것이며 외적 특징은 하나님과 인간, 자연과 올바른 관계를 맺는 것이다. 생각은 감정을 발생시키고 감정은 의지를 움직여 말과 행동을 하게 한다. 우리의 말과 행동은 덕(德)이 될 수도 있고 죄(罪)가 될 수도 있다. 성령이 내 지정의(知情意)를 다스리면 지정의가 올바른 방향으로 기능하여 하나님이 생각하시는 것처럼 생각하고(知), 하나님이 느끼시는 것처럼 느끼고(情), 하나님이 하시고자 하는 일을 하고 싶게(意) 된다. 이런 사람이 바로 성령 충만한 사람이고 영적인 사람이다.

　성령 충만하고 영적인 사람이 되는 출발점은 하나님의 생각으로 우리 생각을 채우는 것이다. 우리 생각이 하나님의 생각으로 채워지는 데 있어서 핵심은 하나님 말씀을 묵상하는 것이다. 하나님 말씀에는 하나님의 생각이 온전히 반영되어 있다. 하나님의 말씀을 주야로 묵상해서(수 1:8, 시 1:2) 내면화하는 것이 성경적 영성의 출발점이다. 묵상은 하나님 말씀을 반추하여 마음에 새기는 것이다. 어떤 생각이든 반추할 때 그 생각은 증폭되며 그에 따르는 감정이 발생한다. 우리 한국 말에도 "생각하면 생각할수록 괘씸하다"라는 말이 있지 않은가! 감정이 증폭되면 반드시 말이나 행동으로 나타난다. 인간은 죄인이므로 부정적 방향으로 생각을 반추하기 쉽다. 묵상은 그 방향을 긍정적인 방향으로 전환하는 것이다. 그래서 "생각하면 생각할수록 감사하네"가 된다. 성경적 묵상법의 마지막은 하나님의 말씀을 지켜 행하는(수 1:8) 순종이다. 묵상과 순종은 성경적 영성 훈련의 핵심이다. 성경적 영성은 지행일치를 추구한다. 이처럼 성경의 묵상법은 의식에서 출발하며, 순종을 통해 체험한 것이 무의식에까지 남는다.

타종교 수행법은 마음과 호흡과 신체를 조종하여서 곧바로 무의식으로 퇴행하여 자기 정체성 상실과 함께 황홀경, 무아경, 삼매경, 몰아경과 같은 변성의식으로 들어가는 것이다. 이러한 방식으로 얻어지는 평안과 기쁨은 참된 것이 아니다. 참된 기쁨과 평안은 그리스도를 통해서만 주어진다(요 15:11, 14:27). 참된 기쁨과 평안은 의식이나 관념의 조작에 근거하는 것이 아니라 올바른 관계에 기초하는 것이기 때문이다.

영적인 사람은 성령의 다스림 아래 지정의를 의탁하고, 마음을 새롭게 하여 변화를 받아서(롬·12:2) 세상과 다른 관점에서 볼 수 있는 사람이다. 그러므로 영적인 사람은 하나님이 보시는 것처럼 자연, 사회, 세계, 역사, 개인사를 볼 수 있는 사람이다. 즉 영적인 사람은 성경적 세계관으로 하나님이 창조하신 세계를 볼 수 있는 사람이다. 그는 감각적 실재, 즉 안목의 정욕, 육신의 정욕을 넘어(요일 2:16) 영적 실재를 볼 수 있는 사람이다. 나아가서 영적인 사람은 이러한 성경적 세계관에 따라 하나님과 인간, 자연과 올바른 관계를 맺는 사람이다.

기독교의 영적 훈련이 타종교 수행법과 구분되는 가장 명확한 특징은 성경적 계시로 체험을 통제한다는 것이다. 한편 동양의 체험주의는 지나치게 주관적으로 흐를 위험이 있다. 기본적으로 기독교도 체험의 종교지만 동시에 계시의 종교며 정경(正經)에 기초한 교의(敎義)의 종교다. 체험과 계시가 충돌하면 체험을 포기해야 한다. 체험을 포기하지 못하고 계시를 자의적으로 자신의 체험에 짜 맞추는 식으로 해석하면 이단이 된다. 이러한 체험주의의 위험은 가톨릭의 수도원주의 영성에서도 동일하게 발견된다. 이른바 영성신학이 신학과 영성의 일치를 추구하는 것은 올바른 방향이다. 그러나 영성신학이 체험주의에만 치우칠 때 하나님 말씀을 지나치게 자의적, 주관적으로 해석할 수 있다. 그것은 객관적인 학문적 말씀 연구는 있지만 영성과 삶이 없는 스콜라주의적 아카데미즘만큼 나쁜 것이다.

체험주의에 따라오는 관념 가운데 하나가 '경지'(境地)의 개념이다. 체험에는 단계가 있고, 특정 단계에 도달하면 그 이하로는 떨어지지 않는다고 간주하는 것이다. 한국 그리스도인과 같이 동양의 수도(修道) 문화권에 있는 사람들에게는 은연중에 '경지'라는 관념이 박혀 있다. 그러나 성경적 영성에는 경지가 없다. 언제든지 자기부인을 중지하고 성령의 다스림을 받지 않으면 형편없는 상태로 떨어질 수 있는 것이 인간존재다. 성경적 영적 성숙은 자기를 부인하고 날마다 자기 십자가를 지며(눅 9:23) 날마다 죽는(고전 15:31) 진행(ongoing) 과정이며 선 줄로 생각하면 넘어지기 때문에(고전 10:12) 늘 깨어 있는(골 4:2) 각성을 요구한다.

수도 문화에 영향을 받은 사람들은 수행 행위 자체의 강도가 세고 금욕적일수록 영적이라고 생각한다. 물론 기도를 많이 하고 성경을 많이 읽는 사람이 영적인 사람이 될 가능성이 절대적으로 높다. 그러나 많은 기도를 하고 성경을 많이 읽는 사람들 중에도 종종 균형 잡힌 영성을 갖지 못한 사람을 발견할 수 있다. 많은 기도와 성경 읽기가 곧 그 사람을 영적인 사람으로 보증하지는 않는다. 성경적 영성은 순종 행위로 완성되기 때문이다. 많은 기도와 성경 읽기, 봉사를 자기의와 자기 공로로 여기는 것이 곧 율법주의다.

성경적으로 '신령한' 사람은 어떤 사람인가?

우리가 어떤 문화 토양에 있느냐에 따라 영성 개념도 상당한 영향을 받는다. 당신은 "저 사람은 참 신령한 사람이야"라고 말할 때 무엇을 느끼는가? 만일 필자가 "내게는 방언의 은사가 있고, 방언통변의 은사가 있습니다. 뿐만 아니라 예언의 은사, 영 분별의 은사, 신유의 은사가 있습니다"라고 말한다면 사람들은 필자를 새롭게 볼 것이다. 그러나 만일 "내게는 위로의 은사와 손 대접의 은사가 있습니다"라고 말한다면, 당신은 마음속으로 "뭐, 별것도 아닌 걸 가지고……"라고 얕잡아볼지도 모른다. 샤머니즘에서 무당은 초자연계와 직통계시로 연결되어 있고 예언이나 치병과 같은 능력을 나타낸다. 그래서 샤머니즘 문화에서는 초자연과 관련된 은사를 가진 사람을 '신령한' 사람으로 본다. 물론 초자연적 은사가 신령함이나 영성의 영역이 아니라는 뜻은 아니다. 문제는 이러한 초자연적 은사를 가장 영적인 것으로 간주하는 데 있다.

그래서 한국 교회에서는 초자연적 은사자가 교회 질서를 깨뜨리고 리더십을 행사해서 교회를 어지럽히고 어렵게 하는 일이 종종 있다. 기본적으로 권력은 의존성과 관련되어 있다. 의존성으로 통제하고 조종할 수 있는 범위가 권력이 끼치는 범위다. 예를 들면, 학생은 학점이라는 면에서 교수에게 의존하기 때문에 교수가 학생에게 권력을 행사할 수 있다. 나이지리아 대통령은 한국인에게 권력을 행사할 수 없다. 한국인이 그에게 아무것도 의존하지 않기 때문이다. 교회에서 초자연적 은사가 나타나면 사람들이 은사자에게 의존하게 되므로 권력이 발생한다. 은사자는 이 권력에 기초해서 기존 교회 질서를 무시하고 지도력을 행사한다. 샤머니즘 토양이 강한 한국 교회에서는 이러한 일이 더 쉽게 일어난다. 초자연적 은사가 있는 목회자는 매우 권위주의적인 리더십을 발휘한다. 샤머니즘은 기본적으로 능력에 기초한 권위주의다. 그래서 이른바 '신령한' 무당이나 점쟁이가 내방객에게 상욕을 해도 내방객은 대꾸하거나 저항하지 못한다. 한국의 문화 토양 때문에 한국 교회는 유교적 가부장적 권위주의와 샤머니즘적 권위주의가 혼합되어 있다. 그렇기 때문에 대부분 권위주의적인 한국 교회 목회자 중에서도 은사주의적 교회의 목회자가 좀 더 권위주의적인 것은 어찌 보면 이상한 일이 아니다. 유교적 가부장적 권위주의에 샤머니즘적 권위주의까지 더해졌기 때문이다.

그렇다면 성경적 의미에서 '신령한 사람', '영적인 사람'은 어떤 사람인가? 그것은 창세기 1장 26-28절에 나타난 기독교 세계관의 큰 그림과 관련되어 있다. 즉 하나님의 형상을 이루고 하나님 나라와 의를 구하는 사명과 관련되어 있다. 성경적인 의미에서 신령한 사람, 영적인 사람은 하나님의 형상, 예수 그리스도의 형상을 구현하는 사람이다. 한마디로 말해서 예수님을 닮은 사람이다. 하나님의 형상이라고 할 때 어떤 면이 가장 중요하다고 생각하는가? 하나님의 가장 대표적인 속성은 거룩과 사랑이다. 거룩과 사랑은 수직적 영성과 수평적 영성의 두 축이다. 이 둘은 균형이 잡혀야 한다. 성경이 말하는 수직적 영성이란 거룩함을 지키는 것이다. 그런데 샤머니즘 문화권에서 수직적 영성은 직통계시가 되어버린다.

도표 31. 수직적 영성과 수평적 영성의 균형

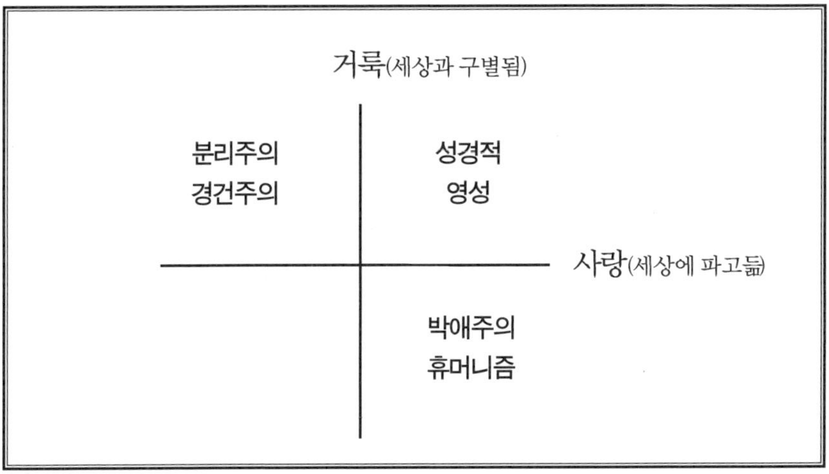

	거룩(세상과 구별됨)	
분리주의 경건주의		성경적 영성
		사랑(세상에 파고듦)
	박애주의 휴머니즘	

신령함의 또 다른 차원은 사명, 즉 하나님 나라와 의를 구하는 것과 관련되어 있다. 자신 안에 하나님 나라를 확장하려는 열망이 없다면 과연 신령한 사람인지 의심해 보아야 할 것이다. 또한 "하나님 나라는 성령 안에서 의와 평강과 희락"(롬 14:17)이다. 기독교는 기본적으로, 본질적으로 성령의 종교다. 성령 충만은 죄를 회개하는 것과 사랑을 실천하는 순종을 통해서만 이루어진다. 거룩과 사랑이 없이는 진정한 중보기도나 전도를 행할 수 없다. 오늘날 성령 충만 대신 영성이라는 개념이 성행하는 것은 영적 훈련과 영적 성숙이 지닌 문제점의 현주소를 말해 준다.

기독교의 영성, 즉 영적 성숙은 관계적으로 나타난다. 거룩은 단순히 의식 차원에서 깨끗한 느낌을 갖는 것이 아니라, 구체적으로 사람들과의 관계 속에서 거룩하게 상대방을 대하는 것이다. 창세기에서 요셉은 보디발 아내의 유혹을 물리쳐 그를 거룩하게 대한다(창 39:7-12). 그러므로 거룩과 사랑은 분리될 수 없다. 사랑도 거룩과 마찬가지로 단순히 좋아하는 느낌이 아니라 사람들과의 관계 속에서 상대방을 용납하고 받아주는 것이다. 희락도 관계적이다. 희락은 존재 자체를 기뻐하는 것과 관련되어 있다.[3] 하나님의 존재 자체를 기뻐하고, 내 존재 자체를 기뻐하며, 타인의 존재 자체를 기뻐하는 것이다. 평안도 관계적이다. 평안 역시 하나님, 나 자신, 타인과의 올바른 관계 속에서 나타난다. 성경은 우리가 예배를 드리려다가 형제에게 원망 들을 일이 생각나면 먼저 가서 형제와 화목하라고 말한다(마 5:23-24). 희락과 평안은 관념이나 의식의 조작이 아닌 관계 회복을 통해 이루어진다.

---

3. 사랑은 존재 자체를 기뻐하는 무조건성을 띤다. 창세기 2장 23절에서 아담은 하와의 존재 자체를 기뻐하며 "내 뼈 중의 뼈요 살 중의 살이라"라고 말한다. 이사야 62장 5절은 하나님이 "신랑이 신부를 기뻐함같이" 그분의 백성을 기뻐하신다고 말한다.

샤머니즘의 예언과 성경적 예언은 어떻게 다른가?

실용주의가 기본인 민간신앙에서는 혼합주의가 보편적이다. "꿩 잡는 게 매"라는 식으로 즉각적이고 가시적인 효과가 있으면 무엇이든 차용해서 혼합시켜버린다. 혼합주의는 크게 두 가지로 나타난다. 하나는 대놓고 두 가지 길을 동시에 가는 것이다. 이를테면 교회에 다니면서 점을 보러 다니는 것이다. 실제로 어떤 점쟁이는 자신의 고객 중 3분의 1이 그리스도인이라고 주장한다. 다른 하나는 점을 보러 가지는 않지만 무슨 일만 있으면 '용한' 권사님, 전도사님에게 찾아가 예언기도를 받는 것이다.

한국의 샤머니즘적 문화 토양에서 성경적 예언의 의미는 샤머니즘적 예언과 혼합되어 있다. 현상 차원에서 비교해 볼 때 기독교와 샤머니즘은 치병(治病)과 예언(豫言)이라는 면에서 비슷한 면이 있다. 그러나 성경의 예언과 샤머니즘의 예언은 본질적으로 매우 다르다. 샤머니즘의 예언은 '미래'에 초점이 맞추어져 있으며 길흉화복을 주관하는 영을 조종하는 데 그 목적이 있다. 즉 미래에 일어날지도 모르는 재난이나 불행을 미리 감지하여 부적을 쓰거나 굿을 해서 영을 조종하며, 흉(凶)과 화(禍)를 물리치고 복(福)과 길(吉)을 불러오려는 것이다. 샤머니즘은 기본적으로 무도덕적(amoral)이기 때문에 샤머니즘의 예언은 사람들에게 회개를 촉구하지 않는다.

성경적 예언은 '현재'에 초점을 맞추고 있다. 현재 상황을 하나님이 어떻게 보시는지 '대언'(代言)하고, 회개하고 순종하지 않을 때 그 결과 미래에 어떤 일이 일어날지를 말하는 것이다. 여기서 현재 상황이란 인간 문화와 사회 안에서 인간이 하나님의 법을 떠나 하나님 말씀에 불순종하는 상황이다. 그래서 여러 가지 행동양식과 가치체계로 구체적인 죄를 짓고 있는 상황이다. 성경적 예언은 대언이라고 번역할 때 본질이 더 분명하게 드러난다. 성경적 예언의 목적은 회개를 촉구하고 현재, 바로 지금 하나님 말씀에 순종하라고 촉구하는 것이지, 사사롭게 미래를 미리 알아보려는 것이 아니다. 오히려 하나님은 길흉화복 관점에서 미래를 알려는 것을 가증스럽게 여기시며 엄격하게 금하신다(신 18:10-14, 사 47:12-13).

성경적 예언이 본질적으로 대언이라는 의미에서 예언의 은사를 설교로 간주할 수 있다. 우리가 '하나님 말씀'이라고 할 때 그것이 하나님께 직접 들은 음성을 통해서인지, 성경을 통해서인지는 본질적으로 아무런 차이가 없다. 당신이 어떤 책의 저자와 대화를 한다고 가정해 보라. 당신이 저자의 육성을 통해서 직접 들은 내용과 저자의 책에 나와 있는 내용은 본질상 아무런 차이가 없다. 둘 모두 저자가 한 말이며 저자의 생각을 전달한다. 어떤 사역자가 한국 사회를 향해서 낙태에 대한 회개를 촉구하는 대언을 했다고 하자. 그가 하나님의 음성을 직접 듣고 낙태에 대한 회개를 촉구한 것과 성경말씀에 따른 설교를 통해 낙태에 대한 회개를 촉구한 것 사이에 본질적으로 아무런 차이가 없다. 그런데 그리스도인을 포함해서 한국인은 샤머니즘적 문화 토양에서 살아왔기 때문에 직접 음성을 들은 것, 이른바 '직통계시'를 훨씬 신령하게 여긴다. 그러나 1,600여 년에 걸쳐 40여 명의 저자가 기록하였지만 성령의 감동으로 통일성을 유지하고 있는 성경의 완전성이야말로 초자연적이고 기적적인 것이다.

대언과 설교를 좀 더 살펴보자. 아모스서에서 선지자 아모스는 당시 상황(context)을 하나님의 관점에서 대언한다. 즉 당시의 문화적, 사회적 상황 속에서 어떤 죄악이 구조적으로 자행되고 있는지를 지적하면서 회개를 촉구한다. 아모스서를 본문으로 삼아 설교를 할 때, 설교자는 먼저 본문에서 하나님 말씀의 초월적 원리만을 뽑아내야 한다. 설교자와 청중이 처한 상황은 아모스 시대의 상황과 전적으로 다르기 때문이다. 하나님의 성품과 속성은 변하지 않으므로 하나님 말씀의 원리도 시대와 문화를 초월하여 변함이 없다. 본문에 대한 석의와 해석을 통해 본문에서 초월적인 원리와 메시지를 찾아내는 과정이 탈상황화(decontextualization)다. 그러나 많은 설교자가 본문에 대한 충실한 석의(exegesis) 없이 자신이 하고 싶은 이야기를 하는데, 그나마 청중이 처한 상황을 다뤄주지 못할 때도 많다. 어떤 설교자는 매우 충실하게 원문 석의까지 하지만, 그 과정 자체가 설교자에게 주는 즐거움에 매료되어서 석의 자체에 만족해버리는 경우도 많다.

설교가 진정한 대언이 되려면 여기서 한 걸음 더 나아가야 한다. 하나님의 초월적인 말씀의 원리를 오늘날 청중이 처한 상황에 적용해야 한다. 이것이 바로 재상황화(recontextualization)다. 이 상황 역시 사람들이 특정한 문화와 사회 안에서 구체적으로 죄를 짓고, 염려하며, 낙심하고, 불행해하는 상황이다. 설교자는 아모스 선지자처럼 하나님의 관점에서 현재 상황을 바라보고, 끌어안으며, 몸부림치고, 괴로워할 정도로 상황에 민감하고 애통해야 한다. 설교자는 성경말씀뿐 아니라 상황도 깊이 묵상해야 한다. 성경을 해석하고 초월적 원리를 이끌어내는 통찰력은 물론 상황을 해석하고 성경말씀을 상황에 적용할 수 있는 통찰력도 필요하다. 이러한 과정을 거쳤을 때 설교자는 아모스 선지자와 동일한 영적 권위와 통찰력, 담대함, 상황에 대한 애절한 마음으로 하나님 말씀을 대언할 수 있다.

예언의 은사가 종결되었다고 주장하는 사람들은 정경(canon) 66권이 완결되었고 더 이상 하나님의 예언 말씀은 있을 수 없다는 논거를 제시한다. 물론 성경은 완성되었고 예수 그리스도의 최종성(finality)은 분명하다. 성경이 말하는 것을 넘어선 예언은 더 이상 있을 수 없다. 그러나 성경이 이미 말한 초월적 원리를 현재 상황에 맞추어 문화와 사회, 개인에게 적용하는 면에 있어서는 여전히 직접 음성을 듣는 대언의 가능성을 열어놓아야 한다. 물론 개인의 길흉화복에 초점을 맞추는 것은 성경적 예언이 아니다. 성경에서 대언은 대부분 공동체를 향하며, 개인에게 초점을 맞춘 경우는 나단 선지자가 다윗을 책망한 것처럼(삼하 12:1-15) 주로 공동체의 지도자일 때가 많다. 개인에 대한 대언도 미래의 길흉화복을 알려주기 위한 것이라기보다는 지도자가 공동체에 끼치는 죄의 영향력을 차단하기 위한 것이다.

샤머니즘적 예언이 교회 안에 들어와서 끼치는 해악은 매우 크다. 우선 기독교 점쟁이들은 종종 하나님의 초월적 원리와 상관없이 사람들을 인도한다. 필자는 이런 기독교 점쟁이의 말을 듣고 이혼한 몇몇 사례를 알고 있다. 개인에 대한 예언이 불러오는 문제는 신앙생활을 위한 지침을 성경에서 찾는 것이 아니라 신비한 무엇에서 계속 찾게 한다는 것이다. 샤머니즘적 예언이 가져오는 또 다른 해악은 하나님의 인도하심을 분별할 때 하나님이 아닌 다른 존재에 의존하게 만든다는 것이다. 샤머니즘 구조에서 사람들은 샤먼에게 의존적이다. 샤머니즘 세계관은 초자연적 영적 세계에 있는 영들이 인간계에 일어나는 모든 일을 촉발한다고 본다. 길을 가다 넘어져 코가 깨져도 귀신 때문이고 감기에 걸린 것도 귀신 때문이라고 생각한다. 그런데 어떤 영이 무슨 이유로 불행과 재난을 가져다주는지는 모른다. 그래서 사람들은 무당을 찾아간다. 이때 무당은 이 사람이 무슨 일로 왔는지 먼저 말할 수 있어야 한다. 그리고 직통계시를 받기 위해서 초자연적인 영계로 들어갔다가 돌아와서 처방을 말해 준다. 굿을 하거나 부적을 쓰라고 권하는 것이다. 샤머니즘 세계관에서 샤먼은 영계에 들어갈 수 있는 특별한 사람이자 중재자(medium)이기 때문에 사람들은 샤먼의 말에 전적으로 의존한다.

도표 32. 샤머니즘 세계관에서 샤먼의 위치

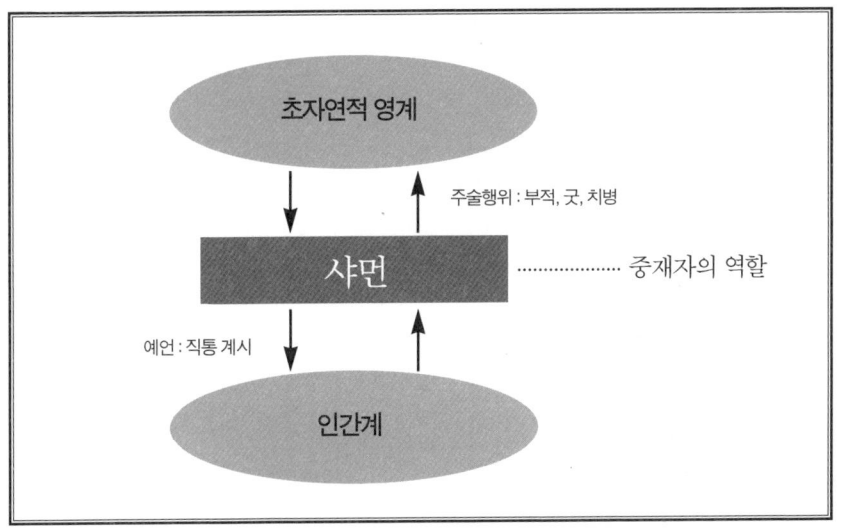

　기독교는 어떤 면에서 샤머니즘과 비슷하다. 기독교도 어찌 보면 '신 내림'의 종교라고 할 수 있다. 사도행전에서도 "아직 한 사람에게도 성령 내리신 일이 없고"(행 8:16)라고 했다. 매우 재미있는 번역이다. 그러나 샤머니즘과 기독교의 신 내림은 본질적으로 뚜렷한 차이가 있다. 사실 비교하는 것 자체가 가당치 않지만 논의의 필요상 차이를 살펴보자. 우선 샤머니즘의 신은 잡신(雜神)이다. 성경적으로 말하자면 타락한 천사, 즉 귀신이다. 반면 기독교의 신은 성신(聖神), 즉 성령이시다. 잡신은 인격적이지도, 신사적이지도 않아서 인간의 자유의지를 무시하고 죄를 발판으로 삼아 들락날락한다. 그러나 성령은 하나님이 영이자 창조주이시기 때문에 스스로 창조 원리를 따라 인간의 자유의지를 존중하신다. 하나님의 영은 인격적이고 신사적이어서 우리가 인격적으로 자유의지를 드려 영접해야만 우리 안에 들어오신다. 잡신은 어떤 사람을 자신의 종으로 삼을 때 무병(巫病)을 주어 백약(百藥)이 무효하게 만들고 내림굿을 해야만 낫게 한다. 내림굿은 일종의 잡신 영접의식으로 자신에 대한 소유권을 잡신에게 내어주는 의식이다. 하나님은 어떤 사람을 하나님의 일꾼으로 부르실 때 강압적 방법이 아닌 감동, 감화, 설득의 방법을 사용하신다. 즉 잡신의 방법이 강압적 소유(possession)라면 하나님의 방식은 인격적 감화(inspiration)다. 이것은 인격을 가진 자가 다른 인격자를 어떻게 대해야 하는가에 대한 하나님의 창조원리를 잘 보여준다.

자녀양육에도 동일한 원리를 적용할 수 있다. 자녀의 주권자는 하나님이시고 부모는 관리권자다. 비록 자녀가 어리다 해도 그들은 인격을 가진 존재다. 그러므로 부모가 강압적으로 소유하고 지배해서는 안 되며, 인격적으로 감동, 감화시켜야 한다. 그런데 하나님의 형상을 가진 인간은 문화와 인종을 초월해서 오직 사랑에 의해서만 감동되고 감화된다. 그런 점에서 십자가는 인종과 문화를 넘어 사람들을 감동시키고 감화시키는 하나님의 지혜를 담고 있다. 원리적으로 볼 때 감화된 사람을 훈련시켜야 올바르게 양육된다. 감화되지 않은 사람을 훈련시키면 율법주의자가 되어버린다.

잡신은 전능한 신이 아니라 타락한 천사일 뿐이다. 그렇기 때문에 잡신과 샤먼의 연합은 전능한 하나님인 성령에 의지해서 축사(逐邪)할 때 깨어질 수 있다. 그러나 하나님과 그리스도인의 연합은 결코 깨어질 수 없다. 하나님보다 더 큰 신이 없어서(시 77:13) 아무 피조물이라도 우리를 그리스도 예수 안에 있는 하나님의 사랑에서 끊을 수 없기 때문이다(롬 8:39). 그리고 하나님 자신은 결코 우리를 떠나지 않겠다고 하신(히 13:5) 약속에 신실한 분이기 때문에 하나님과 그리스도인의 연합은 견고하고 영원하다.

이런 관점에서 볼 때 모든 진정한 그리스도인은 성령과 연합하고 있기 때문에 잡신과 연합한 샤먼과 비교할 것이 못 된다. 잡신과 연합한 무당조차도 잡신의 음성을 듣고 인도를 받는다면, 성령을 받은 우리가 내주하신 성령 하나님의 음성을 듣고 인도받아야 하는 것은 당연하다. 참된 그리스도인은 어떤 다른 인간 중재자에게 의존할 필요도, 그럴 이유도 없다. 물론 중요한 결정을 내리거나 하나님의 인도하심을 받고자 할 때에는 성령 충만한 성숙한 그리스도인 형제나 영적 지도자에게 기도를 부탁하고 그들의 충고를 경청해야 한다. 그러나 지도자에게 맹목적으로 의존하는 것은 성경적 원리에 맞지 않다.

로마 가톨릭의 수도원주의나 타종교의 수행법은 수용할 수 있는가?

로마 가톨릭의 수도원적 영성 훈련법이나 타종교의 영성 훈련법은 전혀 수용할 수 없는 것일까? 육체의 연습에 전혀 유익이 없는 것은 아니다. 약간 유익이 있다는 것은 인정할 수 있다(딤전 4:8). 혼과 육의 차원에서 출발한 영성 훈련 기술 중에 어떤 것은 일시적인 효과를 줄 수 있다. 예를 들어 어떤 사람과 불편한 관계 때문에 마음에서 화가 난다면 그러한 감정과 생각의 흐름을 관조함으로써 화를 가라앉힐 수 있다. 그리고 자기멸시의 관념을 만들어내어 효과를 볼 수 있다. 거기에는 마음의 메커니즘과 관련된 일반은총적인 면이 내포되어 있다. 그러나 거기서 멈추는 것은 성경적 영적 훈련이 궁극적으로 지향하는 것이 아니다. 성경은 인간관계에 갈등이 있을 때 화해하는 행동과 관계를 회복하려는 노력이 필요하다고 말한다. 자기멸시도 자신이 만들어낸 관념적 차원에서는 효과가 그리 오래가지 못할 것이다. 진정한 자기멸시는 하나님과의 올바른 관계에서 자신의 죄인 됨을 더 깊이 자각할 때 일어나는 더 근원적인 마음의 겸손에 기초해야 한다.

타인이나 미래를 통제하려는 데서 오는 마음의 고통을 해결하기 위해 통제하려는 태도를 포기할 때, 일시적으로 마음이 평안해지는 것은 일반적인 체험이다. 그러나 근본적으로 하나님의 주권을 깊이 인정하는 올바른 태도 없이 단순히 마음의 조작이 만들어내는 효과는 오래가지 못한다. 화가 났을 때 운동을 하는 것도 일종의 조신법이다. 이런 방식은 일시적인 효과가 있지만 궁극적인 해결책은 아니다. 혼과 육의 차원에서 출발하는 것은 일반은총적인 요소가 있고, 따라서 일시적으로 어느 정도 효과가 있다. 그러나 이러한 방법에 집착하고 의존한다면 더욱 근본적인 방법인 영적 차원에서 출발하는 영적 훈련의 기회를 잃어버리고 말 것이다.

참된 영적 훈련은 영적 차원에서 출발해야 한다. 그것은 성령에서 출발하는 것이고, 관계 회복에서 출발하는 것이며, 하나님의 계명을 지키는 것이다(요 15:10). 참된 영적 훈련에는 회개, 화해, 용서, 중보기도와 같은 사랑의 행위가 필요하다. 사랑은 기본적으로 관계적이다. 그것은 모든 깨어진 관계를 회복하는 영적 원리이자 실천적 원리다. 그러므로 계명을 지키는 것은 그리스도의 사랑 안에 거하는 것이고, 그리스도의 기쁨으로 충만해지는 길이다(요 15:11).

수도원주의 영성 훈련법에서 상상력을 사용하는 데에는 주의가 필요하다. 힌두교나 도교 등에서도 전통적으로 구상화(visualization)를 통한 수행을 행해 왔다. 그리고 이러한 수행은 종종 신접 현상과 비슷한 현상을 일으킨다. 상상력의 사용은 인위적인 내면화 작업이다. 이것은 실제적인 체험을 통해 보고 듣는 대신 가상적으로 체험하여 보고 들은 것을 무의식에 각인시키는 내면화 작업이다. 하나님 말씀은 실제적인 삶에서 순종하여 내 삶의 현장 안에 내면화해야 한다. 가상세계를 그려내는 것에 집중한다면, 실제적인 삶에서 순종하는 일에는 무관심해질 수 있다.

상상력은 의식에서 무의식으로 들어가는 길목에 있으며, 상상력 사용 자체는 중립적일 수 있다. 그러나 성경에 있는 사건을 그려내는 경우라 할지라도 상상력의 사용이 단순히 정황을 깊이 고려해 보는 것을 넘어 구상화의 형태로 억지로 나아갈 때, 영적 공격에 노출될 가능성을 배제할 수 없다. 그러므로 굳이 상상력을 사용해야 한다면 하나님의 보호하심을 더 깊이 요청해야 한다. 하나님 말씀은 궁극적으로 순종을 통해 내게 날마다 새롭게 체험되어야지, 상상력을 사용하여 체험되어야 하는 것은 아니다. 순종과 행함을 통해 실제 세계의 삶에서 하나님을 만나는 사람은 상상력을 사용하여 가상세계에서 하나님을 체험해야 한다고 느끼지 않을 것이다.

다시 기독교 세계관의 큰 그림으로 돌아와서 본다면, 영적인 사람은 하나님의 형상, 그리스도의 형상을 더 많이 회복한 사람이며, 거룩과 사랑으로 더욱 충만한 사람이다. 하나님은 하나님의 형상을 가진, 거룩과 사랑이 충만한 영적인 사람이 땅에 충만해서 하나님의 영광을 드러내길 원하신다. 하나님의 뜻이 하늘에서 이루어진 것같이 땅에서도 이루어지기를 바라신다. 하나님은 이러한 영적인 사람들이 땅을 정복하고 다스리길 원하신다. 그러므로 참된 성경적 영성은 사명의 수행을 배제하지 않는다. 하나님이 사명으로 주신 문화명령과 지상명령에 적극적으로 순종하지 않는 영적인 사람은 존재할 수 없다. 영적인 사람은 반드시 하나님과의 관계에서 친밀감과 일치감을 누릴 것이다. 그러나 만일 거기에만 머문다면 그는 진정으로 영적인 사람이 아니다. 친밀감과 일치감이 있다면 마음과 뜻이 합해지므로 하나님의 뜻을 행하려는 열망이 없을 수 없다. 그렇기 때문에 기독교는 또한 사명의 종교다.

기독교에는 가르침과 교훈이 있다. 그러나 기독교는 가르침과 교훈과 깨달음을 본질로 하는 종교가 아니다. 모든 타종교가 가르침과 교훈과 깨달음을 본질로 하지만 기독교는 대속을 본질로 한다. 예수님이 오신 궁극적인 목적은 가르치고 교훈을 주며 깨닫게 하는 것이 아니라 대속에 있다(마

20:28). 대속은 인간의 죄 때문에 깨어진 관계를 회복하여 하나님이 원래 의도하신 우주 질서와 원리로 돌아가게 하는 하나님의 지혜다. 그러므로 회개도 관념과 의식의 차원이 아니라 행위의 수정과 관계 회복을 위한 실천적 순종을 요구한다. 성경적인 관점에서 영적인 사람은 대속 사역의 기초 위에서 관계를 올바르게 회복한 사람이다. 영적인 사람은 하나님과의 관계에서 경외감과 친밀감을, 자기 자신 안에서 평안과 기쁨, 내적 고요함을, 타인과의 관계에서 사랑과 관용의 성숙함을, 사회에 대해서 정의로움과 공평무사함을, 자연에 대해서 긍휼함을 가지고 관계를 맺을 것이다. 영적인 사람은 안으로는 평강(shalom)을 실현하고, 밖으로는 하나님께 영광을 돌리는 삶을 사는 사람이다. 성경적인 '영적임'은 포괄적이고 균형 잡히고 실천적인 것이다. 그렇기 때문에 기독교의 영적 훈련이 한 측면에 치우치거나 실천적이지 못할 때, 사람들은 갈증과 결핍을 느끼고 타종교의 수행법이나 성경이 말하지 않는 방식으로 영성 훈련을 하려고 한다(안점식, 목회와 신학, 2004. 3).

신령함은 외적으로 어떻게 드러나는가?

영적 성숙, 신령함에 있어서 중요한 한 가지는 균형이다. 테드 워드(Ted Ward)는 손에 빗대어 영성을 설명한다. 즉 영성은 눈에 보이지 않지만 다섯 손가락처럼 지성적(intellectual), 감성적(emotional), 도덕적(moral), 사회적(social), 신체적(physical) 이 다섯 가지 차원에서 드러난다고 본다 (Ward, 1996, 64).

우선 지성적 차원에서 영적으로 성숙한 사람은 하나님이 주신 지성을 사용하여 통찰력을 연마해나간다. 이것은 단지 더 높은 학위를 취득해야 한다는 뜻이 아니다. 지성을 올바르게 사용하는 것은 영적 성숙에 기여한다.

어떤 개념이나 범주를 가지고 여러 가지 지식을 유기적으로 통합하는 것은 하나님을 이해하고 인간을 이해하며 세계를 이해하는 데 통찰력을 제공하며 인식의 지평을 넓혀준다.

그러나 샤머니즘 문화 토양에서는 영성이 종종 반지성주의와 관련된다. 공부를 많이 하는 것은 영성 개발에 해가 되며 오직 기도를 많이 해서 능력을 받아야 한다고 주장한다. 이러한 반지성주의는 기독교 안에서도 성행한다. 은사주의는 흔히 반지성주의가 되어버린다. 그러나 성령은 하나님이 주신 지성을 예리하게 하시는 지혜와 계시의 영이시다(엡 1:17). 물론 기도를 많이 하는 것은 중요하다. 그러나 기도의 양보다 중요한 것은 기도의 방향이다. 하나님의 뜻대로, 성경적 세계관에 따른 기도를 하는 것이 중요하다. 무속인이나 타종교인도 기도를 많이 할 수 있다. 잘못된 기도 대상과 기도 방향이 문제다.

감성적 차원에서 영적으로 성숙한 사람은 자신의 감정을 잘 느끼고 잘 표현한다. 감정을 표현하는 것과 폭발시키는 것은 완전히 다른 문제다. 영적으로 성숙한 사람은 감정을 억압하지 않고 표현하지만 폭발시키지는 않는다. 도덕적 차원에서 영적인 사람은 도덕적 민감성이 높다. 어떤 사람은 스스로 매우 영적이라고 생각하지만 도덕적으로는 둔감하다. 사소한 거짓말에 익숙하고 작은 돈을 빌리면 갚지 않아도 된다고 생각한다. 사회적 차원에서 영적인 사람은 사회성이 좋다. 성격이 내성적이어서 사람 만나는 것을 통해 에너지를 얻지 못하는 사람이 영적이지 않다는 뜻은 아니다. 그것은 타고난 기질 문제다. 어떤 사람은 스스로 영적이라고 생각하지만 가는 곳마다 늘 분란을 일으킨다. 사회적 차원에서 영적인 사람은 피스메이커(peace-maker)여야 한다. 또한 사회적 차원에서 영적인 사람은 약자와 소외된 자들 편에 서고 잘못된 사회구조를 변혁시키는 데 참여하는 사람이다. 마지막으로 신체적 차원에서 영적인 사람은 자신의 신체를 함부로 사용하지 않고, 신체단련을 위해 적절히 시간을 배분하는 사람이다. 신체는 내 일부분이며 잘 보살펴야 한다. 그렇다고 해서 건강을 잃은 사람이 영적이지 않다는 뜻은 아니다.

기독교 영적 훈련의 핵심은 자기부인과 성령 충만의 동시적 과정에 있다. 자기부인은 정체성 부인이 아니라 육신적(flesh) 소욕을 부인하는 것이다. 육신은 몸(body)과는 다르다. 타락한 인간의 몸이 지닌 성향은 육신적이다. 그러나 궁극적으로 구속이 완성될 때 우리 몸은 신령한 몸으로 부활할 것이다(고전 15:44). 그런데 현재의 몸은 육신적이기 때문에 사람들은 육신과 몸을 구분하지 못하고, 육신을 치기 위해 몸을 치게 되는데 그것이 고행주의와 금욕주의로 나타난다. 대부분의 종교는 욕망과 몸이 연관되어 있다고 보기 때문에 몸을 괴롭히는 고행과 금욕의 전통을 가지고 있다. 그러나 성경은 기본적으로 고행주의와 금욕주의를 권장하지 않는다. 몸을 괴롭힌다고 해서 육신이 제거되지는 않으며 인간의 부당한 욕망의 문제가 해결되지도 않는다.

자기부인은 기독교적 신령함의 한 측면이다. 자기 비움, 내려놓음은 예수 그리스도의 성육신 정신이다. 그러나 기독교는 장자 사상처럼 단순히 '허'(虛)의 종교가 아니다. 기독교는 기본적으로 성령의 종교며, 성령 충만함을 추구하는 '충'(充)의 종교다. 기독교는 믿음으로 내려놓기도 하고 믿음으로 취하기도 하는 종교다. 사람들은 자기 욕심 때문에 내려놓지 못하거나, 자기 욕심대로 취하면서 쫓기는 삶을 살아간다. 또는 두려움 때문에 내려놓지 못하거나 두려움 때문에 취하지 못한다. 한국의 문화 토양인 샤머니즘, 유교, 세속주의가 지닌 현세성 때문에 한국 그리스도인은 내려놓음이 약하다. 물론 불교의 강조점은 내려놓음에 있지만 공식종교 차원에서 그럴 뿐, 민간신앙 차원에서는 역시 현세기복적인 성향이 나타난다. 그런 면에서 한국의 문화 토양에서는 기본적으로 내려놓음보다 취함이 강하게 나타난다. 이러한 전통적 문화 토양에 미국의 복음주의를 수용한 한국 그리스도인은 취하고, 성취하며, 달성하려는 성향이 강하다. 많은 경우 한국 그리스도인의 문제는 믿음으로 취하거나 성령으로 취하는 것이 아니라 자기 욕심으로 취한다는 데 있다.

그런 면에서 헨리 나우웬(Henri Nouwen)이나 리처드 포스터(Richard Foster)의 저작과 같이 '내려놓음'을 강조하는 수동적 영성의 책들이 한국 사회에서 인기를 얻는 것은 한국의 문화 토양이 가져온 결핍에 대한 갈증을 드러내는 것이라고 할 수 있다. 한국 그리스도인에게는 이러한 내려놓음, 비움의 영성이 해독제로 도움이 된다. 그러나 내려놓음이나 비움만을 강조하는 수동적, 수도원적 영성에 치우치면, 믿음으로 취하고 극복해야 하는 능동적이고 역동적인 영성을 형성하는 것을 방해할 수도 있다. 진정한 신령함에는 언제나 균형이 필요하다. 기독교 영성은 성령의 지시하심과 하나님의 뜻을 따라 내려놓기도 하고 취하기도 하는 것이다.

정체성의 문제를 어떻게 풀어야 하는가?

대부분의 종교가 정체성 문제를 심각하게 다룬다. 언젠가 저명한 불교 승려가 텔레비전에 나와 인터뷰하는 모습을 본 적이 있다. 인터뷰하는 사람이 "스님에게는 평생 화두(話頭)가 있습니까? 있다면 무엇입니까?"라고 질문하였다. 그때 그 스님은 자신의 평생 화두는 "나는 누구인가?"라고 대답했다. 우리 인간의 심령 속에 늘 메아리치는 질문이 있다면 "나는 누구인가?"라는 문제다. 그리스도인도 예외는 아니다. 그러나 기독교는 내 문제를 풀기 위해 '나'에서 시작하지 않는다. 나 자신을 파헤치지 않는다. 아무리 파헤쳐 봐야 타락한 인간 속에는 선한 것이 아무것도 없기 때문이다.

기독교 관점에서 인간은 관계적 존재며, 일차적으로 하나님과 관계있는 존재다. 그러므로 우리는 하나님을 아는 만큼 나 자신을 알 수 있다. 하나님이 인간을 만드셨으므로 인간이 누구인지는 하나님이 가장 잘 아신다. 그러므로 우리 질문은 "하나님은 누구인가"에서 시작할 수밖에 없다. 사실 성경적 관점에서 보면 "나는 누구인가"라는 질문 자체가 적절하지 않다. 인간의 정체성 갈등은 타락사건으로 생겨났다. 하나님과의 관계가 끊어지고 교제가 끊어졌기 때문에 갑자기 인간은 자신이 어디에서 왔고 무엇을 위해 존재하며 어디로 돌아가야 하는지 모르는 존재가 되어버렸다.

하나님이 타락한 인간에게 처음 하신 질문은 "네가 누구냐?"(Who are you?)가 아니라 "네가 어디 있느냐?"(Where are you?)(창 3:9)였다. 인간의 타락사건은 하나님이 명하신 자리에서 벗어나는 반역사건이었다. 그것은 하나님의 권위와 창조질서에 대항하는 반란사건이었다. 인간은 자신을 하나님과 동등하게 여기고 하나님처럼 되려고 한 것이다. 유다서 1장 6절도 타락한 천사들을 가리켜 자기 지위와 처소를 떠난 천사들이라고 말한다. 왜 자기에게 정해진 지위와 처소를 떠나는가? 이유는 간단하다. 더 큰 영광을 좇아서 떠나는 것이다. 인간도 마찬가지다. 다른 사람이 하는 일이 더 의미 있고, 중요하고, 주목받고, 인정받고, 이름을 내고, 영광스럽게 보인다. 그 바탕에는 교만이 깔려 있다.

정체성 문제는 기본적으로 하나님과 인간과 자연의 관계에서 인간이 올바른 권위의 위치에 있을 때 해결된다. 나아가서 인간은 인간관계 안에서 올바른 위치에 있을 때 올바른 정체성을 갖는다. 위치는 기능과 관련되어 있다. 인간은 언제나 어떤 위치에 있다. 가정에서도 남편이거나 아내거나 아버지거나 자식이며, 직장에서도 어떤 권위의 위치에 있다. 인간은 정해진 위치에서 기능을 제대로 하지 못할 때, 즉 '……답지 못함'을 느낄 때 정체성 문제에 부딪친다.

타락한 인간은 평생 정체성 질문에 부딪히며 살아간다. 더글러스 스톤(Douglas Stone)과 몇몇 사람이 함께 저술한 「대화의 심리학」(Difficult Conversations, 21세기북스 펴냄)은 정체성에 대한 매우 적절한 예화를 들고 있다. 어떤 합기도 사범이 대련을 하는데 어린 제자가 질문한다. "사범님은 절대로 균형을 잃지 않으시네요. 비결이 뭐예요?" 사범은 대답한다. "그렇지 않다. 난 항상 균형을 잃는데, 균형을 되찾는 능력이 바로 기술이란다"(Stone, 2000, 176). 이 비유는 정체성을 매우 적절하게 묘사한다. 우리의 정체성은 종종 공격받고 흔들린다. 타인에게, 자기 자신에게, 마귀에게 정체성을 공격받는다. 심지가 굳건한 사람은 정체성을 공격받지 않는 사람이 아니라 재빨리 평정 상태로 돌아오는 사람이다.

정체성의 기반을 타인에게 두는 사람은 타인의 평가에 따라 늘 정체성이 흔들린다. 이런 사람은 낮은 자존감에 시달리며 살아간다. 자기 자신에게 정체성의 기반을 두는 사람은 속칭 '제 잘난 맛에 사는 사람'이다. 남이 뭐라고 해도 끄덕하지 않고 나름대로 자부심을 가지고 살아간다. 이런 사람은 본인은 행복할지 몰라도 독불장군처럼 될 수 있다. 하나님께 정체성의 기반을 두는 사람은 건전한 자존감을 가진다. 다른 사람의 평가에 좌지우지되지도 않고 그렇다고 자기만 잘난 것처럼 남의 평가를 무시하지도 않는다.

예수님은 하나님을 경외하는 요셉과 마리아의 순기능 가정에서 성장하셨다. 예수님은 "그 지혜와 그 키가 자라가며 하나님과 사람에게 더 사랑스러워 가시[므로]"(눅 2:52) 건전한 자존감과 정체성을 가지게 되셨음이 틀림없다. 그러나 예수님도 공생애를 시작하기 전 세례 요한에게 세례를 받으실 때 하나님께 직접적으로 정체성을 확인받아야 했다. "이는 내 사랑하는 아들이요 내 기뻐하는 자라"(마 3:17). 예수님은 공생애 동안 많은 정체성 공격을 당하셔야 했기 때문이다. 광야에서 40일 동안 마귀에게 유혹받으실 때 '하나님의 아들' 임에도 늘 "네가 만일 하나님의 아들이어든"(마 4:3, 6)이라는 정체성 시험을 당하셨다. 귀신을 쫓아내실 때에는 "바알세불을 지폈다"(막 3:22)고 마귀 취급을 당하셨다. 십자가에서도 "네가 하나님의 아들이어든"(마 27:40)이라고 조롱받으셔야 했다.

타인에게 정체성의 기반을 두어서는 안 되지만, 부모, 선생님, 친구 등 '의미 있는 타자'(significant others)의 역할은 여전히 중요하다. 정체성은 늘 관계적으로 형성되기 때문이다. 특히 어릴 때에는 부모 역할이 더욱 절대적이다. 부모는 하나님의 성품과 권위를 대신하는 대리인(agent)이기 때문이다. 우리는 부모에게서 "이는 내 사랑하는 아들이요 내 기뻐하는 자"라는 메시지를 받아야 한다. 내 존재 자체가 부모에게 기쁨의 대상이 된다는 것, 즉 무조건적 사랑을 체험해야 한다. 진정한 기쁨은 관계적이며, 존재 자체에 대한 기쁨과 관련되어 있다. 스바냐서에서 말하는 것처럼 하나님은 우리 존재 자체를 기뻐하시는데 "기쁨을 이기지 못하실" 정도로 사랑하신다. 그러나 동시에 그 기쁨을 호들갑 떨며 드러내시지 않고 "잠잠히 사랑하신다"(습 3:17). 당신도 자녀들을 이기지 못할 기쁨으로 바라본 경험이 있을 것이다. 그러나 열심히 재미있게 놀고 있는 자녀를 방해하지 않기 위해서 그 기쁨을 억제하고 잠잠히 바라만 보던 적이 있을 것이다. 하나님의 사랑이 바로 그렇다. 그렇다면 하나님을 향한 우리 사랑도 하나님의 존재 자체를 기뻐하고 그분 자신을 구하는 것이어야 한다.

대체로 부모는 자녀를 무조건적으로 사랑한다. 그런데 왜 자녀는 무조건적 사랑이 아니라 조건적 사랑을 받는다고 생각하는 것일까? 그것은 의사소통의 미숙함과 관련되어 있다. 인간은 타락으로 말미암아 인식 능력이 제한되고 왜곡되었다. 일반적으로 부모는 칭찬에 인색하며, 그나마 칭찬을 할 때에도 성취를 칭찬한다. 특히 한국 사회처럼 경쟁이 심한 문화일수록 부모는 성취를 중심으로 칭찬한다. 그렇게 되면 아이들은 자신이 무엇을 잘하거나 성취했을 때에만 사랑받고 인정받는다고 착각한다. 자녀들이 무조건적 사랑을 체험하기 위해서는 성취한 것을 격려하는 일도 필요하지만, 성품을 칭찬하는 것이 더 중요하다. 예를 들어 자녀가 축구를 좋아한다고 하자. 만약 성취를 칭찬한다면 칭찬할 수 없는 날이 많을 것이다. 한 골도 못 넣은 날은 칭찬할 것이 아예 없을 것이다. 그러나 성품을 칭찬하기로 한다면 자살골을 넣었다 해도 칭찬할 수 있다. "네가 오늘 부담이 많았겠구나. 그래도 그 부담감을 이겨내고 끝까지 최선을 다하다니 정말 훌륭하다!"

하나님에게 정체성의 기반을 둔 사람은 타인에게서, 나 자신에게서, 마귀에게서 오는 참소를 능히 이겨낸다. 대화가 힘들어지고 분노가 솟아오르는 것은 갑자기 정체성 대화로 비화하기 때문이다. 어떤 사안을 이야기하다 보면 의견이 대립할 수 있다. 그런데 대립이 격렬해지면서 갑자기 정체성 대화로 비약한다. "당신이 그러고도 남자(여자)야!" 우리의 정체성을 이루는 요소, 예컨대 인간, 남자, 여자, 남편, 아내 등을 공격받으면 심한 충격을 받을 수 있다. 예를 들어 당신이 의미 있는 타자에게 심각하게 정체성을 공격받았다고 생각해 보라. "이 쓰레기 같은 인간아!" 어떤 사람은 이 한마디에서 영영 헤어나지 못하고 폐인이 될지도 모른다. 그러나 어떤 사람은 매우 괴롭지만 평소 영적 훈련으로 형성한 습관대로 아침에 경건 시간을 갖는다. 하나님은 성경을 통해서 "너는 내 사랑하는 아들이요 내 기뻐하는 자"라고 말씀하신다. 그렇다면 이제 당신은 하나님 말씀을 사실로 받아들일 것인지 타인의 말을 사실로 받아들일 것인지, 어느 말에 충성심을 나타

내 보일 것인지 결정해야 한다. 이것이 바로 충성 대결(allegiance encounter) 이다.[4]

하나님에게 정체성의 기반을 둔 사람은 정체성을 공격받아도 재빨리 그 충격에서 벗어나 평형 상태로 돌아온다. 시편은 "복 있는 사람은 오직 여호와의 율법을 즐거워하여 그 율법을 주야로 묵상하는 자로다. 저는 시냇가에 심은 나무가 시절을 좇아 과실을 맺으며 그 잎사귀가 마르지 아니함 같으니 그 행사가 다 형통하리로다"(시 1:2-3)라고 말한다. 하나님 말씀을 주야로 묵상하는 자는 심지가 굳건해서 정체성의 공격을 받아도 심하게 흔들리지 않고 평정심을 되찾는다. 그런 사람은 하나님을 의뢰하기 때문이다(사 26:3). 우리는 하나님의 사랑을 받고 하나님께 기쁨이 됨으로써 자기 자신을 기뻐하고 사랑할 수 있으며, 나아가서 타인을 기뻐하고 사랑할 수 있다. 하나님의 사랑을 받고, 자기 스스로를 사랑하며, 타인에게 사랑받는 자는 형통하지 않을 수 없다.[5]

정체성이 형성되는 것은 관계 속에서다. 그러므로 정체성이 흔들리는 사람에게는 비교의식과 그로 말미암은 열등감이 두드러지게 나타난다. 인간의 타락이 가져온 문제는 무엇보다도 가정 공동체에 나타났다. 바로 '역기능적 가정'이 생겨난 것이다. 아담과 하와 사이에 어떻게 가인이라는 살인

---

4. 충성대결은 진리대결, 능력대결의 개념과 함께 찰스 크래프트(Charles Kraft)가 제시한 영적 전쟁의 세 번째 측면으로서 일상생활에서의 영적 전쟁이다. 예를 들면 욥은 극심한 고난 가운데 하나님의 존재, 공의, 사랑을 의심할 수 있었다. 그러나 욥은 자신의 경험과 느낌에 충성할 것인지, 그래도 하나님 말씀에 충성할 것인지를 결정해야 했다. 욥은 자신의 생각을 사로잡아 하나님 말씀에 복종케 하는 충성대결을 벌인 것이다.
5. 옛 사람, 옛 자아, 육신의 발로로서 자기 사랑과, 새 사람의 진정한 자기 사랑은 전적으로 다르다. 옛 사람의 자기애는 자기중심성과 자기주장성, 이기심에 기초한다. 그렇지만 새 사람이 가지는 진정한 자기 사랑은 자신에게 쏟아 부어진 하나님의 사랑과 그리스도의 공로 때문에 자신을 가치 있게 보는 것이다. 하나님이 나를 그토록 귀하게 보셨기 때문에 나도 나 자신을 귀한 존재로 보는 것은 정당하다. 이것은 타인에 대해서도 마찬가지다. 하나님이 그토록 귀하게 여기시는 사람들을 나도 귀하게 여겨야 한다.

자가 태어났을까? 그것은 아담과 하와의 가정이 역기능 가정이었음을 말해준다. 타락 이후 아담과 하와는 친밀감을 상실했고 남을 '탓' 하는 존재가 되었다(창 3:12-13). 가인은 남을 탓하는 습관을 지닌 아담과 하와를 보고 자랐고, 자신이 보고 배운 바대로 하나님이 가인의 제물을 열납하지 않은 것을 아벨 탓으로 돌렸다(창 4:3-8).

정체성도 낮은 자존감도 모두 관계 속에서 형성된다. 낮은 자존감은 하나님의 진정성을 믿지 못하고 하나님의 사랑을 받아들이지 못하기 때문에 생긴다. 하나님은 그분의 아들을 십자가에 내어주실 만큼 나를 사랑하시고 나를 귀하게 여긴다고 말씀하신다. 그런데도 나 자신의 기준에 따라 자신은 사랑받을 만하지 못하고 귀하지 못하다고 느끼는 것이다. 이것은 여전히 옛 자아, 즉 자기애와 자기의가 살아 있어서 여전히 자기 자신에게서 자신의 가치를 찾으려는 상태. 여기에는 원초적 교만이 밑바닥에 깔려 있다. 마찬가지로 높은 자존감도 자기애와 자기의에 근거한 것일 수 있다. 자신을 사랑하고 귀하게 여기는 이유가 하나님이 나를 위해 해주신 일 때문이 아니라 자기 자신에 기초한다면 그것은 옛 자아의 발로일 뿐이다. 우리는 낮은 자존감이나 높은 자존감이 아니라 정당한 자존감을 가져야 한다. 그리고 우리가 가지는 자존감의 정당성은 나 자신에게 근거하는 것이 아니라 하나님이 나를 위해서 하신 일에 근거한다.

타락한 인간의 본질은 약(弱)하고 악(惡)하다. 내 연약함 때문에 상대방에게 의도하지 않은 상처를 줄 수 있고, 내 사악함 때문에 의도적으로 상처를 줄 수도 있다. 또 내가 연약하기 때문에 별것 아닌 일에도 상처를 받을 수 있다. 어쨌거나 인간이 타락한 세상에서 살고 있다는 것은 지속적으로 서로 상처를 주고받는다는 뜻이다. 그러므로 예수님도 "실족케 하는 일이 없을 수는 없겠으나 소자 하나를 실족케 하면 연자 맷돌을 목에 매고 바다에 던져지는 것이 낫다"(마 18:6-7, 눅 17:1-2)고 말씀하신다. 그만큼 다른 사람에게 상처를 주지 않도록 조심하라는 것이다.

히브리서는 낮은 자존감을 "쓴 뿌리"라고 표현한다(히 12:15). 쓴 뿌리는 깨어지지 않고 더욱 완고해진 옛 자아다. 쓴 뿌리는 "하나님 은혜에 이르지 못하는 자"의 내면에 있는 낮은 자존감으로서 자신을 "괴롭게 하고 많은 사람이 이로 말미암아 더러움을 입[게]" 된다. 예를 들면, 부부간 갈등에는 쓴 뿌리가 놓여 있다. 결혼할 때 사랑만 가지고 가는 것이 아니라 쓴 뿌리도 가져가기 때문이다. 선교지에서 선교사간의 갈등도 마찬가지다. 한국 선교사가 선교지에서 중도 탈락하는 첫째 이유는 동료 선교사와의 갈등이다. 선교지에 갈 때 복음만 들고 가는 것이 아니라 쓴 뿌리도 함께 들고 가기 때문이다. 그래서 자신만 괴롭히는 것이 아니라 공동체 안의 사람들을 더럽히는 것이다. 부부나 선교사 사회나 모두 작은 공동체다. 부부 가운데 한 사람의 재정 사용 방식이나 교육 방식은 다른 한 사람에게 영향을 끼친다. 그래서 부부싸움이 벌어지는 것이다. 우리는 옆집 아주머니나 옆집 아저씨와는 결코 싸우지 않는다. 선교사도 마찬가지다. 한 선교사의 선교 방식이나 정책이 다른 선교사에게 영향을 끼칠 수 있다. 필리핀 선교사는 나이지리아 선교사와 싸우지 않는다. 필리핀 선교사끼리 싸우는 것이다.

낮은 자존감과 열등감은 늘 자신이 '부적합한 위치'에 있다고 느끼는 감정이다. 그것은 타락한 인간이 맨 처음 느낀 감정이며, 하나님이 맨 처음 던지신 질문이다. 낮은 자존감과 열등감의 근원에는 수치심과 죄책감이 놓여 있는데 이 또한 타락한 인간이 맨 처음 가진 느낌이다(창 3:7-8). 그러므로 낮은 자존감과 열등감에서 벗어나려면 하나님과의 관계에서 올바른 자리매김이 필요하다. 그것은 하나님의 용서와 무조건 사랑을 체험할 때 이루어진다. 바로 "하나님의 은혜에 이르는 것"(히 12:15)이다. 그러므로 어떤 내적 치유 세미나든 상담 원리는 사실 단 한 가지다. 인간관계 속에서 받은 상처를 상쇄할 수 있는 하나님의 더 크신 십자가 사랑에 부딪히는 것이다.

십자가 사랑이 우리에게 실제화될 때 그것은 단순히 내세에서 영원히 사는 것에 대한 소망뿐 아니라 지극히 현세적인 구원이 된다. 우리는 이 땅에서도 진정 완전한 자유와 해방, 기쁨과 평안을 체험할 것이다. 십자가 사랑이 실제화된다는 것은 곧 내가 전능한 하나님, 그토록 크신 하나님께 소중한 존재가 된다는 사실을 내 심령에서 확증하는 것이기 때문이다. 하나님 사랑이 실제화되면 옛 사람, 옛 자아, 육신의 죽음도 실제화된다. 상처받은 옛 자아, 낮은 자존감도 같이 죽는다. 그러므로 상처 받은 옛 자아를 달랠 필요도, 치유할 필요도 없다. 이미 죽었는데 뭐 하러 치유하겠는가? 어떤 방식을 취하든 참된 내적 치유의 근본 원리는 명백하다. 그것은 내 옛 자아, 육신에 새겨진 상처와 쓴 뿌리를 능히 능가하고 옛 사람의 죽음을 확인할 수 있는, 하나님의 말할 수 없이 큰 사랑에 부딪히는 것이다. 그것은 야곱이 얍복강에서 경험한 것과 같은 옛 자아의 항복사건이다(창 32:24-28). 자기애와 자기의가 깨어지고 자신의 노력과 지혜, 힘이 깨어지는 순간이다. 옛 사람은 죽고 새 사람이 되었기 때문에 이스라엘이라는 새로운 이름을 얻었다. 인간은 사랑에 의해서만 진정으로 항복한다. 힘에 의한 항복은 진정한 항복이 아니라 두려움에 기초한 굴복일 뿐이다.

12

복음과 상황

십자가는 완전한 복음인가?

존 피셔(John Fischer)는 「험한 십자가」(On a Hill Too Far Away, 죠이선교회 펴냄)에서 십자가의 도에 대한 오늘날의 오해를 제대로 지적한다. 오늘날 많은 사람에게 십자가는 예수를 처음 믿을 때 통과하는 관문이 되어버렸다는 것이다. "십자가는 신앙의 고속도로가 아니고 톨게이트 역할만 한다"(Fischer, 2005, 128).

"믿기만 하면 구원을 받는다"고 하는 이신칭의(以信稱義)의 가르침은 오늘날 그 의미가 많이 왜곡되었다. 이신칭의는 분명한 성경의 가르침이지만, 이것이 십자가가 의미하는 전부는 아니다. 부분적인 지식은 오류를 발생시킨다. 부분적인 지식 자체가 오류이기 때문이 아니라 그 부분을 전체인 것처럼 오인하기 때문이다.

우리가 믿기만 하면 구원받는다고 할 때 도대체 무엇을 믿는다는 것인가? 예수 그리스도께서 우리가 지은 죄의 열매에 대해 십자가에서 죄 값을

다 치르셨다는 사실이다. 그러므로 우리는 구원의 확신을 가져야 한다는 것이다. 그렇다! 이것은 놀라운 소식이고 만고불변의 진리다. 그러나 이것은 우리가 믿어야 할 복음의 반쪽에 지나지 않는다. 우리가 믿어야 할 복음의 나머지 반쪽은 자아의 죽음에 대한 확신이다. 오늘날 교회나 선교단체에서 구원의 확신은 점검하면서 자아 죽음의 확신은 점검하지 않는 실수를 저지르고 있다.

반쪽 진리의 결과는 심각하다. 많은 그리스도인이 신자가 되는 것과 제자가 되는 것은 서로 다른 일이라고 생각한다. 제자는 특별히 좀 더 수준 있고 헌신된 사람이 가는 길이라고 생각한다. 그렇다면 신자는 무엇인가? 예수 믿으면 내세에 천국 가고 영생한다는 사실에 만족하고, 현세에서는 그냥 세상 방식과 가치대로 살아가는 사람인가? 과연 성경의 가르침이 이렇게 내세적이고 저세상만을 위한 것인가? 제자는 가르침을 받고 가르침대로 행하는 자다. 모든 신자는 제자로 부름 받았다. 오늘날 한국 사회에서 한국 교회가 왜 비난받고 있는가? 이른바 신자는 많은데 제자가 부족하기 때문이지 않은가? 가르침 받은 대로 살고 행하는 자가 너무 부족해서이지 않은가?

우리는 완전한 복음을 이해해야 한다. 복음은 칭의로서의 구원과 관련되어 있을 뿐 아니라 성화로서의 구원과도 관련되어 있다. 죄의 열매에만 관련된 것이 아니라 죄의 뿌리와도 연관되어 있다. 만일 예수께서 죄의 열매는 처리하셨는데 뿌리는 손도 안 대셨다면 그것이 온전한 복음이 되겠는가? 차라리 뿌리를 제거해 주시는 편이 낫지 않았겠는가? 열매를 제거하는 것은 예수님의 몫이고 뿌리를 제거하는 것은 우리의 힘과 노력으로 해야 한다면 그것이 진정한 복음이 될 수 있겠는가? 우리가 복음의 완전한 그림을 이해하기 위해서는 인간의 타락사건으로 돌아가 봐야 한다.

타락사건은 무엇을 의미하는가? 인간이 하나님이 되려고 한 사건이다. 인간은 하나님이 창조하신 세계의 영적 권위의 질서 안에서 주권자이신 하나님의 영광을 위해 살아야 했다. 그러나 인간은 관리권자의 지위와 처소에 만족하지 못하고 자기 영광을 좇아 주권자, 곧 주인이 되고자 했다. 그것은 하나님의 권위와 하나님이 세우신 질서에 대한 도전이고 반역이다. 인간의 타락사건은 반역사건이자 반란사건인 것이다. 어떻게 보면 성경에 나타나는 싸움은 단 한 가지라고 해도 지나치지 않다. 그것은 한마디로 내가 주인이냐 하나님이 주인이냐의 싸움이다. 다른 말로 하자면, 그것은 나의 이름이냐 하나님의 이름이냐, 나의 영광이냐 하나님의 영광이냐, 자기 사랑이냐 하나님 사랑이냐, 자기 의냐 하나님의 의냐, 자기 왕국이냐 하나님의 왕국이냐의 싸움이다.

하나님이 되고자 하는 원초적 교만이 죄성, 곧 죄의 뿌리다. 죄성이 생명을 타고 아담의 후손에게 들어왔고 전(全) 존재를 지배하게 되었다. 성경은 죄성, 육신(flesh)에 전적으로 지배되는 '옛 생명'을 '옛 사람'이라고 부른다.[1] 옛 사람의 자아, 곧 옛 자아는 자기애(自己愛)와 자기의(自己義)라는 두 가지 성향을 보인다. 죄성은 자기중심성, 자기주장성, 이기심으로 요약된다. 하나님이 되어 스스로 모든 것을 주관하고 다스리려는 주재권의 욕구가 자기애로 나타난다. 인간은 선악과를 먹고 선악을 안다는 착각에 빠졌다(창 3:22). 하나님 법의 기준이 아니라 자기 기준을 세웠는데 이것이 자기의로 나타난다. 하나님 중심성이 아니라 자기중심성이 생겨났고 그에 기초하여 판단하게 되었다. 자기중심성은 자기애에 뿌리를 박고 있기 때문에

---

1. 휘걸(F. J. Huegel)은 「십자가와 나」(Bone of His Bone, 생명의말씀사 펴냄)에서 "옛 생명"이라는 표현을 사용하고 있다(Huegel, 2007, 48, 54, 95).

공의로운 판단을 흐린다. 하나님의 법과 판단은 공의롭다. 인간 안에는 객관적으로 아무런 선도 없다(롬 3:11-12).

  옛 사람이 하는 모든 행동은 자기애와 자기의를 드러낸다. 옛 자아, 죄성, 육신이 하는 일은 전적으로 자신의 주재권과 자신의 영광을 추구한다. 죄성은 죄의 뿌리다. 자기애와 자기의라는 죄의 뿌리에서 죄의 줄기가 올라오는데, 곧 마음 차원에서 죄악된 생각을 품는다. 마음 차원에서 계속 미워하고 음욕을 품으면 마침내 구체적이고 실제적으로 살인과 간음이라는 죄의 열매를 맺는다. 자기애가 강하면 더욱 위선적이 되고 체면 의식이 강해지며, 자기의가 강하면 부정적이 되고 판단 의식이 강해진다. 이렇게 자기애와 자기의가 날줄과 씨줄을 이루어 추한 인생의 베를 짜가는 것이다. 옛 사람의 전 존재와 전 생애가 죄에 찌들려 있으므로 옛 사람의 생명을 유지하기 위한 호흡조차도 죄가 된다. 그러므로 성경은 "의인은 없나니 하나도 없으며 깨닫는 자도 없고 하나님을 찾는 자도 없고 다 치우쳐 한 가지로 무익하게 되고 선을 행하는 자는 없나니 하나도 없도다"(롬 3:10-12)라고 선포한다.

  십자가 복음은 단지 예수 그리스도께서 죄의 열매를 처리하셨다는 데서 그치지 않는다. 죄의 뿌리도 처리하셨다고 선포한다. 구속은 곧 회복을 뜻한다. 그리스도의 십자가는 죄의 결과를 처리하여 원상태로 회복시킨다. 그것이 바로 죄 사함을 통한 칭의며 신분 회복이다. 십자가는 동시에 죄의 본성을 처리하여 성화를 가능케 하고 하나님 형상과 영적 권위의 질서를 회복한다. 타락사건은 인간이 주인이 되려고 반역한 사건이기 때문에 원상태로 회복하기 위해서는 옛 사람, 곧 옛 자아가 죽어야 한다. 그러므로 새 사람의 탄생과 성령의 내주가 필요하고 하나님을 원래 자리, 주인 자리에 모셔야 한다.

많은 그리스도인이 자신의 옛 자아와 씨름하며 고통스러워한다. 그러나 놀랍게도 성경은 우리 옛 자아가 이미 십자가에서 죽었다고 확증한다. 로마서 6장 6절은 "우리가 알거니와 우리 옛 사람이 예수와 함께 십자가에 못 박힌 것은 죄의 몸이 멸하여 다시는 우리가 죄에게 종노릇하지 아니하려 함이니"라고 말한다. 갈라디아서 2장 20절도 "내가 그리스도와 함께 십자가에 못 박혔나니 그런즉 이제 내가 산 것이 아니요 오직 내 안에 그리스도께서 사신 것이라"라고 말한다. 여기서 "못 박혔다"는 표현은 수동적으로 과거에 일어났거나 이미 완료된 것을 의미한다.[2] 아담 안에서 죄성이 들어와 죄와 사망의 법이 우리의 전 존재를 지배하는 옛 사람이 되었다면, 예수 안에서는 죄성, 육신, 옛 자아, 옛 사람이 이미 못 박혀 죽었고 생명의 성령의 법에 지배받는 새 사람이 되었다. 그러므로 고린도후서 5장 14절도 "한 사람이 모든 사람을 대신하여 죽었은즉 모든 사람이 죽은 것이라"고 이야기한다. 그리고 "저가 모든 사람을 대신하여 죽으심은 산 자들로 하여금 다시는 저희 자신을 위하여 살지 않고 오직 저희를 대신하여 죽었다가 다시 사신 자를 위하여 살게 하려 함이니라"(고후 5:15)라고 말한다.

우리가 예수를 믿으면 앞으로 옛 자아를 못 박는 삶을 살아야 한다는 뜻이 아니다. 우리가 예수를 믿고 중생할 때 옛 자아는 이미 못 박혔다. 그러므로 로마서 6장 11절은 "너희도 너희 자신을 죄에 대하여는 죽은 자요 그리스도 예수 안에서 하나님을 대하여는 산 자로 여길지어다"라고 말한다. 여기에서 "여길지어다"라는 말은 사실이 아닌데 억지로 여기라는 것이 아니라 사실에 따라 여기라는 것이다. 예를 들어 어떤 인자한 주인이 자기 종

---

2. 로마서 6장 6절에서 "못 박힌"은 헬라어로 "συνεσταυρώθη"로서 부정과거 수동태며, 갈라디아서 2장 20절에서 "못 박혔나니"는 헬라어로 "συνεσταύρωμαι"로 완료 수동태다.

을 양자로 삼았다고 하자. 이 종은 법적으로 완전히 분명하게 아들이 되었다. 그러므로 그는 이제 자기 자신을 종이 아니라 아들로 여겨야 한다. 그런데 그는 워낙 종노릇을 오랫동안 했기 때문에 습관을 따라 여전히 종처럼 행동한다.

왜 아직도 옛 자아가 살아 있는가?

여기서 한 가지 의문이 생긴다. "옛 자아가 이미 죽었다고 하는데, 내 안에서 지금도 살아서 올라오는 자기애와 자기의는 무엇인가?" 죄와 사망의 법은 본질적인 지배력을 이미 잃어버렸다. 그러나 여전히 힘과 영향력은 남아 있다. 법은 권위를 가지며, 따라서 순종을 요구한다. 권위(authority)란 권세(power)가 지닌 합법성과 정당성을 의미한다. 옛 사람의 습관은 이미 합법성을 잃은 죄와 사망의 법이 지닌 힘에 순종하여 가짜 권위를 부여한다. 권위는 순종을 요구하지만, 반대로 순종은 권위를 부여한다. 이미 권위를 상실한 죄와 사망의 법에 순종하여 죄의 종노릇 하는 것이다(롬 6:16). 그러나 이것은 본질적인 종노릇이 아니라 습관적인 종노릇이다.

이전에 우리는 죄와 사망의 법(권위) 아래 있었다. 그 권위에서 벗어날 수 없고, 꼼짝없이 순종할 수밖에 없었다. 우리에게는 다른 선택권이 없었다. 만일 당신이 대한민국 땅에서 살아간다면 대한민국의 법의 권위를 결코 벗어날 수 없다. 만일 당신이 지구에서 살아간다면 당신이 아무리 장대높이뛰기를 잘한다 해도 중력의 법칙에서 결코 벗어날 수 없다. 그런데 우리에게 새로운 법, 생명의 성령의 법이 주어졌다. 새로운 법체계, 즉 권위체계가 생겼다. 우리 자아를 어떤 권위 아래 두는가가 자기부인과 성령 충만의 관건이다. 비유하자면, 우리의 자아라는 플러그를 생명의 성령의 법이 통하는 콘센트에 꽂으면 그 법이 적용될 것이며 그 에너지가 우리를 지배할 것이다. 만일 죄와 사망의 법이 통하는 콘센트에 꽂으면 그 법과 에너지에 지배될 것이다. 그런데 예수를 믿을 때 우리의 플러그는 죄와 사망의 콘센트에서 뽑혀 생명의 성령의 콘센트에 영원히 꽂히게 되었다. 옛 자아의 죽음은 자아의 실체적 죽음이 아니라 관계적 죽음이자 기능적 죽음을 뜻한다. 옛 자아의 죽음은 자아가 멸절하는 것이 아니라 죄와 사망의 법에서 자아가 해방되는 것이다. 그것은 죄에 반응하는 기능이 본질적으로 무력화되는 것이다. 믿음으로 그리스도와 연합할 때 새 생명, 예수 생명이 들어오면서 우리의 옛 생명, 옛 사람, 옛 자아는 이미 죽었다. 죄와 사망의 법에 사로잡혀 있던 자아는 해방되고 생명의 성령의 법과 연합하였다. 더 이상 죄와 관계하지 않고 죄에 반응하지 않아도 된다. 그리하여 우리는 옛 사람을 벗어버리고 새 사람이 되었다. 새 자아는 의에 반응하며 하나님의 뜻에 반응한다. 새 자아, 새 본성은 죄를 지을 수 없는데 이는 하나님께로서 났기 때문이다(요일 3:9).

이처럼 자아가 죽었는데도 분노가 폭발하고 혈기가 나오는 것은 "내가 아니요 내 안에 거하는 죄"다(롬 7:20). 그러므로 우리는 우리의 옛 자아와 싸우지 않아도 된다. 이미 죽었기 때문이다. 이미 대변화는 일어났다. 우리가 싸워야 할 대상은 우리 지체 속에 아직 남아 있는 죄의 법의 영향력이다. 우리의 자아는 본질적으로 합법성을 잃은 죄의 법에 반응하지 않아도 되지만 옛 습관 때문에 반응한다. 예를 들어서 생각해 보자. 폭군은 권좌에서 쫓겨나 폐서인이 되었다. 새로 인자하고 강력한 왕이 등극했다. 쫓겨난 폭군에게는 아무런 합법적 권위도, 권세도 없다. 더 이상 폭군을 두려워하고 순종하지 않아도 된다. 그런데도 예전 신하들은 습관적으로 그에게 순종하고 권위를 부여하며 그에게 지시받는다.

예수 안에서 우리 옛 자아가 죽은 것은 사실이다. 우리는 허구가 아닌 사실을 믿는 것이며, 믿음은 사실을 실제화하는 것이다. 히브리서 11장 1절은 "믿음은 바라는 것들의 실상이요 보지 못하는 것들의 증거"라고 말한다.[3] 믿음은 하나님 말씀, 곧 하나님의 약속이 있기 때문에 바라는 것이다. 그리고 하나님 말씀은 사실이고 실제다. 그런데 믿음은 사실을 실제화한다. 하나님 말씀, 약속은 우리가 믿음으로 화합할 때(히 4:2) 실제화된다. 우리가 믿지 않아도 하나님의 약속은 사실이고 여전히 유효하지만 나에게는 적용되지 않으며 따라서 나에게는 체험적으로 실제화되지 않는다.

헬라어의 "실상"(hypostasis)이라는 말에는 본체, 실체, 본질이라는 뜻이 있다. 현상 이전에 이미 본질이 있으며 현상은 본질의 발현일 뿐이다. 본질은 보이지 않는 것이며 현상은 구체적으로 보이는 것이다. 보이는 현상세계 배후에 보이지 않는 본질의 세계가 있다는 것이다. 믿음으로 말미암아 본질은 현상으로 실제화된다. 믿음이야말로 보이지 않는 본질인 하나님 말씀을 명백히(evidently) 현상으로 드러나게 하는 원동력이다. 따라서 믿음은 하나님 말씀이 실상, 즉 본질임을 증거한다. 즉 믿을 때 우리는 하나님 말씀이 사실이며 진리인 것을 확실히 알게 된다. 믿음만이 하나님의 말씀을 실제화하는 원동력이다.

사실을 실제화하는 믿음은 행함이 따르는 믿음이다. 만일 누구든지 진정으로 믿는다면 행함이 따르지 않을 수 없다. 만일 당신이 앉아 있는 의자가 무너질 것이라고 믿는다면 당신은 그 의자에 앉지 않을 것이다. 사무실 천장이 무너질 것이라고 믿는다면 당신은 그 자리를 떠날 것이다. 당신이 먹

---

3. 존 다비(John Nelson Darby, 1800-1882)는 그의 새번역(New Translation) 성경에서 "실상"(hypostasis)을 "실제화"(substantiating)라고 번역하였다. "Now faith is substantiating of things hoped for, conviction of things not seen."

는 음식에 독이 없다고 믿기 때문에 당신은 그 음식을 먹는다. 아이는 아빠가 받아줄 것이라고 확신하기 때문에 높은 곳에서 아빠에게로 뛰어내릴 수 있다. 뛰어내리면 받아주겠다는 아빠의 약속은 사실이고 실제다. 뛰어내리면 받아주겠다는 약속에는 아빠의 진정성과 실제성이 있다. 그러나 아이는 적어도 두 가지를 믿어야 한다. 한 가지는 아빠의 선함이다. 뛰어내리면 피하거나 밀치지 않고 반드시 받아주리라는 믿음이 있어야 한다. 또 한 가지는 아빠의 능함이다. 뛰어내리면 놓치지 않고 받아줄 힘이 있음을 믿는 것이다. 선하지만 능력이 없거나, 능력은 있는데 선함이 없다면 믿을 수 없다. 그러나 단순히 믿는 것만으로는 사실을 실제화하지 못한다. 믿음은 행함을 요구한다. 진정으로 믿는다면 행함이 있어야 한다. 아버지의 선함과 능함을 진정으로 믿는다면 뛰어내려야 한다. 그때 아빠의 말씀이 구체적 경험으로 실제화된다.

예수님이 우리 죄 값을 지불하셨다는 것을 믿는다면, 그것을 입으로 '시인' 하는 행함이 있을 때에(롬 10:10) 실제화된다. 우리가 죄 지을 때마다 죄를 자백하고 예수의 피로 씻고 예수님의 공로에 의지할 때 죄 사함의 사실이 죄 사함의 은혜로 실제화된다. 그래서 우리 마음이 날마다 새로워지는 것을 경험한다. 우리가 경험하는 비상한 구원의 감격은 믿음을 행함으로써 구원의 은혜가 강하게 실제화된 것이지 그제서야 구원받은 것은 아니다. 마찬가지로 구원의 감격이 흐려지는 것은 우리가 날마다 예수의 피 공로에 의지해서 죄를 자백하지 않기 때문이다.

예수님이 우리를 대신해서 우리 죄성을 십자가에 못 박았다는 것, 우리의 옛 자아를 이미 죽였다는 것을 믿으면 그렇게 '여김' 이라는 행함을 통해 자아의 죽음이라는 사실이 자아 죽음의 은혜로 실제화된다. 그리고 본질적이 아닌, 습관적으로 올라오는 자신을 부인하고(마 16:24) 날마다 죽어

(고전 15:31, 마 16:24) 믿음의 선한 싸움을 싸울 때(딤전 6:12) 더욱 실제화된다.

흔히 자아의 죽음을 비상하게 경험한다는 것은 이미 예수 안에서 이루어진 자아 죽음의 사실을 개인적으로 실제적으로 경험하는 것이다. 그리하여 복음에 함축되어 있는 자유, 기쁨, 평안, 해방을 실제로 누리는 것이다. 예수 안에서 이미 한 번 죽지 않은 사람은 자기를 부인할 수 없고, 날마다 죽을 수 없고, 자기를 쳐서 복종시킬 수 없다. 우리의 옛 자아는 본질적으로 죽었는데 습관이 남아 있다가 그나마 깨어지는 비상한 경험을 하게 된다. 훈련으로 본질을 바꿀 수는 없지만 습관을 바꿀 수는 있다. 당신이 아무리 훈련을 해도 여자가 남자가 되거나 남자가 여자가 되지는 못한다. 다만 훈련을 통해서 더욱 강건한 남자나 여자가 될 수는 있다. 영적 훈련도 마찬가지다. 영적 훈련은 습관을 고치는 것이지 본질을 바꾸는 것이 아니다.

지금까지 우리는 지갑 안에 엄청난 돈을 갖고 있으면서도 있는 줄 몰랐기 때문에 쫄쫄 굶고 다녔다. 그런데 이제 알기 때문에 더 이상 영적 빈곤을 겪지 않아도 된다. 풍성해진 것이다. 우리가 믿고 순종하는 만큼 자유, 기쁨, 평안, 해방은 실제화된다. 왜 우리가 자유, 기쁨, 평안을 누리지 못하는가? 그것은 믿고 행하지 않아 복음의 능력과 축복이 실제화되지 않았기 때문이다. 십자가의 복음은 그 지혜뿐 아니라 실제화하는 능력으로도 나타난다(고전 4:20). 그리고 그 능력의 핵심은 죄 사함과 육신의 죽음이다.

우리가 예수를 믿고 중생했다는 것은 이미 항복했다는 뜻이다. 죄의 열매와 죄의 뿌리까지 처절하게 절망하고 항복한 것이다. 나 자신의 자아에 시달릴 만큼 시달리고 지쳐서 항복에 이르러야 되는 것은 아니다. 그리고 가짜 항복, 위장된 자아의 죽음을 이끌어내서도 안 된다. 오히려 자아 죽음을 확신하고 날마다 죽는 자기 부인이 더 중요하다. 구원을 확신하지 못한 사람이 구원받은 자의 혜택을 누리지 못하고 불필요한 죄책감과 두려움에 시달리는 것처럼 자아 죽음을 확신하지 못한 사람은 자아 죽음의 해방과 자유를 누리지 못한다.

물론 자아의 죽음을 더욱 실제화하여 경험하려면 하나님의 주권적 은혜가 있어야 한다. 그러므로 이미 옛 자아가 죽었지만 좀 더 실제적 체험을 위해서 은혜를 사모하자. 그러나 이러한 체험 없이도 우리는 믿고 행함으로 성화의 열매를 맺을 수 있음을 알아야 한다. 그리고 하나님은 믿고 순종하는 자에게 은혜를 베푸신다. 하나님의 주권적 은혜로 죄 사함의 은총과 자아 죽음의 은총이 더욱 확연하고 확증적으로 우리의 심령에 새겨질 수 있다. 그러나 가만히 앉아서 기다리지 않아도 된다.

종교들에 나타나는 자아의 처리방식들은 십자가의 도와 어떻게 다른가?

십자가 복음은 인간이 고안해낼 수 있는 아이디어가 아니다. 그러므로 고린도전서 2장 9절은 "하나님이 자기를 사랑하는 자들을 위하여 예비하신 모든 것을 눈으로 보지 못하고 귀로도 듣지 못하고 사람의 마음으로도 생각지 못하였다 함과 같으니라"라고 말한다.

다른 종교도 자아 문제를 다룬다. 타락사건으로 인간의 자아에 엄청난 문제가 발생했기 때문에 다른 종교나 철학 등에서 자아 문제를 다룬다고 해도 전혀 이상한 일이 아니다. 종교마다 자기애와 자기의를 다루는 방식이 있다. 이를테면 장자에서 사람들은 사회적, 문화적 속박을 무시하고 가식을 떨어낸 자유함을 누린다. 다른 사람의 평가나 인정을 구하지 않는 자유함을 누리기도 한다. 노장(老莊) 사상은 시비(是非)를 가리지 않는 방식으로 자기의가 일으키는 고통을 제거하고자 한다. 불교의 제법무아(諸法無

我)는 모든 존재에게 고유한 자아가 원래 없다고 가르쳐 자기애의 고통을 극복하려고 한다. 즉 불교는 자아 자체의 존재와 정체성을 부정한다. 자기의 또한 고통의 근원이 된다. 그러므로 불교에서는 시비를 가리지 않는 무분별지(無分別智), 즉 반야지(般若智)를 강조한다. 그러나 성경은 하나님의 선하시고 기뻐하시고 온전하신 뜻이 무엇인지 분별하라고 말한다(롬 12:2). 힌두교의 범아일여는 개별적 자아(jiva)를 환상(maya)으로 간주하여 자기애와 자기의를 극복하려고 한다. 대자아(atman)를 우주의 궁극자(brahman)와 동일시하여 자아를 신의 위치에까지 끌어올린다. 유교는 자아 수양으로 성인, 철인이 될 수 있다고 주장한다. 예(禮)로써 자아를 훈련할 수 있으며 그 결과 덕을 함양할 수 있다고 생각한다.

대부분의 종교가 자아를 다루는 데 금욕과 고행의 방법을 사용한다. 죄성이 전 존재를 지배하기 때문에 흔히 육신(flesh)과 몸(body)을 혼동하는 것이다. 육신을 치는 것이 아니라 몸을 치는 방식으로 죄성을 다루려고 한다. 그러나 옛 자아를 처리할 수 있는 다른 방식은 없다. 금욕과 고행을 통해서 옛 자아를 괴롭힌다고 해도 옛 자아는 죽지 않는다. 인격 수양 역시 단지 자아를 조금 개선할 뿐이다.

기독교가 자아를 다루는 방식은 이와 다르다. 성경은 관계를 재설정하는 것으로 자기애와 자기의를 다루며, 이것은 주재권의 변화로 가능하다. 제시 펜 루이스(Jessie Penn-Lewis)가 「십자가의 도」(The Centrality of the Cross, 두란노 펴냄)에서 말했듯이 기독교에서 말하는 자아의 죽음은 주재권의 변화(exchange)이지 자아의 개선(change)이 아니다(Penn-Lewis, 1998, 44). 주재권이 바뀔 때, 자기애는 하나님에 대한 사랑, 타인에 대한 사랑으로 바뀐다. 자기의를 버린다는 것은 분별을 포기하는 것이 아니라 판단을 포기하는 것이다. 내 기준을 버리고 하나님의 기준을 세우는 것이다.

판단의 목적은 정죄와 심판, 미움에 있지만, 분별의 목적은 타인에 대한 사랑과 중보에 있다.

인간 문제의 본질을 반역이 아니라 무지로 간주할 때 자아 문제를 해결하는 방식은 자아 탐구와 자아 개선으로 나타난다. 하나님의 주재권 자체를 가정하지 않기 때문이다. 그러므로 주재권 변화가 아니라, 오히려 자아를 우주의 궁극자 위치에 올려놓는다. 그리하여 힌두교의 범아일여나 대승불교의 일체중생실유불성과 같이 신인합일적으로 인간의 자아를 신의 자리로 고양시키는 것이다. 자아를 통제하고 개선하여 외형적으로 더 나은 삶을 살도록 할 수는 있다. 그러나 그것은 궁극적으로 원초적 교만을 더욱 강화한다. 외형적 변화는 오히려 자아 죽음의 기회를 상실하게 한다. 하나님을 직면하고 만나는 것을 회피하는 방식이 된다. 외형적으로 아무리 잘 훈련된 자아일지라도 자아 죽음을 체험하지 않으면 언젠가는 자기애와 자기의의 실체가 드러난다. 그러므로 삶이 외형적으로 변하는 것을 추구하지 말고 옛 자아의 본질을 직시하고 그것을 죽음에 이르게 해야 한다.

기독교적 관점에서는 옛 자아를 훈련할 수 없다. 이방 종교의 수행법은 옛 자아를 훈련하는 것이다. 이러한 방식은 하나님을 배제하고 의식과 관념을 조정하여 통제하는 방식으로 자기애와 자기의가 야기하는 고통을 극복하려는 것이다. 옛 자아는 훈련 대상이 아니라 죽임의 대상이다. 훈련, 수련, 마인드 컨트롤, 능력계발, 도덕성 함양 등 무슨 짓을 한다 해도 옛 자아는 근본적으로 변화되지 않는다. 스스로 주인노릇하고 싶어하는 원초적 교만은 제거되지 않는다. 오히려 옛 자아를 훈련할수록 옛 자아는 더욱 강화된다. 이런 방식은 진정한 자아의 죽음과 해방을 가져오지 못한다. 위장된 자아의 죽음을 불러올 뿐이다. 그렇다면 인간이 스스로의 자아를 죽이지도, 훈련시키지도 못한다면 어떻게 자아를 처리해야 하는가? 하나님이 죽여주셔야 한다. 복음은 바로 여기에 있다. 우리는 십자가에서, 예수 안에서 이미 죽었다! 자아에 대한 창조론은 신적 능력이 새 자아를 창조한다고 말한다. 그러나 자아에 대한 진화론은 인간의 노력으로 옛 자아가 개선된다고 말한다.

우리의 자아가 이미 십자가에 못 박혀 죽었다는 사실을 확신하고 체험으로 실제화한 사람은 낮은 자존감이나 우월감, 열등감에 시달리지 않는다. 상처 받은 자아, 부끄러운 자아, 두려운 자아 모두 십자가에 못 박혀 죽었기 때문이다. 죽었기 때문에 치유하고 말고 할 것이 없다. 자아가 살아 있기 때문에 치유가 필요한 것이다. 우리 목표는 자아의 치유가 아니라 자아의 죽음이다. 자아를 고치는 것이 아니라 죽이는 것이다. 자아를 개선하는 것이 아니라 주재권을 자리바꿈하는 것이다. 어떤 용어와 방법을 사용하든 진정한 내적 치유란 자아 죽음을 확신하고 이에 대해 구체적으로 체험한 결과다. 인간의 옛 자아는 오직 십자가 사랑에 의해서만 굴복하고 죽는다.

자아가 죽지 않은 사람은 내면세계든 외부 세계든 자기 왕국을 구축하는 데 모든 생명력을 쏟는다. 자신이 그 왕국의 주인이어야 하기 때문이다. 기독교는 우리 내면과 외부 세계 모두에 하나님의 주재권을 실현하여 하나님 나라를 건설한다. 토저(A. W. Tozer)가 「내 자아를 버려라」(Who Put Jesus on the Cross?, 규장 펴냄)에서 지적했듯이 "나의 왕국이 완전히 무너질 때 하나님 왕국이 건설된다"(Tozer, 2008, 44). 복음의 능력은 삶의 질을 하나님 왕국의 질로 바꾼다. 내면에서는 자유, 평안, 기쁨이 넘친다. 관계에서는 순결과 화평이 나타난다. 사회적, 문화적으로는 사회의 변화, 문화의 변화가 나타난다.

요시아 왕 시절에 부흥이 일어날 때 먼저 말씀이 회복된 뒤 그에 따른 우상타파가 있었다(왕하 22:8-23:25). 어느 시대든 부흥의 원리는 마찬가지다. 하나님 말씀, 진정한 복음이 회복되어야 한다. 그리고 인류 역사 이래로 가장 본질적 우상인 재물 우상과 자아 우상이 깨어져야만 부흥한다. 그렇기 때문에 진정한 부흥에는 우상숭배에 대한 회개가 동반된다. 회개란 죄인임을 고백하는 것으로, 곧 반역자임을 자백하는 것이다. 그리고 반역자의 삶에서 순종자의 삶으로 돌아서는 것이다. 회개란 잘못된 것에 권위를 부여하고 순종한 것을 후회하고 돌이켜 하나님께 순종함으로써 권위를 부여하는 것이다. 그러므로 회개는 불순종을 인식하고(知) 그것을 후회하고 슬퍼하며(情) 의지적으로(意) 돌이키는 것이다.

오늘날 기독교 사역자는 무엇을 전해야 하는가? 어떻게 전해야 하는가? 명료하고 단순한 복음의 큰 그림과 깊이를 드러내야 한다. "하나님의 말씀을 혼잡하게 하지 아니하고 곧 순전함으로 하나님께 받은 것같이 하나님 앞에서와 그리스도 안에서 말[해야]" 한다(고후 2:17). 하나님 말씀을 호구지책으로 삼거나 세상 지식으로 변질시키지 말고 "오직 진리를 나타[내야]" (고후 4:2) 한다. 알리스터 맥그래스(Alister McGrath)가 「십자가로 돌아가라」(The Enigma of the Cross, 생명의말씀사 펴냄)에서 지적한 것처럼 "우리는 십자자로 돌아가는 법을 배워야 하며 그곳에서 우리의 신학을 완전히 다시 배워야 한다"(McGrath, 2007, 257). 십자가의 신학을 회복해야 한다.

복음과 상황의 관계는 무엇인가?

성경은 문화와 역사, 인종을 초월하여 어느 시대, 어느 인종, 어느 문화권에도 적용되는 텍스트(text)이자 초월적인 하나님의 말씀이다. 그러나 인간이 처한 문화적, 사회적, 역사적, 개인적 상황(context) 때문에 인간이 성경을 읽고 이해하며 해석할 때에는 편견이나 선호가 개입할 수 있다. 신학은 성경에 대한 인간의 이해를 조직화한 것이다. 따라서 성경에는 오류가 없지만 신학에는 오류가 있을 수 있다. 또한 성경을 읽고 이해하며 해석하는 인간 상황을 어느 정도 반영한다는 의미에서 모든 신학은 상황화되어 있다. 복음이 특정한 문화나 사회에 놓인 사람들에게 수용되기 위해서는 복음의 본질을 훼손하지 않는 범위 내에서 적절히 상황화(contextualization)되어야 한다.

복음과 문화는 적절한 긴장관계 속에 있어야 한다. 복음이 어떤 문화 토양에 뿌리를 내리고 토착화하려면 적절히 문화의 옷을 입어야 한다. 즉 복음의 본질을 훼손하지 않는 방식으로 상황화해야 한다. 그러나 문화의 옷을 지나치게 입는다면 문화가 복음을 삼켜버리고 혼합주의로 전락할 수 있다. 실제로 적지 않은 토착화 신학자가 문화적 민족주의에 도취되어 복음보다 문화를 중시하는 오류를 범했다. 그 결과 성경을 해석(exegesis)하는 것이 아니라 자신의 생각을 성경에 투사하는 방식(eisegesis)으로 복음의 본질을 훼손하기도 했다. 이러한 오류는 사회적 상황에 초점을 맞추는 민중신학이나 해방신학에서도 종종 나타난다.

상황화는 에큐메니칼 진영의 자유주의 신학자들이 형성한 개념이지만 오늘날 복음주의 진영에서도 널리 사용되고 있다. 물론 복음주의 진영의 상황화는 복음이 상황보다 우선이라는 면에서 다르다. 사실상 상황화라는 개념이 등장하기 전부터 복음주의 진영에서는 선교사들이 어느 정도 상황화를 실천해 왔다. 이러한 상황화는 문화의 가장 바깥층인 행동양식 차원에서 행해진 것이다. 이를테면 선교사가 선교지에 들어가서 현지인 복장을 하고, 현지 음식을 먹으며, 현지 건축양식을 빌어 교회를 건축하고, 현지 음악 형식을 따라 찬송가를 만든 것이다. 성경 번역도 매우 중요한 상황화다.

그러나 문화의 두 번째 층인 가치체계 차원의 상황화는 원활하지 못했다. 특정 문화권에서 매우 가치 있는 것으로 간주되면서 성경적으로도 타당한 사회규범이나 도덕규범이 상황화의 접촉점과 자원이 되어야 한다. 효라는 가치는 한국 문화에 매우 중요한 가치며, 옛날만큼은 못하다 할지라도 현대에도 그 가치는 여전하다. 기독교가 효를 중시하는 종교로 간주되는 것은 가치체계 차원에서 매우 훌륭한 상황화다.

앞에서도 언급했지만, 이러한 면에서 기독교가 제사 문제와 조상에 대한 공경 문제를 분리시키지 못한 것은 실수이자 잘못된 상황화다. 즉 제사를 지내지 않는 것은 타협할 수 없더라도 기독교가 조상을 소중히 하지 않는다거나 무시하는 종교로 간주된 것은 매우 부적절한 결과다. 유교적 문화 토양에서 제사는 단순히 사자(死者) 숭배를 넘어 효의 연장선으로 이해되기 때문이다. 기독교는 상황화 차원에서 성경적인 조상신학을 세워야 한다. 기독교가 제사를 지내지는 않지만 조상을 매우 소중히 여기고 존중한다는 인식을 한국의 비그리스도인들에게 심어줄 수 있다면 가치체계 차원에서 매우 훌륭한 상황화가 될 것이다.

세계관 차원에서의 상황화는 복음과 어떤 연관이 있는가?

세계관 차원에서 본 상황화는 매우 결정적인데 뜻밖에도 이 차원의 상황화는 거의 시도되지 않았다. 선교 역사를 돌아볼 때, 조밀하고 치밀한 교리적, 철학적 차원을 가진 고등 종교(high religion)가 지배적인 지역에서는 기독교 선교가 그다지 성공적이지 못했다. 세계관 차원을 파고들어가는 상황화를 거의 시도하지 못했기 때문이다. 그렇다면 세계관 차원에서는 어떻게 상황화할 수 있는가?

성경은 세계관 차원에서 상황화한 예를 잘 보여준다. 특히 구약은 애니미즘의 문화 토양 안에서 하나님의 자기계시가 세계관적 차원에서 상황화되었음을 보여준다. 창세기 1장은 천지 창조를 기술하면서, 애니미즘 신관에 대응한 유일신 사상을 선포한다. 애니미즘 문화는 해와 달과 별, 동물이나 식물, 바다 생물 등을 신으로 간주한다. "바다의 큰 물고기"라고 하면 단순히 참치나 다랑어, 상어나 고래가 아니라 바다신으로 간주되는 어떤 생물을 가리키는 것이다. 창세기의 메시지는 태양신, 월신, 동물이나 식물의 토템, 바다신을 부정하며, 이 모든 것을 창조하신 창조주 하나님만이 유일한 신임을 선포한다(Hasel, 1974, 85-90).

구약에 나타나는 신들은 애니미즘 문화권에서 그러하듯이 지역신들이다. 산에 사는 종족은 산의 신을, 계곡에 사는 종족은 계곡의 신을, 강가에 사는 종족은 강의 신을, 바닷가에 사는 종족은 바다의 신을 섬긴다. 그런데 야훼 하나님은 산에서 싸울 때도 이기고, 계곡에서도 이기고, 강가에서도 이기고, 바다에서도 이기신다. 그리하여 하나님은 지역신이나 종족의 신이 아니라 모든 종족과 지역을 다스리는 우주적 창조주이심을 나타낸다(Mathew, 1998, 45-61).

구약에서 야훼 하나님은 바알신이 원래 지닌 칭호를 모두 탈취해 온다. 야훼는 만군의 주요(시 69:6, 사 28:22), 모든 신 위에 신이라는(시 95:3, 97:9, 135:5, 136:2, 단 2:47) 칭호를 취하신다. 그러나 이러한 하나님의 자기계시는 단순히 선포 차원이 아니라 능력 차원으로 입증된다. 하나님은 폭풍 가운데 출현하셔서 폭풍을 주관하는 신이 바알이 아니라 야훼임을 입증하신다. 한나의 기도에 응답하는 신으로 계시하셔서 바알이 아닌 야훼가 임신과 불임을 주관하는 분이심을 나타낸다(삼상 1:19-20). 즉 풍요와 다산을 주관하는 것도 바알이 아니라 야훼임을 능력으로 입증해 보이신다. 이처럼 구약에 나타난 하나님의 자기계시는 세계관 차원에서 행해진 것이다(Chrisholm, 1998, 76-95).

그렇다면 오늘날 애니미즘이 아닌 다른 종교권에 있는 사람들에게 하나님은 어떻게 계시되어야 할 것인가? 모든 종교는 궁극적으로 추구하는 바가 있다. 사람들이 특정한 종교를 추종하는 것은 그 종교가 무언가를 제공하고 나름대로 만족시켜주기 때문이다. 그러므로 기독교 관점에서 타종교와 그 세계관을 판단하기 전에 그 종교의 관점에서 그 종교가 추종자에게 무엇을 약속하는지 살펴보아야 한다.

우선 불교는 무엇을 제공하는가? 열반(涅槃), 성불(成佛) 등을 약속한다. 그렇다면 그것은 어떤 내용을 담고 있는가? 절대 자유, 절대 평안, 무집착과 같은 상태일 것이다. 힌두교는 무엇을 약속하는가? 범아일여, 해탈과 같은 것을 약속한다. 이것은 우주와의 합일, 신과의 합일 등으로 요약된다. 유교는 무엇을 추구하는가? 내성외왕, 수기치인에서 나타나는 것처럼 인격 완성과 이상 왕국을 추구한다. 도교는 무엇을 추구하는가? 장생(長生), 불로(不老), 불사(不死)를 추구한다. 노장(老莊) 사상은 무엇을 추구하는가? 무위(無爲), 무욕(無慾), 무지(無智), 허(虛) 등을 통해 양생(養生)을 추구하는데, 그 내용 역시 절대 평안과 절대 자유다. 이슬람교는 무엇을 추구하는가? 신에 대한 절대 복종, 이상적 공동체인 움마를 추구한다. 애니미즘은 무엇을 추구하는가? 현세적 축복과 능력을 추구한다.

이러한 종교들이 추구하는 내용은 비록 인간의 죄성, 제한된 인식 능력과 결부되어 왜곡된 면이 있지만 성경이 말하는 하나님 나라의 내용에 포함된다. 인간이 타락하지 않았다면 이 모든 것을 누렸을 것이다. 그러므로 기독교도 이 종교들이 지닌 이상을 추구한다. 세계 종교는 하나님의 형상을 지닌 인간의 보편적 갈망을 추구하며 타락으로 인해 상실한 것에 대한 갈증을 드러낸다. 그런데 성경은 이 모든 것을 누리려면 죄 문제부터 해결해야 한다고 말한다.

도표 33. 세계관 차원에서의 상황화

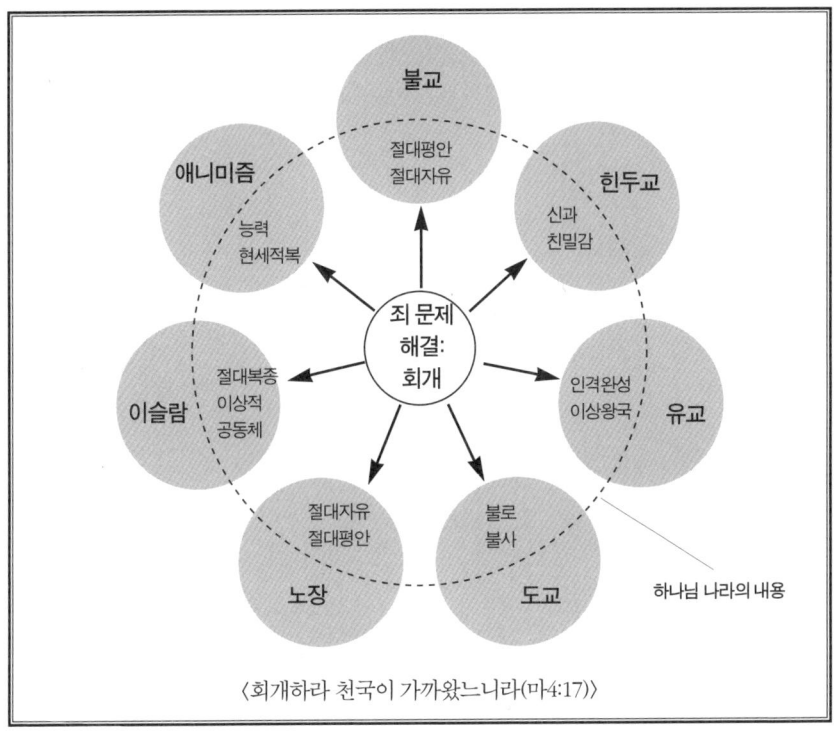

〈회개하라 천국이 가까왔느니라(마4:17)〉

절대 자유와 절대 평안을 원하는가? 그렇다면 죄 문제부터 해결해야 한다. 성경은 평안을 약속한다. 하나님이 주시는 평안은 세상이 주는 평안과 다르다고 성경은 말한다(요 14:27). 진리는 우리를 자유케 하며(요 8:32), 주의 영, 성령이 계시는 곳에 자유함이 있다(고후 3:17). 당신은 신과의 친밀감과 일체감을 원하며 거기서 오는 지극한 희락을 원하는가? 그렇다면 죄 문제부터 해결해야 한다. 장생, 불로, 불사와 신선(神仙)이 산다는 무릉도원(武陵桃源)과 같은 이상향을 원하는가? 그렇다면 죄 문제를 해결해야 한다. 인간은 죄로 말미암아 흙으로 돌아가는 존재로 전락했고 사망이 세상에 들어왔기 때문이다. 인간성의 완성과 이상 왕국을 원하는가? 그렇다면 죄 문제부터 해결해야 한다. 성령이 들어오셔야 인간성이 성화되고 궁극적으로 영화될 수 있기 때문이다. 또 예수 그리스도의 재림이 있어야 진정한 이상 왕국, 새 하늘과 새 땅, 새 예루살렘 성이 이루어지기 때문이다. 신에 대한 절대 복종과 이상적 공동체를 원하는가? 그렇다면 죄 문제부터 해결해야 한다. 죄 문제를 해결해야 성령이 오셔서 하나님 뜻에 온전히 순종하는 삶을 살 수 있고, 이상적인 교회 공동체를 이룰 수 있다. 현세적인 복과 능력을 원하는가? 죄 문제를 해결해야 현세적으로 진정 하나님이 주시는 형통과 성령이 주시는 능력을 체험할 수 있다. 그러므로 성경은 "회개하라 천국이 가까웠다"고 말한다(마 3:2).

전도자는 세계관 차원에서 어떻게 상황화해야 하는가?

그렇다면 세계관 차원에서 어떻게 상황화해야 하는가? 불교적 토양이라면, 하나님이 참된 자유와 절대 평안을 주시는 분이라고 선포해야 한다. 그러나 단순히 말로만 선포하고 끝낸다면 전혀 먹혀들지 않을 것이다. 복음을 전하는 그리스도인이 불교인보다 자유와 평안을 누리지 못하고 집착하는 모습을 보인다면, 어느 누가 성경적 세계관이 불교보다 더 우월하고 독특하다고 납득하겠는가?

힌두교적 토양에서 복음을 전한다면, 하나님만이 참된 인격적 교제의 기쁨을 줄 수 있으며 하나님과의 연합을 통해 친밀감과 희락을 누릴 수 있다고 선포해야 한다. 그러나 동시에 그리스도인이 하나님과 인격적이고 친밀한 교제의 기쁨을 누리고 하나님과 동행하는 삶을 나타낼 수 있어야 한다.

유교적 토양에서 복음을 전한다면, 하나님만이 우리 인간성을 완성시킬 수 있고 이상적 통치를 이 땅에 구현하실 수 있다고 선포해야 한다. 그러나 동시에 그리스도인의 인격이 유교인보다 낫고, 그리스도인이야말로 공의로운 사회와 온전한 통치를 향한 열망과 열정이 있음을 나타내야 한다.

도교적 토양에서 복음을 전한다면, 영생과 부활에 대한 분명한 확신과 천국에 대한 구체적인 그림이 있어야 한다. 노장적 토양에서 복음을 전한다면, 본래 하나님이신 예수님이 하늘 보좌를 비우시고(虛) 이 땅에 오셔서 어느 것도 자신의 뜻대로 하지 않으시고(無爲) 온전한 자유와 평안과 기쁨을 누리시며 하나님의 뜻을 이루신 참된 사람(眞人)임을 선포해야 한다. 그러나 동시에 그리스도인은 더욱 자기를 부인하며, 내려놓고, 비우며, 자기 욕심대로 행하지 않고, 성령을 좇아 하나님의 뜻을 행하는 자가 되어야 한다.

이슬람교적 토양에서 복음을 전한다면, 예수 그리스도가 하나님께 온전하고 절대적으로 복종하여 십자가 사역을 완수하셨고, 그 결과 진정한 공동체인 교회를 세우시고 그 머리가 되셨다는 것을 선포해야 한다. 그러나 동시에 그리스도인은 더욱 하나님 말씀에 복종하고, 교회 공동체야말로 이 땅에서 천국 문화의 원리를 가장 잘 반영하는 이상적인 공동체임을 입증해야 한다.

애니미즘 토양에서 복음을 전한다면, 하나님이 현세적 복의 주권자시며 참된 능력의 근원이심을 선포해야 한다. 그러나 동시에 그리스도인은 하나님의 은혜 가운데서 형통하며 성령의 능력이 삶에 드러나야 한다. 그리고 부귀영화와 현세적 복에 초연해서 하나님 나라와 의를 먼저 구하는 모습을 보여야 한다.

이처럼 세계관 차원의 상황화는 세계관의 본질을 파고들어 하나님을 선포할 뿐 아니라 그리스도인의 삶 속에서 입증되어야 한다. 세계관은 기본적으로 지식이 아니라 체질이므로 세계 종교가 추구하는 하나님 나라의 가치가 그리스도인의 삶 속에서 체질화된 모습으로 드러나야 한다. 그러므로 세계관 차원의 상황화를 위해서는 단순히 지식이 아니라 성경적 영성, 즉 성령의 열매와 성령 충만이 필요하다.

하나님 나라는 말에 있지 않고 오직 능력에 있다(고전 4:20). 복음은 단지 말로만 선포되는 것이 아니라 삶에 나타나는 복음의 능력으로 선포된다. 그러므로 그리스도인이 성령 충만하다면 불교인보다 더 절대 자유와 절대 평안, 무집착을 누릴 수 있어야 한다. 힌두교인보다 더욱 하나님과 친밀해야 한다. 유교인보다 더 온전한 인격을 갖추고 사회참여에 대한 열망을 가져야 한다. 무슬림보다 더 하나님의 뜻에 복종하고 이상적 공동체를 이룰 수 있어야 한다. 무속인보다 더 능력이 나타나야 한다. 도교인보다 더 영생에 대한 확신을 가져야 한다.

물론 여기서 어떤 사람은 절망할 수 있다. "나는 불교인만큼 절대 평안, 절대 자유, 무집착을 누리지 못합니다. 그러면 그들에게 복음을 전할 수 없나요?" 그러나 기독교 영성에는 다른 종교에서 찾아볼 수 없는 '막판 뒤집기' 영성이 있다. 나는 불교인만큼 평안하지도, 자유하지도, 무집착적이지도 않다. 그렇기 때문에 예수 그리스도의 보혈의 공로가 필요하고 그분의 의로 덧입어야 한다. 성령의 능력과 지혜를 덧입어야 한다. 기독교는 경지의 종교가 아니다. 어떤 상태에 도달하면 다시 전락되는 일이 없는 특정한 경지를 추구하지 않는다. 날마다 깨어서 성령이 주시는 은혜를 입지 않는다면 얼마든지 형편없는 상태로 전락할 수 있다. 기독교 영성은 '도달함'이 아니라 '깨어 있음'의 영성이다. 기독교 영성은 "내가 죽고 그리스도가 사시는"(갈 2:20) 것이며 "포도나무 가지가 나무에 붙어 있어서 절로 열매를 맺는"(요 15:4-5) 것이다.

세계관 차원의 상황화는 메신저의 영성과 분리해서 생각할 수 없다. 의

사소통 차원에서 볼 때 메시지와 메신저는 분리될 수 없다. 메신저 자체가 메시지다. 오늘날 한국 교회가 한국 사회에서 호된 비난을 받는 것은 메시지와 메신저의 삶이 일치하지 않기 때문이다. 기독교의 메시지는 세상 가치와 구별될 것을 강조하는데 메신저의 삶은 전혀 세상과 구별되지 않기 때문이다. 성경은 그리스도인이 세상과 구별되되 세상과 분리되지 말아야 한다고 가르친다. 그러나 오늘날 정반대로 살아가는 그리스도인이 많다. 세상과 구별되지는 않고 분리만 되는 것이다.

오늘날 한국 교회가 세상에 비판받는 것에 대해 본질을 잘못 짚고 착각하는 그리스도인이 많다. 세상은 원래 교회를 미워한다는 것이다. 예수께서도 "세상이 너희를 미워하면 너희보다 먼저 나를 미워한 줄을 알라"(요 15:18)라고 말씀하셨다는 것이다. 그렇다. 그리스도인이 세상과 구별되면 세상에 미움을 받는다. 이것은 제대로 미움을 받는 것이다. 예를 들자면 세상에서는 거짓과 뇌물이 성행하나 그리스도인이 그것을 따르지 않고 정직하고 청렴하다면 미움을 받는다. 과연 오늘날 한국 교회가 제대로 미움 받고 있는가? 과연 우리가 너무 정직하고 청렴해서 세상 사람들에게 미움 받고 있는가? 오히려 교회가 너무 세속화되고 세상적이어서 세상과 전혀 구별되지 않기 때문에 미움 받고 있는 것이 아닌가!

예수께서는 제자들을 세상에 보내시면서 두 가지를 당부하셨다. "뱀같이 지혜롭고 비둘기같이 순결하라"(마 10:16). 이 얼마나 정확한 지침인가? 이 말씀은 메신저의 삶과 태도를 말한다. 한국 교회는 세상과 구별되는 순결함을 상실했다. 동시에 종교다원사회에서 증인이 될 만한 지혜로움을 상실했다. 리처드 마우(Richard Mouw)가 말한 것처럼 우리 믿음의 확신이 반드시 무례함이나 공격적인 태도로 나타나야 하는 것은 아니다(Mouw, 2004, 13-23). 우리 안에 큰 확신이 있고(살전 1:5) 소망의 이유를 묻는 자들에게 온유와 겸손함으로 대답할 때(벧전 3:15) 더욱 많은 사람이 복음에 귀를 기울일 것이다.

한국과 같은 아시아 지역에서는 메시지와 메신저의 일치 자체가 영성을 의미하며 진리판단의 기준이 된다. 서구적 시각에서는 진리주장을 검증하는 기준으로 논리적 정합성(整合性, consistency)과 실재와의 부합성(附合性, coherence)을 제시한다. 이러한 서구적 진리검증 기준은 당연히 수용되어야 한다. 그러나 이것만으로는 충분하지 않다. 우리는 여기에 아시아적 시각의 진리검증 기준을 추가해야 한다. 한국과 아시아 토양에서는 많은 사람이 이론과 실천, 지와 행, 앎과 삶의 일치를 더 중요한 진리주장의 검증 기준으로 보고 있다는 것을 지나쳐서는 안 된다.

참고문헌

김정위. 1993. 「이슬람 입문」, 서울: 한국외국어대학교출판부.
안점식. 1995. 「세계관과 영적 전쟁」, 서울: 죠이선교회.
안점식. 1998. 「세계관을 분별하라」, 서울: 죠이선교회.
안점식. 2000. 10. "세계관 운동이 왜 필요한가?" 기독교대학, 177호.
안점식. 2000. 10. "한국 교회 안에 있는 비기독교적 세계관의 흔적들" 목회와 신학, 136호.
안점식. 2003. 6. "마음공부 신드롬, 어떻게 봐야 하나?" 목회와 신학, 168호.
안점식. 2004. 3. "기독교의 영적 훈련에 타종교의 수행법을 차용할 수 있는가?" 목회와 신학, 177호.
홍창표. 1995. 「신약과 문화」, 수원: 합동신학교출판부.

吉田光邦. 1983. 「연금술」, 오진곤 역, 현대과학신서43, 서울: 전파과학사.
窪德忠. 1990. 「도교사」, 최준식 역, 왜관: 분도출판사.

王治心. 1988. 「중국종교사상사」, 전명용 역, 서울: 이론과실천.

Bavinck, Johaness H. 1990. 「선교적 변증학」(The Church between Temple and Mosque), 전호진 역, 서울: 성광문화사.

Bell, Daniel. 1999. 「이데올로기의 종언」(The End of Ideology), 이상두 역, 서울: 범우사.

Bosch, David. J. 2000. 「변화하고 있는 선교」(Transforming Mission), 김병길, 장훈태 공역, 서울: 기독교문서선교회.

Boyd, Gregory A. 2007. 「십자가와 칼」(The Myth of a Christian Nation), 신선해 역, 서울: 한언.

Calvin, Jean. 1994. 「기독교 강요」 초판(Institution of the Christian Religion), 양낙홍 역, 서울: 크리스챤다이제스트.

Calvin, Jean. 1988. 「기독교 강요」 최종판, 상·중·하(Institution of the Christian Religion), 김종흡, 신복윤, 이종성, 한철하 역, 서울: 생명의말씀사.

Chrisholm, Robert B. 1998. "너는 나를 누구에 비할 것이냐?: 예언서에 있는 바알과 바빌론 우상에 대한 야훼의 논쟁", 「기독교와 타종교」, 에드워드 롬멘, 헤럴드 네틀란드 편집, 정홍호 역, 서울: 서로사랑.

Dune, Carrin. 1980. 「석가와 예수의 대화」(Buddha and Jesus: Conversation), 황필호 역, 서울: 종로서적.

Eliade, Mircea. 1989. 「요가」(Yoga: Immortality and Freedom), 정위교 역, 서울: 고려원.

Fernando, Ajith. 2004. "교회: 삼위일체의 거울", 「21세기 글로벌 선교학」 (Global Missiology for the 21st Century), 윌리엄 테일러 편집, 김동화 외 3인 역, 서울: CLC.

Fernando, Ajith. 2000. "The Church: the Mirror of the Trinity," *Global Missiology for the 21st Century*, ed. by William Taylor, Grand Rapids: Baker.

Fischer, John. 2005. 「험한 십자가」(On a Hill Too Far Away), 정진환 역, 서울: 죠이선교회.

Geertz, Clifford. 1973. *The Interpretation of Cultures*, New York: Basic Books.

Hasel, Gerhard F. 1974. "The Polemic Nature of the Genesis Cosmology," The Evangelical Quarterly 42.

Hesselgrave, David J. 1999. 「선교 의사소통론」(Communicating Christ Cross-Culturally, 2nd ed.), 강승삼 역, 서울: 생명의 말씀사.

Hiebert, Paul G. 1996. 「선교와 문화인류학」(Anthropological Insights for Missionaries), 김동화 외 3인 역, 서울: 죠이선교회.

Hiebert, Paul G. 1997. 「선교현장의 문화 이해」(Anthropological Reflections on Missiological Issues), 김영동, 안영권 역, 서울: 죠이선교회.

Hiebert, Paul G. et al. 2006. 「민간종교 이해」(Understanding Folk Religion), 문상철 역, 서울: 한국해외선교회출판부.

Hoekema, Anthony A. 1990. 「개혁주의 인간론」(Created in God's Image), 류호준 역, 서울: 기독교문서선교회.

Hofstede, Geert. 2001. 「세계의 문화와 조직」(Cultures and Organizations), 차재호, 나은영 역, 서울: 학지사.

Huegel, F. J. 2007. 「십자가와 나」(Bone of His Bone), 서문강 역, 서울: 생명의말씀사.

Lewis, Jonathan. ed. 1994. *World Mission*, Pasadena: William Carey

Library.

Mathew, Ed. 1998. "야훼와 신들: 모세 오경 안에 있는 세계 종교의 신학," 「기독교와 타종교」, 에드워드 롬멘, 헤럴드 네틀란드 편집, 정흥호 역, 서울: 서로사랑.

Mawdudi, Abul A'la. 1990. *Towards Understanding Islam*, Leicester, UK: Islamic Foundation.

McGavran, Donald A. 1987. 「교회 성장 이해」(Understanding Church Growth), 이요한, 김종일, 전재옥 역, 서울: 예수교장로회총회출판국.

McGrath, Alister E. 2007. 「십자가로 돌아가라」(The Enigma of the Cross), 정득실 역, 서울: 생명의 말씀사.

Mouw, Richard J. 1992. 「기독교 세계관과 종말론」(When the Kings Come Marching in), 김홍만 역, 서울: 무림.

Mouw, Richard J. 2004. 「무례한 기독교」(Uncommon Decency), 홍병룡 역, 서울: IVP.

Netland, Harold A. 2001. *Encountering Religious Pluralism*, Downers Grove, IL: InterVarsity Press.

Penn-Lewis, Jessie. 1998. 「십자가의 도」(The Centrality of the Cross), 이현수 역, 서울: 두란노.

Petersen, Dennis. 1993. 「밝혀진 고대 인간과 첨단 문명」(Unlocking the Mysteries of Creation), 김용준 역, 서울: 나침반.

Sire, James W. 「기독교 세계관과 현대사상」(The Universe Next Door), 김헌수 역, 서울: IVP.

Smart, Ninian. 2006. 「종교와 세계관」(Worldviews: Crosscultural Explorations of Human Beliefs), 김윤성 역, 서울: 이학사.

Stone, Douglas 외. 2000. 「대화의 심리학」(Difficult Conversations), 김영신 역, 서울: 21세기북스.

Tippett, Alan R. 1971. *People Movements in Southern Polynesia*, Chicage: Moody Press.

Tozer, A.W. 2008. 「내 자아를 버려라」(Who Put Jesus on the Cross), 이용복 역, 서울: 규장.

Ward, Ted W. 1996. "지도력 계발과 비형식 교육" 현대선교 9호, 서울: 한국해외선교회출판부.

Warner, Timothy M. 1995. 「영적 전투」(Spiritual Warfare), 안점식 역, 서울: 죠이선교회.

Wright, Christopher J. H. 1984. "The Christian and Other Religions: the Bible Evidence," Themelios Vol.9, No.2, Jan 1984.

Yoder, John Howard. 2007. 「예수의 정치학」(The Politics of Jesus), 신원하, 권연경 역, 서울: IVP.

세계관 종교 문화

초판 발행	2008년 9월 1일
초판 12쇄	2021년 9월 20일
지은이	안점식
발행인	손창남
발행처	죠이선교회(등록 1980. 3. 8. 제5-75호)
홈페이지	www.joybooks.co.kr
주소	02576 서울특별시 동대문구 왕산로19바길 33
전화	(출판부) 925-0451
	(죠이선교회 본부, 학원사역부, 해외사역부) 929-3652
	(전문사역부) 921-0691
팩스	(02)923-3016
인쇄소	송현문화
판권소유	ⓒ죠이선교회
ISBN	978-89-421-0275-4 03230

책값은 뒤표지에 있습니다.
잘못된 도서는 교환하여 드립니다.
이 책의 내용을 허락 없이 옮겨 사용할 수 없습니다.